내 인생의 빛나는 시간 **오십**,
당신의 전성기는 이제 시작된다

내 인생의 빛나는 시간 **오십**,
당신의 전성기는 이제 시작된다

최재필 지음

작품미디어

새로운 전성기를 맞이할 '오십'에게 전하는 메시지

오십이라는 나이, 그 어깨 위에 역사가 특별한 사명을 올려놓았다.

당신은 한 몸으로 '두 나라'를 살았다.
가난했던 나라가 세계 경제 강국으로 성장하는 과정을 온몸으로 경험했다. 그 변화 속에서 당신은 끊임없이 적응하고 성장해 왔다. 그 과정에서 단련된 당신의 회복력과 적응력은 어떤 젊은 세대도 쉽게 얻을 수 없는 강점이다.

당신은 한 몸으로 '두 지구'를 경험했다.
실제 현실 세계와 디지털 사이버 공간이라는 또 하나의 지구를 모두 경험한 첫 세대. 편지를 손으로 쓰던 시절부터 이메일과 메시지로 소통하는 시대까지, 아날로그와 디지털 세계를 자유롭게 오가며 두 공간의 가치를 모두 이해하는 특별한 세대다. 이런 경험은 당신에게 현실과 가상을 균형 있게 바라보는 통찰력을 선물했다.

당신은 한 몸에 '두 브레인'을 품었다.

인간의 자연 지성과 인공지능이라는 새로운 지능을 함께 다루는 첫 번째 세대다. 수십 년 동안 쌓아온 인간적 경험과 지혜를 가진 동시에, AI 기술을 활용할 줄 아는 유일한 세대로서 이 두 가지 지성의 시너지를 만들어낼 수 있는 특별한 위치에 있다.

'두 나라', '두 지구', '두 브레인'을 모두 경험한 이 강력한 자본, 이것이 바로 '오십의 자본(50's Capital)'이다. 어떤 세대도 가질 수 없는 당신만의 고유한 경쟁력이다.

오늘 저녁, 거울을 봐라.

그곳에 서 있는 사람은 '두 나라', '두 지구', '두 브레인'을 경험한 지구상 유일무이한 존재다. 이 세상 어디에도 당신처럼 특별한 경험과 지혜를 가진 세대는 없다. 지금, 그 특별함을 세상에 보여줄 차례다.

당신의 전성기는 이제 막 시작되었다. 그 빛나는 여정에 온 세상이 주목할 것이다.

나는 당신을 응원한다.

추천사 - ❶

AI 시대, 오십은 '인생의 전성기'이자 '새로운 창조의 원점'

최재필 작가가 쓴 『내 인생의 빛나는 시간 오십, 당신의 전성기는 이제 시작된다』는 우리나라 오십 대가 치열하게 살아왔던 기록이자, 이 세대에 대한 헌사다.

30년간 디지털 대전환의 중심지였던 금융 현장에서 쌓은 그의 경험과 통찰은 단순한 개인의 성공담을 넘어선다. 이 책은 AI 시대에 오십을 '인생의 전성기'이자 '새로운 창조의 원점'으로 재정의하자는 혁신 운동의 선언문이다.

특히 인상 깊은 것은 저자가 오십 대를 '두 나라, 두 지구, 두 브레인'을 모두 경험한 유일한 세대로 정의한 것이다. 아날로그와 디지털, 오프라인과 온라인, 인간의 사고와 AI의 사고를 모두 이해할 수 있는 이 시대의 진정한 브리지 세대라는 통찰은 '사피엔스의 진화적 현상'을 긍정적 관점에서 바라보자는 생각에서 나의 책들과 맞닿아 있다.

오십 대는 디지털 대전환 시대를 치열하게 살아온 주력세대이자 또한 혁명의 피해자들이기도 하다. 세상은 나의 관점에 따라 기회가 될 수도, 위기가 될 수도 있다.

오늘날 ChatGPT와 같은 AI 도구들이 일자리를 위협한다고 걱정하는 사람들이 많다. 하지만 진짜 위험은 변화를 두려워하는 마음가짐에 있다. '오십 대는 AI 시대가 두려운 사람들이다'라는 보편적 세계관을 뒤집으면, '오십 대야말로 이런 변화의 시대에 가장 유리한 위치에 있다'라고 정의할 수 있다.

저자가 말하는 '두 브레인'의 경험자로서, 인간의 직관과 AI의 효율성을 동시에 활용할 수 있는 축적된 지혜와 새로운 것을 받아들이는 유연함을 모두 갖추었기 때문이다.

『내 인생의 빛나는 시간 오십, 당신의 전성기는 이제 시작된다』는 단순한 자기계발서가 아니다. 이는 변화하는 시대에 오십 대가 어떻게 새로운 가능성을 발견하고 실현할 수 있는지를 보여주는 미래 설계도다.

최재필 작가의 진솔한 경험담과 깊이 있는 통찰이 만나 탄생한 이 책은 오십을 맞은 모든 이들에게 희망과 용기를 넘어 명확한 방향성을 제시할 수 있을 것이라 기대된다.

오십 대, 당신의 인생에서 가장 빛나는 순간이 지금 막 시작되었다. 이 책으로 신세계를 열어가길.

최재붕
성균관대학교 교수, 『AI 사피엔스』 『포노 사피엔스』 저자

추천사 - ❷

이 책을 한번 읽어보고 오십 대를 살아냈더라면…

"안녕하세요? '할리' 타는 요리사, 배화여대 교수 신계숙입니다." 환갑을 넘은 나이에 이렇게 자기소개를 할 수 있다는 건 인생 오십이 시작되면서 비로소 진짜인 나를 찾아 나섰기 때문일 거 같다.

30년 넘게 중국요리를 연구하고 가르치고 하면서 정작 내가 하고 싶었던 것을 발견한 게 오십이었다. 기타를 배우기 시작한 것도, 할리를 타 보겠다고 면허를 딴 일도, 평생 연구해온 수원식단 요리로 식당을 차린 것도 오십 대였다.

그때 오토바이를 타지 않았더라면 오늘의 나는 없었을 거고, 그때 수원식단 전문 식당을 열지 않았었더라면 오늘의 나는 없었을 거다. 오십에 용기를 내어 감행한 일들이 오늘의 나를 만들어 놓은 거다.

며칠 전 올해 구순이 되신 대학 때 은사님께서 전화를 주셨다. "계숙아! 내가 그간 써둔 원고를 정리해서 책을 냈다."라고 하셔서 은사님을 찾아뵙고 책을 받았다. 은사님은 연로하셔서 내가 대학 다닐 때보다 키도 한 뼘은 줄어들었고, 허리도 무척 굽어 한 발을 내딛는 것조차도 많은 힘이 필요했다. 은사님은 지금도 새벽에 일어나셔서 책을 읽으시고, 성경을 필사하시고, 원고를 쓰시고, 낮에는 영어공부를 하고 계셨다.

나는 이런 은사님을 만난 게 내 일생의 행운이었다는 생각이 들었다. 나도 구십이 되었을 때 은사님처럼 책을 읽고, 글을 쓰고 매 순간 인생을 누리는 삶을 살 수 있을까? 구십이 되어있을 내 인생을 스케치해 보았다.

오늘 최재필 작가의 『내 인생 빛나는 시간 오십, 당신의 전성기는 이제 시작된다』를 읽게 되었다. 내가 오십을 맞이하기 전에 이 책을 한번 읽어 보고 오십 대를 살아냈더라면 지금보다는 더 잘했을 거 같다. 당시는 학습도 안 되었고, 스승도 없이 살아내려니 모든 게 좌충우돌이었다.

이 책의 매력은 저자의 진솔함이 곳곳에 숨어있다는 거다. 금융전문가로 30년 넘게 세월을 겪어온 경험이 곳곳에 녹아있다. 그리고 오십이 되어서 순간순간 마주하는 불안과 두려움도 느끼는 그대로 적어 놓아, 공감 가는 부분이 많았다. 그러면서도 옆집 형이 말하는 것처럼 "한번 해 봐." 하는 온유한 권유가 느껴졌다.

적재적소에 예를 들어 설명해주는 부분은 저자가 품고 있는 축적된 지식의 양과 깊이가 방대함을 느끼게 했다. 그런데 그것도 가르치려 하지 않고 살갑게 얘기해주니 책을 읽으면서, "아! 나도 해봐야겠다."라는 생각이 저절로 솔솔 든다.

오십을 마주하면서 혹은 오십을 겪어내면서 함께할 친구가 필요하거나 조언이 필요할 때, 꼭 한번 읽어보시면 가시는 길에 용기도 얻을 수 있을 것 같고 위안도 구할 수 있을 것 같다. 다만, 꼭 오늘 읽으시면 좋을 것 같다. 내일은 없으니까….

신계숙
계향각 오너셰프. 배화여자대학교 교수
『신계숙의 일단 하는 인생』 저자

📚 **들어가며**

당신의 전성기는 이제 시작된다.

오늘 아침, 나는 책상 위에 놓인, 오래된 사진 한 장을 바라봤다. 이십 대 시절의 내 모습이었다. 눈빛은 열정으로 가득했지만, 어딘가 불안하고 미숙한 표정이었다. 그 사진 옆에는 최근에 찍은 내 모습, 오십의 얼굴이 있었다. 주름은 조금 더해졌지만, 눈빛에는 이전에 없던 확신과 평온함이 담겨 있었다.

그 두 사진을 나란히 놓고 보니 묘한 감정이 일었다. 숫자로는 30년이라는 시간이 흘렀지만, 내 안에는 여전히 그 이십 대의 열정과 호기심이 살아 숨 쉬고 있었다. 이상하게도 오십의 내 마음은 이십의 그것과 너무나 닮아 있었다. 다만 차이가 있다면, 이제는 그 열정을 어디에 어떻게 쏟아야 할지 알게 되었다는 점이다.

이 책을 통해 나는 여러분과 함께 오십이라는 나이에 대한 새로운 관점을 탐색하고자 한다. 우리 사회가 강요하는 '오십의 모습'이 아닌, 우리 자신이 진정으로 원하는 오십의 모습을 찾아가는 여정이다. 그 과정에서 우리는 많은 오해와 편견을 뒤로하고, 새로운 가능성을 향해 나아갈 것이다.

나는 이 책을 쓰면서 수많은 사람들을 만났다. 오십에 창업한 사람, 오십에 새로운 취미를 발견한 사람, 오십에 인생의 두 번째 사랑을 만난 사람, 오십에 오랜 꿈을 이루기 위해 다시 학교로 돌아간 사람들까지. 그들의 이야기에는 공통점이 있었다. 바로 '이제부터가 진짜'라는 확신과 자신감이었다.

레이 크록은 52세에 첫 맥도날드 프랜차이즈를 시작했다. 평범한 밀크셰이크 기계 판매원이었던 그는 오십이 넘어 세계적인 기업의 기틀을 다졌다. 마사 스튜어트는 40대 후반에 첫 책을 출간한 후 50대에 들어서며 방송, 출판, 상품 판매를 아우르는 거대 미디어 제국을 건설했다. 줄리아 차일드는 50세에 첫 요리책을 출간하고 51세에 TV 요리 프로그램을 시작해 미국 요리 문화를 완전히 바꿔 놓았다.

이들이 특별한 것은 오십에 뭔가를 시작했기 때문이 아니다. 오십이라는 나이가 그들에게 준 깊이 있는 경험, 단단한 직관, 탄탄한 자신감이 있었기 때문이다. 그들은 젊은 시절에는 불가능했을 방식으로 세상과 소통했다.

오십의 삶은 균형의 미학이다. 충분한 경험을 통해 얻은 지혜와 여전히 불타오르는 열정 사이의 균형, 현실적 제약과 무한한 가능성 사이의 균형. 이 절묘한 균형점에 서 있는 우리는 어느 때보다 강력한 선택의 힘을 가지고 있다.

꽃은 저마다 다른 계절에 피어난다. 매화는 늦겨울에, 벚꽃은 봄에, 연꽃은 여름에, 국화는 가을에 자신만의 아름다움을 뽐낸다. 그 어떤 꽃도 피는 시기가 늦었다고 한탄하지 않는다. 오십의 우리도 마찬가지다. 지금이 바로 우리가 가장 아름답게 피어날 때다.

시간은 누구에게나 공평하게 흐른다. 하지만 그 시간을 어떻게 채워나갈지는 온전히 우리의 몫이다. 오십이라는 나이는 무한한 가능성의 문을 여는 황금 열쇠다. 그 열쇠로 어떤 문을 열지는 당신이 결정할 수 있다.

오늘부터 시작해보자. 아침에 거울을 보며 말해보자. "나는 오십에 새로운 전성기를 맞이하고 있다." 그리고 작은 변화를 시도해보자. 환경을 바꾸거나, 새로운 만남을 시도하거나, 미뤄둔 취미를 다시 시작하는 것. 처음부터 완벽할 필요는 없다. 작은 한 걸음부터 시작하면 된다.

이 책을 덮는 순간, 당신의 새로운 챕터가 시작될 것이다. 인생이란 여행에서 오십은 절대 종착역이 아니다. 더 넓은 바다로 나아가는 새로운 출항이다. 항로를 어디로 잡을지, 어떤 풍경을 만날지는 온전히 당신의 손에 달려 있다.

가끔 두려움과 불안이 찾아올 때마다 이 책을 다시 펼쳐보라. 그리고 기억하라. 당신의 가장 빛나는 날들은 아직 오지 않았다는 것을. 그 빛나는 날들은 바로 지금, 이 순간부터 시작된다는 것을.

나는 오십에 새로운 전성기를 맞이하고 싶다…

아니, 나는 오십에 새로운 전성기를 맞이하고 있다.

당신의 새로운 전성기는 어떤 모습일까? 오십의 새로운 전성기를 함께 맞이하자.

최재필

차례

새로운 전성기를 맞이할 '오십'에게 전하는 메시지 ·········· 4

추천사 - ❶ AI 시대, 오십은 '인생의 전성기'이자 '새로운 창조의 원점' ·········· 6
추천사 - ❷ 이 책을 한번 읽어보고 오십 대를 살아냈더라면… ·········· 9

들어가며 당신의 전성기는 이제 시작된다. ·········· 12

제1장
나의 두 청춘

나의 오십은 이십을 너무 닮았다. (50=20) ·········· 26
나의 시작과 재시작 · 27 | 나의 불안과 용기 · 28 | 나의 성장 노력 · 29 | 나의 아픔과 성장 · 31 | 거울 같은 나의 오십과 이십 · 32 | 내 인생의 두 청춘 · 35

트랜스휴먼 시대, 오십은 더 강한 청춘이다. ·········· 39
우리 일상에 스며든 트랜스휴먼 기술 · 41 | 트랜스휴먼 시대, 오십의 재발견 · 42 | 오십, 더 강한 청춘으로의 도약 · 46

천당 가봐야 별거 없다. 지금, 여기가 천당이다. ·········· 48

인생의 새로운 전성기를 위한 티핑포인트, 바로 오십이다. ·········· 54
새롭게 피어나는 오십 대의 무한한 가능성 · 55 | 오십 대, 개인적 성장의 절정기 · 59 | 오십 대, 사회 공헌의 황금기 · 60 | 오십 대, 건강관리의 티핑포인트 · 61 | 오십 대, 관계의 새로운 시작 · 62 | 새로운 시작을 위한 당신의 용기와 선택 · 62

제2장

나의 최고의 순간은 오지 않았다

어느 날 또 다른 인생이 찾아왔다. ·· 66

상추가 된 나 • 67 | '은퇴'라는 이상한 발명품 • 68 | 은퇴가 아닌 졸업, 그리고 새로운 입학 • 69 | 시간의 주권을 되찾다. • 70 | 두 번째 전성기를 위한 새로운 규칙들 • 71 | 또 다른 인생의 시작 • 74

최고의 순간에 오르려면 지름길이 아닌 구불구불한 길을 지나야 한다. ··· 76

구불구불한 길의 역설적 가치 • 77 | 실패는 성공의 밑거름 • 77 | 우회로에서 발견하는 진짜 보물 • 78 | 나만의 지도를 그리는 법 • 79 | 은퇴 후의 구불구불한 여정 • 80 | 내 인생의 마스터피스(Masterpiece) 그리기 • 81 | 구불구불한 길을 걷는 용기 • 82

기회는 자기 확신으로 완성된다. ··· 84

이십 대에는 없는 오십 대만의 특별한 자기 확신 • 85 | 경험에서 오는 확신의 힘으로 기회를 현실로 바꾸는 법 • 87 | 인생의 굴곡에서 배우는 자기 확신 • 90 | 당신의 기회를 완성하는 힘 • 91

오십, 큰 뜻을 품어도 된다. ·· 94

이루고 싶은 꿈을 덮어버리지 마라. • 95 | 오십 이후의 새로운 전성기의 꿈을 꾼다. • 97 | 오십 대의 꿈이 가진 특별한 힘 • 98 | 당신만의 새로운 장을 열어가는 시간 • 100

제3장
오십의 전성기를 위해 해야 할 일

오십에 당신의 주변을 다 바꿔라. ···················· 104
당신의 환경이 당신의 운명이다. • 105 | 당신은 함께하는 다섯 사람의 평균이다. • 106 | 결심은 허약하다. 하지만 환경은 강력하다. • 107 | 오십, 환경 혁명을 위한 7가지 실천 • 109 | 인생의 가을, 가장 찬란한 계절로 만들어라. • 111

나이 듦에 대한 고정관념을 태워버려라. ···················· 113
시대와 문화가 만든 고정관념 • 114 | 숫자에 의한 차별 • 114 | 우리가 믿는 거짓말 • 115 | 나이 듦에 대한 고정관념을 태워버리는 5가지 열쇠 • 116 | 불꽃을 다시 밝히자. • 119

오십의 삶에 창조성을 끌어들여라. ···················· 121
오십, 그리고 세잔의 빅투아르 산 • 122 | 피카소의 혁명적 창조성과 오십의 도전 • 123 | 오십에 찾아오는 창조적 전성기 • 124

지금 혼자서 이 순간을 살아라. ···················· 127
결정적 순간은 언제나 지금이다. • 128 | 혼자서 만나는 진정한 나 • 130 | 지금, 이 순간에 집중하는 기술 • 131 | 진정한 삶은 언제나 '지금'에 있다. • 133

오십 이후 어떤 사람이 되고 싶은지 고민하라. ···················· 135
가면을 벗고 자신만의 길을 향해 나아가기 • 136 | '내가 될 수 있는 최고의 사람' 되기 • 138

더 많이 할수록 더 많이 성공한다. ···················· 140
작은 실천이 만드는 성공의 복리 효과 • 142 | 오십의 전성기를 부르는 실천적 가이드, '더 모어(The More)' • 144 | 끊임없는 도전이 만드는 성공의 궤적 • 147

오십의 무한한 잠재력을 믿어라. ··· 149
나이 들수록 더 강해지는 능력들 • 150 | 무한한 잠재력을 믿는 힘 • 152

온라인 네트워킹 역량을 키워라. ··· 156
무한 연결의 힘 • 157 | 디지털 공간에서의 소통 예술 • 158 | 전문성을 넘어선 디지털 브랜딩 구축 • 160 | 온-오프라인의 조화로운 통합 • 161 | 디지털 시대의 오십 전성기를 향한 여정 • 162 | 디지털 세계의 50+ 영향력 확대하기 • 163

제4장
오십의 인간관계 "새롭게, 다르게, 편하게"

오십에 낯선 사람과 약한 연결이 주는 강한 기회 ································ 168
약한 연결이 오십의 인생을 바꾸는 결정적 순간들 • 170 | 약한 연결로 새로운 세계를 열어가는 오십 • 172 | 약한 연결이 여는 오십의 새로운 장 • 176

너도 좋고 나도 좋은 인간관계 ·· 178

우연, 아무런 준비 없이 만드는 인맥 ··· 183
이제 그냥 한 번 시도해 볼 때 • 184 | 우연의 법칙을 활용한 인맥 확장 전략 • 184 | 삶의 새로운 장을 여는 우연한 만남 • 186 | 우연을 맞이하는 여정 • 188

편안하고 자연스러운 인맥의 매력 ··· 190
부담 없이 관계를 맺고 유지하는 비결 • 193 | 편안하고 지속 가능한 네트워킹 방법 • 194 | 편안하고 자연스러운 인간관계 : 오십의 새로운 패러다임 • 195 | 감나무의 지혜를 기억하며 • 197

오십에 꼭 만나야 할 사람, 버려야 할 사람 ··· 199
오십에 반드시 만나야 할 사람들 • 200 | 오십에 과감히 정리해야 할 관계들 • 203 | 오십, 관계의 리노베이션 시작하기 • 205 | 자기 자신과의 관계가 모든 관계의 중심 • 207 | 오십 이후 행복한 관계의 삶 • 208

제5장
오십, 새로운 전성기를 맞이하다

오십, 새로운 비전을 발견할 때 ··· 212
열정과 현실의 균형, 삶의 깊이를 더하다. • 213 | 불안정에서 피어나는 역전의 기회 • 214 | 나만의 길을 개척하는 용기 • 215 | 깊어지는 삶, 넓어지는 시야 • 217 | 새로운 지평을 향해 • 217

오십 이후 혁명적으로 재정의해야 할 5가지 ·················· 219
'성공'에 대한 혁명적 재정의 • 220 | '일'에 대한 혁명적 재정의 • 224 | '자기 배려'에 대한 혁명적 재정의 • 226 | '나이 듦 속의 젊음'에 대한 혁명적 재정의 • 230 | '베풂'에 대한 혁명적 재정의 • 234

오십 이후 꽃 피는 사람들의 특징 ································· 238
느리지만 깊게, 늦지만 아름답게 • 239 | 대기만성의 여정 • 239 | 늦게 피는 꽃의 3가지 향기 • 241 | 지금 여기, 자신의 시간을 믿는 용기 • 243

오십에 찬란한 전성기를 맞이한 사람들의 성공 스토리 ········ 245
레이 크록(Ray Kroc) 맥도날드 창업자 : 52세에 프랜차이즈 창업 • 246 | 마사 스튜어트(Martha Stewart) 회장 : 오십 대에 미디어 제국을 건설 • 255 | 줄리아 차일드(Julia Child) 셰프 : 오십 대 이후 눈부신 전성기 • 264

제6장

오십의 사는 맛, 사는 멋

"사랑해, 미안해, 고마워"를 매일 입에 달고 다녀라. ································ 276
세 마디 말이 바꾸는 인생 • 277 | 세 마디 말이 만드는 변화 • 279 | 오늘부터 시작하라. • 281

몸은 주업, 일은 부업 ··· 284
오십 대, 몸이 먼저다. • 285 | 내 몸의 CEO가 되어라. • 287 | 지속 가능한 건강의 지혜, 중용을 찾아라. • 288 | 오십 대의 건강한 몸이 선사하는 예상 밖의 선물들 • 290 | '몸이 주업'인 삶으로의 전환 • 292

오십에 시작한 공부가 가장 재미있다. ·· 294
다시 배우기는 동기부여에 최고 • 295 | 디지털 시대의 오십 대 학습, 무한한 가능성 • 297 | 학습을 통한 새로운 관계와 소속감 • 299 | 오십 대 학습의 글로벌 트렌드 • 300 | 공부하지 않는 사람은 한순간에 늙는다. • 301

나는 오십부터 재미있게 살기로 했다. ·· 303

나를 위해 살 수 있는 마지막 골든타임 ·· 308

성공보다는 존경받는 오십이 되라. ·· 312

우연의 행복 ··· 317
우연이 주는 선물 • 318 | 행운과 우연을 끌어들이는 감사의 습관 • 319 | 나이 들수록 찾아오는 우연의 지혜 • 320 | 우연이 만드는 삶의 아름다움 • 321

몰입할 수 있는 현재를 만들어라. ·· 323
오십, 그리고 몰입의 새로운 가능성 • 324 | 나만의 몰입, 나만의 현재를 만들기 위하여 • 326

나를 구하는 유일한 길은 남을 돕는 것이다. ······························ 328

오십은 인생의 황금기, 지금이 정점이다. ·································· 332
오십, 본격적인 성취를 이룰 수 있는 이유 • 334 | 오십의 에너지로 이룰 수 있는 놀라운 성과들 • 335

맺으며 당신의 전성기는 지금부터 ·· 338

나의 오십은 이십과 너무나도 닮았다.
오십은 독특한 위치에 있다. '오(五)'는 중심과 균형을,
'십(十)'은 사방으로의 확장과 연결을 상징한다.
오십의 나이는 자신의 내면이 충분히 단단해진 상태에서
모든 방향으로 영향력을 펼칠 수 있는 시기다.

제1장

나의 두 청춘

나의 오십은 이십을 너무 닮았다. (50=20)

인생에는 두 번의 봄이 있다. 하나는 모든 것이 아직 가능할 때의 이십 대, 다른 하나는 모든 것이 여전히 가능함을 깨닫는 오십 대이다. 젊음의 꿈과 오십의 꿈은 놀랍도록 닮아있다.

그날 밤, 서른 살 차이의 두 장면이 머릿속에서 겹쳤다. 30년 전 첫 면접을 앞두고 밤새 천장을 바라보며 불안해하던 모습과 은행 퇴직 후 새로운 시작을 앞두고 또다시 밤새 뒤척이는 현재의 내 모습이…. 삶의 두 지점이 거울처럼 서로를 비추는 순간, 나는 깨달았다. 나의 오십 대와 이십 대는 너무나도 닮았다.

시간의 강을 따라 흐르다 보니 어느새 인생의 원을 그리며 나는 두 번의 청춘을 경험하고 있다. 첫 번째 청춘과 두 번째 청춘. 그 모습은 다르지만, 본질은 놀랍도록 유사하다. 마치 같은 노래의 다른 버전처럼, 멜로디는 같은데 편곡만 달라진 느낌이다.

나의 시작과 재시작

나의 이십 대, 나는 대학을 졸업하고 사회라는 넓은 바다로 첫발을 내디뎠다. 취직을 위한 자격증을 취득하기 위해 밤새워 공부했다. 눈이 충혈될 때까지 시험 문제를 풀고, 아침이면 머리가 지끈거려도 커피 한 잔으로 버티며 공부했다. 이력서를 쓰며 나를 어떻게 표현할지 고민했다. '나는 어떤 사람인가?' '나의 강점은 무엇인가?' '이 회사에서 나는 어떤 가치를 만들어낼 수 있을까?'라는 질문들과 씨름했다. 한 줄 한 줄 적어 내려갈 때마다 떨리는 마음은 첫 데이트 전의 설렘과도 같았다.

그리고 나의 오십 대, 나는 은행에서 퇴직하고 제2의 인생을 준비하고 있다. 30년간 쌓아온 안정된 생활을 내려놓고 새로운 시작을 앞둔 나의 마음은 대학 졸업장을 받아 든 그때와 다를 게 없다. 노후를 위한 자격증을 따기 위해 다시 책상 앞에 앉았다. 젊은 학생들 사이에서 늦깎이 학생이 된 나는 독서대에 돋보기를 올려놓고 작은 글씨와 싸우며 공부한다. 노트에 필기하다 보면 관절이 아프지만, 그 통증마저도 이십 대 때 밤샘 공부 후의 피로감과 닮았다. 이력서를 쓰며 내 경험을 어떻게 새로운 기회로 연결할지 고민하고 있다. '30년의 금융 경험을 어떻게 새로운 일에 접목할 수 있을까?' '나이가 많다는 약점을 어떻게 강점으로 바꿀 수 있을까?' 하는 고민으로 머리가 복잡하다.

나는 이십 대 때와 마찬가지로 오십 대에도 꿈과 희망으로 설레고 있다. 그때는 결혼, 승진, 내 집 마련이라는 꿈이었다면, 지금은 의미 있는 삶, 건강한 노년, 그리고 오십의 새로운 전성기를 맞이하는 꿈이다. 그때도, 지금도 내 앞에는 미래가 펼쳐져 있고, 그 미래는 여전히 불확실하다. 하지만 그 불확실성 속에서도 나는 앞으로 나아간다. 이십 대에는 무모한 용기로, 오십 대에는 경험에서 오는 지혜로.

나의 불안과 용기

나의 이십 대의 가장 큰 특징은 무한한 가능성과 함께 찾아오는 불확실성이었다. '내가 선택한 길이 맞는 걸까?' '실패하면 어떡하지?' '다른 친구들은 잘되는데 나만 뒤처지는 건 아닐까?' 이런 고민은 내 이십 대의 일상이었다. 밤마다 천장을 보며 내일의 걱정을 하던 그 시간. 첫 면접에서 떨어졌을 때의 절망감, 첫 월급을 받았을 때의 기쁨, 그리고 그 월급이 생각보다 적다는 것을 깨달았을 때의 현실감. 모든 것이 처음이었고, 모든 처음에는 두려움이 따랐다.

내 오십 대도 미래에 대한 불확실성과 싸우고 있다. 건강 문제, 노후 준비, 새로운 시작에 대한 두려움… 거울을 볼 때마다 늘어난 주름과 하얗게 변해가는 머리카락이 나를 반긴다. 퇴직금으로 얼마나 버틸 수 있을지, 국민연금은 얼마나 받을 수 있을지, 아직 대학생인 막내는 어떻게 뒷바라지할지, 노후에 큰 병이라도 걸리면 어떻게 할지… 걱정거리는 끝이 없다. 하지만 이십 대 때와 마찬가지로, 이런 불확실성 속에서도 나는 앞으로 나아갈 용기를 내고 있다.

이십 대 때 첫 면접을 앞두고 느꼈던, 밤새 잠 못 이루던 그 불안감이 오십 대가 된 지금 똑같이 찾아왔다. 하지만 그때와 지금의 차이점은 이제는 불안해도 괜찮다는 것을 내가 안다는 것이다. 인생은 언제나 불확실하지만, 그동안 수많은 불확실성을 헤쳐 왔고, 앞으로도 그럴 것이다. 이십 대의 나는 불안했지만 무모했고, 오십 대의 나는 불안하지만 지혜롭다.

나의 성장 노력

내 이십 대에는 사회생활을 위한 스킬을 배우고, 인맥을 쌓기 위해 네트워킹에 참여했다. 어색한 명함 교환, 서툰 술자리 대화, 선배들의 눈치 보기, 상사의 지시 이해하기… 모든 것이 배움의 연속이었다. 체력 관리를 위해 운동도 시작하고, 새로운 지식을 습득하기 위해 끊임없이 공부했다. 퇴근 후 영어 학원에 다니며 토익 점수를 올리고, 주말에는 대학원 수업을 듣기도 했다. 그때는 '스펙'이라는 말이 내 인생을 지배했다. 더 나은 직장, 더 나은 연봉, 더 나은 미래를 위해 나의 현재를 투자했다.

내 오십 대도 마찬가지다. 변화하는 시대에 적응하기 위해 새로운 기술을 배우고 있다. 스마트폰 앱 사용법부터 AI 활용까지, 젊은 세대에게는 당연한 것들이 나에게는 또 하나의 도전이다. 내가 이십 대였을 때는 없던 기술들이 이제는 일상이 되었다. 건강 관리를 위해 더욱 열심히 운동하고 있다. 이십 대에는 멋진 몸매를 위해 운동했다면, 지금은 건강한 노후를 위해 운동한다. 새로운 인맥을 형성하기 위해 다양한 모임에 참여하고 있다. 은퇴자 모임, 취미 클럽, 봉사 활동… 요즘은 SNS로 옛 동창들과도 다시 연결되었다.

공부의 방향은 달라졌지만, 이십 대 때처럼 오십 대인 지금도 나는 열심히 공부한다. 그때는 취업을 위한 공부였다면, 지금은 더 풍요로운 삶을 위한 공부다. 재테크, 디지털, AI, 요리, 심리학… 젊었을 때는 시간이 없어서 못 했던 공부를 이제는 즐기고 있다. 특히, 요리는 내가 최근에 빠져있는 분야다. 아내에게 30년간 밥을 얻어먹다가 이제는 내가 직접 요리하는 법을 배우고 있다. 어제는 가족에게 처음으로 만든 김치찌개로 대접했는데, 의외로 반응이 좋았다. 이런 작은 성취감이 내 오십 대를 빛나게 한다.

나의 아픔과 성장

"아프니까 청춘이다"라는 말이 있다. 내 이십 대는 실패와 좌절, 관계의 아픔을 겪으며 성장했다. 첫 직장에서 상사에게 크게 혼났을 때, 처음 맡은 프로젝트가 실패했을 때, 사랑하는 사람에게 이별을 통보받았을 때… 그때마다 세상이 무너지는 것 같았다. 친구들과 술잔을 기울이며 한탄하기도 하고, 혼자 한강 변을 걸으며 눈물을 흘리기도 했다. 이런 경험들이 단단한 성인으로 성장하는 나의 밑거름이 되었다. 아프지만 그 아픔을 통해 나는 조금씩 강해졌다.

내 오십 대는 어떨까? "더 아프니까 더 청춘이다"라고 할 수 있다. 인생의 무게가 더해질수록 아픔도 깊어지지만, 그만큼 성장의 폭도 넓어진다. 자녀의 독립으로 인한 빈 둥지 증후군, 부모님의 노환으로 인한 간병의 부담, 나의 건강 문제로 인한 미래에 대한 불안… 이 모든 것들이 나를 짓누른다.

이십 대 때 첫사랑에게 상처받으면서 세상이 무너지는 것 같았지만, 오십 대가 된 지금은 그런 아픔조차 성장의 기회였음을 알게 되었다. 더 큰 아픔을 겪으며 나는 더 단단해졌고, 더 깊은 감정을 느끼게 되었다. 젊었을 때는 몰랐던 삶의 진정한 가치들을 이제야 이해하게 된 것 같다. 인생의 오십에 접어들며 오히려 나는 더 많은 것을 배우고 있다.

거울 같은 나의 오십과 이십

내 이십 대와 오십 대를 비교하며 살펴볼수록 더 많은 유사점이 드러난다. 이 두 시기는 마치 거울을 보는 것처럼 서로를 비추고 있다.

주변의 시선과 평가에 대한 민감함

이십 대 때, 나는 주변의 시선에 민감했다. 친구들이 취업했다는 소식을 들을 때마다 초조해졌고, 남들의 화려한 일상을 볼 때면 상대적 박탈감을 느꼈다. "이 나이에 이 정도는 해야 하는 거 아닐까?"라는 강박관념이 나를 따라다녔다.

오십 대가 된 지금도 마찬가지다. 동창회에 가면 자연스레 비교가 시작된다. 누구는 자녀를 명문대에 보냈고, 누구는 벌써 며느리를 보고 있으며, 누구는 성공적으로 은퇴 후 사업을 시작했다는 이야기들. 다시 한번 '이 나이에 이 정도는 이루어야 하는 거 아닐까?'라는 생각이 머릿속을 맴돈다. 남들과 비교하며 불안해하는 마음은 30년이 지났지만 크게 달라지지 않았다.

정체성의 재구성과 자아 탐색

이십 대는 '나는 누구인가'라는 질문으로 가득 찬 시기였다. 직업을 선택하고, 배우자를 만나고, 가치관을 정립하는 과정에서 끊임없이 내 정체성을 고민했다. 내가 정말 원하는 것이 무엇인지, 내가 잘하는 것은 무엇인지, 어떤 사람으로 살아갈 것인지에 관한 질문들.

오십 대에 접어든 나는 다시 한번 이 질문들을 마주하고 있다. 직장인으로서의 정체성을 내려놓고, 부모로서 역할도 줄어들면서, 다시 '나는 누구인가'를 질문하게 된다. 젊었을 때는 사회적 기대에 맞춰 정체성을 형성했다면, 이제는 진정한 내 모습을 찾아가는 여정이다. 이십 대의 자아 탐색이 사회 진출을 위한 것이었다면, 오십 대의 자아 탐색은 인생의 의미를 찾기 위한 것이다.

경제적 불안정과 재정 계획의 중요성

이십 대 때는 첫 월급을 받고 독립을 준비하며 재정 관리의 중요성을 배웠다. 적은 월급으로 생활비, 교통비, 식비, 여가 비용을 어떻게 분배할지 고민했다. 처음으로 신용카드를 만들고, 처음으로 대출을 받고, 처음으로 전세 계약을 했다. 모든 것이 경제적으로 빠듯했고, 미래를 위한 저축은 언제나 부족했다.

오십 대인 지금, 나는 다시 비슷한 경제적 불안정을 경험하고 있다. 정기적인 급여가 끊기고, 퇴직금과 연금으로 남은 삶을 계획해야 한다. 자녀의 결혼 비용, 노후 의료비, 여행 자금 등 앞으로 필요한 지출을 계산하며 다시 한번 빠듯한 재정 계획을 세우고 있다. 이십 대 때처럼, 오십 대에도 돈의 문제는 여전히 내 삶의 중요한 부분을 차지한다.

기술과 트렌드 따라잡기의 어려움

이십 대 시절, 대학을 갓 졸업한 나는 직장에서 새로운 기술과 시스템을 배우느라 애를 먹었다. 선배들은 이미 능숙하게 다루는 업무 프로그램, 처음 접하는 전문 용어들, 빠르게 변화하는 트렌드… 따라잡기 위해 남몰래 야근하며 공부했던 기억이 난다.

오십 대가 된 지금도 이런 감정은 동일하다. 디지털 네이티브인 젊은 세대들 사이에서 나는 다시 한번 '초보자가 되었다. 클라우드, 인공지능, 메타버스 같은 개념들을 이해하려고 노력하고, 끊임없이 출시되는 새로운 앱과 서비스에 적응하기 위해 애쓰고 있다. 이십 대 때와 마찬가지로, 뒤처지지 않기 위한 노력은 계속된다.

인간관계의 깊이와 질에 대한 재평가

이십 대 때는 많은 사람과 넓은 인맥을 형성하는 데 집중했다. 동창회,

동아리, 회식, 소개팅… 끊임없이 새로운 사람들을 만나고 관계를 넓혀 갔다. 명함을 주고받는 횟수가 많을수록 성공적인 네트워킹이라고 생각 했다.

오십 대가 된 나는 인간관계의 질에 더 집중하게 되었다. 수십 명의 얕은 친구보다 몇 명의 진정한 친구의 가치를 알게 되었다. 이십 대 때와 마찬가지로 새로운 관계를 형성하지만, 그 기준과 깊이가 달라졌다. 이십 대 때 관계의 양을 추구했다면, 오십 대에는 관계의 질도 추구한다. 하지만 두 시기 모두 인간관계가 인생의 중요한 축임은 변함없다.

내 인생의 두 청춘

나의 오십 대와 이십 대는 인생에서 가장 큰 전환점을 맞이하는 시기다. 첫 번째 청춘과 두 번째 청춘은 그 형태는 다르지만, 본질은 놀랍도록 닮았다. 둘 다 새로운 시작을, 불확실성과의 싸움을, 끊임없는 성장을 의미한다.

이십 대 때는 모든 것이 처음이라 두렵고 설레었다면, 오십 대에는 모든 것이 마지막일 수도 있다는 생각에 더욱 소중하고 의미 있게 느껴진다. 이십 대에는 미래가 무한히 펼쳐져 있어 조급했다면, 오십 대에는 남은 시간이 한정되어 있어 오히려 더 절실하다.

아프기에 더욱 빛나는 청춘. 이십 대든 오십 대든, 나는 각자의 시기에 맞는 청춘을 살아가고 있다. 그리고 이 두 시기가 서로를 비추는 거울이 되어, 내 인생을 더욱 풍요롭게 만들어주고 있다. 내 이십 대가 오십 대를 준비하는 시간이었다면, 내 오십 대는 이십 대를 이해하는 시간이다.

이렇게 인생의 원은 완성되어 간다. 오십 대 = 이십 대, 이 놀라운 등식 속에서 나는 인생의 깊은 의미를 발견하고 있다. 그리고 깨닫는다. 청춘은 나이가 아니라 마음가짐이라는 것을. 설레는 가슴과 도전을 두려워하지 않는 용기만 있다면, 우리는 언제나 청춘일 수 있다.

나의 오십과 이십의 닮은 점 (50=20)

항목	나의 이십 대	나의 오십 대	공통점
시작과 재시작	대학 졸업 후 사회 진출	은행 은퇴 후 제2의 인생 시작	새로운 출발선에 선 설렘과 도전
준비 과정	취업 자격증 취득, 이력서 작성	노후 자격증 취득, 이력서 작성	미래를 위한 준비와 자기 증명 과정
자기소개서	'나는 어떤 사람인가?' '나의 강점은?'	'30년의 경험을 어떻게 활용할까?'	자신의 가치를 효과적으로 표현하려는 노력

심리 상태	설렘과 불확실성 공존	설렘과 불확실성 공존	기대와 두려움이 뒤섞인 복합적 감정
불안 요소	진로 선택, 취업 성공 여부	건강, 경제적 안정, 새 출발 성공 여부	미래에 대한 불안과 걱정
불안과 용기	불안하지만 무모한 도전	불안하지만 지혜로운 도전	불확실성 속에서도 앞으로 나아가는 용기
밤의 고민	고민, 천장을 보며 내일을 걱정	노후와 건강에 대한 불안	잠들기 전 미래에 대한 생각들
필수 활동	네트워킹, 체력 관리, 새로운 지식의 습득	네트워킹, 체력 관리, 새로운 지식의 습득	성장을 위한 끊임없는 자기 계발
공부의 지속	취업과 승진을 위한 공부	의미 있는 노후를 위한 공부	끊임없는 학습의 필요성
주변 시선	친구들과 비교, SNS 속 타인의 성공	동창회에서 비교, 또래의 성취	'이 나이에 이 정도는 해야 하는 거 아닐까?' 하는 강박
정체성 탐색	'나는 누구인가'에 대한 첫 고민	직장인, 부모 역할 축소 후 재탐색	자아와 정체성에 대한 깊은 질문
경제 상황	첫 월급, 빠듯한 생활비 관리	퇴직금, 연금으로 노후 설계	제한된 자원으로 미래를 계획하는 과정
기술 적응	직장 내 새로운 시스템 학습	디지털 시대의 새로운 기술 습득	'초보자'로서 뒤처지지 않도록 노력

인간관계	넓은 인맥 형성에 집중	관계의 질과 깊이에 집중	사회적 연결의 중요성 인식
성장 동력	실패와 좌절을 통한 단단해짐	인생의 무게와 아픔을 통한 지혜 획득	아픔을 통한 성장과 단련
아픔의 경험	"아프니까 청춘이다"	"더 아프니까 더 청춘이다"	고통이 성장의 밑거름이 됨
목표 설정	사회적 안정과 성공	의미 있는 노후와 자아실현	더 나은 미래를 향한 열망
시간관념	'아직 시간이 많다'라는 여유와 조급함	'아직도 시간이 있다'라는 절실함	시간의 가치에 대한 인식
꿈과 희망	결혼, 승진, 내 집 마련	의미 있는 노후, 건강한 노년	미래에 대한 구체적인 열망

트랜스휴먼 시대, 오십은 더 강한 청춘이다.

새로운 트랜스휴먼 시대, '청춘'의 정의도 달라져야 한다. 오십은 더는 노년의 문턱이 아니라 '두 번째 청춘'의 시작점으로 재정의해야 한다.

"50대라고? 이제 겨우 인생의 반이 지났을 뿐이야."

1970년대만 해도 한국인의 평균 수명은 62세에 불과했다. 그때의 오십은 인생의 황혼기에 가까웠다. 하지만 이제 한국인의 평균 수명은 100세 시대를 바라보고 있다. 그리고 이 숫자적 변화보다 더 중요한 것은 우리가 살아가는 방식의 근본적 변화다. 우리는 지금 인간의 한계를 뛰어넘는 '트랜스휴먼[1] 시대'로 접어들고 있기 때문이다.

인간의 생물학적 진화는 이미 끝났다고 많은 학자들이 말한다. 하지만 이제 우리는 자연의 법칙이 아닌, 우리 스스로 만든 규칙에 따라 새로

---

[1]. 과학기술을 사용하여 인간의 신체적, 정신적 능력을 향상한 존재를 의미한다.

운 방식으로 진화하기 시작했다. 과학과 의학 기술을 통해 우리는 인간의 한계를 확장하고, 수명을 연장하며, 건강을 유지하는 놀라운 시대를 살고 있다.

1940년대, 페니실린의 발견으로 사망률이 급감한 시대가 있었다. 1970년대, 심장 이식 수술이 보편화되면서 심장병 환자들에게 제2의 삶을 줬다. 그리고 지금, 우리는 그보다 더 혁명적인 변화의 시대에 살고 있다. 미래학자 호세 코르데이로(Jose Cordeiro) 교수가 예견했듯이, 현생 인류는 '트랜스휴먼(Transhuman)'이라는 새로운 단계로 진화하고 있다. 이는 단순한 공상과학 영화의 설정이 아닌, 이미 우리 주변에서 진행되고 있는 현실이다.

트랜스휴먼의 등장은 인간의 수명, 건강, 능력에 대한 기존의 개념을 송두리째 뒤흔들고 있다. 우리는 더 이상 100세 시대에 머물러 있지 않다. 인체의 약점을 보완하거나 초월하여 더 오래, 더 건강하게 살아가는 '인간 재디자인'이 가능한 시대가 열린 것이다. 단순히 '오래 사는 것'이 아니라 '더 젊고 건강하게 사는 것'이 새로운 목표가 되었다.

이러한 변화 속에서 '청춘'의 정의도 달라져야 한다. 특히, 오십은 더 이상 노년의 문턱이 아니라 '두 번째 청춘'의 시작점으로 재정의해야 한다. 오십의 두 번째 청춘은 단순히 개인의 삶을 변화시키는 것을 넘어, 사회 전체에 새로운 활력을 불어넣을 것이다.

우리 일상에 스며든 트랜스휴먼 기술

아침에 일어나면 스마트워치가 우리의 수면 질을 분석하고, 앱은 건강 상태에 맞는 식단을 추천한다. 병원에 가면 유전자 검사로 질병 위험을 예측하고, 개인 맞춤형 건강관리 계획을 세운다. 유방암 가족력이 있는 나의 동료는 유전자 검사 결과 BRCA1[2] 변이를 발견했고, 예방적 조치를 통해 미래의 암 위험을 낮출 수 있었다. 10년 전만 해도 상상 속에 존재했던 이런 기술들이 이제는 우리의 일상이 되었다.

로봇 의족이나 의수의 발전은 놀랍다. 패럴림픽 선수들의 경기 기록이 때로는 일반 선수들을 뛰어넘는 시대가 되었다. 사고로 다리를 잃은 무용수가 첨단 바이오닉 의족을 착용하고 다시 무대에 오르는 것은 더 이상 뉴스거리가 아니다. 이 의족은 단순한 보조 장치가 아니라, 무용수의 신경계와 연결되어 자연스러운 동작을 가능하게 한다. 절단된 팔에

---

2. BRCA1(Breast Cancer gene 1)은 유방암과 난소암 발병 위험을 증가시키는 것으로 알려진 유전자 변이. 이 유전자의 돌연변이가 있을 때 유방암 발병 위험이 일반인보다 최대 5배 높아질 수 있으며, 예방적 유방절제술, 난소절제술, 정기적 검진 등의 예방적 조치를 통해 암 발병 위험을 낮출 수 있다.

서 보내는 전기 신호를 로봇 의수가 받아들여 손가락을 자유자재로 움직일 수 있게 되었다.

일본의 고령 간병인들은 '입는 로봇'을 활용해 무거운 환자를 들어 올리고, 공장 노동자들은 외골격 로봇을 입고 무거운 부품을 손쉽게 다룬다. 영화 〈아이언맨〉에 나오는 로봇 슈트가 점점 현실이 되어가고 있다. 이런 기술들은 처음에는 장애가 있는 사람들을 위해 개발되었지만, 이제는 건강한 사람들의 능력까지 향상하는 방향으로 발전하고 있다.

세계 최대 유전체 분석기업 '일루미나'는 저렴한 비용으로 유전자 검사를 해 특정 질환의 발병 소지를 미리 알려준다. 1999년 인간 게놈 프로젝트의 첫 단계를 완성하는 데 30억 달러가 들었지만, 이제는 단 100달러로 개인의 유전체를 분석할 수 있게 되었다. 질병은 이제 발생한 후 치료하는 것이 아니라, 발생하기 전에 예방하는 시대가 되었다. 이것은 단순한 의학의 발전이 아니라 인간 존재 방식의 근본적 변화다.

트랜스휴먼 시대, 오십의 재발견

1990년대 오십 대 아버지들은 가족들에게 "이제부터는 내 남은 삶을 위해 살아야겠다."라고 말했다. 그 말에는 '이제 젊음은 끝났다'라는 체념과 수용이 담겨 있었다. 그로부터 30년이 지난 지금, 나도 오십이 되었다. 하지만 내 마음에는 체념이 아닌 설렘이 있다. 내 앞에 펼쳐진 30년, 어쩌면 50년의 세월은 새로운 가능성으로 가득 차 있기 때문이다.

과거에는 "오십이면 지천명(知天命)"이라 하여 인생의 절반을 넘어 하늘의 뜻을 알게 되는 시기, 즉 숙련된 지혜로 살아가는 시기라 여겼다. 그러나 기술과 의학의 발전으로 인간의 수명이 크게 연장되면서 '오십'의 의미도 완전히 새롭게 정의되어야 한다. 트랜스휴먼 시대에서 오십은 인생의 중간 지점에 불과하며, 새로운 시작과 도약의 시기가 될 수 있다.

신체적 한계의 초월

"아, 나이가 들어서…" 이 말은 이제 변명이 아닌, 극복해야 할 도전이 되었다.

인공지능, 생명공학, 나노기술, 유전자 치료 등의 발달로 인간의 신체적, 정신적 능력 강화가 가능해졌다. 트랜스휴먼 기술은 단순히 수명을 연장하는 것을 넘어, 노화 과정 자체를 늦추거나 일부 역전시키는 단계에 이르고 있다. 과거 오십은 신체적 노화가 가시화되는 시점이었으나, 이제는 첨단 건강관리 기술을 통해 20~30대와 유사한 신체 능력을 유지할 수 있게 되었다.

정밀 의료 시스템, 웨어러블 건강 모니터링 기기, 맞춤형 영양 관리, 줄기세포 치료 등을 통해 오십의 신체는 젊음과 활력을 유지할 수 있다. 재생의학과 인공 장기 기술은 노화나 질병으로 손상된 신체 기능을 복원하거나 향상할 수 있게 한다. 이제 오십은 더는 쇠퇴의 시작이 아니라, 두 번째 신체적 전성기를 맞이할 수 있는 시기가 된 것이다.

경험과 기술의 황금 조합

디지털 혁명은 오십 세대의 사회적 역할과 가치를 근본적으로 변화시키고 있다. 전통적으로 젊은 세대가 새로운 기술을 주도하고, 중장년층은 경험을 바탕으로 조직을 이끌어왔다. 그러나 트랜스휴먼 시대에서는 디지털 기술에 적응한 오십 세대가 자신의 풍부한 경험과 지혜를 첨단 기술과 결합하여 독보적인 가치를 창출할 수 있게 되었다.

다양한 기업들이 MZ세대보다 오십 대 중장년층을 선호하는 현상이 나타나고 있는데, 이는 그들이 갖춘 안정적 판단력, 위기관리 능력, 변화 적응력 때문이다. 수십 년에 걸친 직업적 또는 그에 따른 삶의 경험은 어떤 인공지능도 쉽게 복제할 수 없는 귀중한 자산이며, 여기에 최신 디지털 기술이 더해질 때 진정한 시너지가 발생한다.

트랜스휴먼 시대의 오십은 '디지털 이민자'가 아닌 '디지털 통합자'로서 아날로그와 디지털 세계를 모두 이해하고 연결하는 독특한 역할을 할 수 있다. 이러한 세대 간 다리 역할은 급변하는 기술 사회에서 더욱 중요해지고 있다.

두 번째 청춘의 시작

트랜스휴먼 시대에서 가장 중요한 요소는 '마음가짐'이다. 과거의 관점에서 오십을, 은퇴를 준비하는 시기로 여긴다면, 빠르게 변화하는 세상에서 도태될 수밖에 없다. 반면에 오십을 새로운 시작점으로 인식한다면, 이는 인생의 제2의 전성기가 될 수 있다.

실제로 많은 오십 대들이 창업, 직업 전환, 새로운 학문 탐구, 글로벌 진출 등 다양한 도전을 시도하고 있다. 평균 수명이 100세에 가까워지는 시대에서 오십은 인생의 중간 지점에 불과하다. 첫 번째 경력에서 얻은 경험과 자원을 바탕으로, 이제는 자신이 진정으로 원하는 삶을 설계할 수 있는 자유와 여유가 생긴 시기라 할 수 있다.

트랜스휴먼 기술은 이러한 '두 번째 시작'을 더욱 원활하게 만든다. 건강 기술은 체력과 정신적 활력을 유지해 주고, 인지 향상 기술은 새로운 지식과 기술 습득을 도우며, 디지털 플랫폼은 시공간의 제약 없이 일하고 배울 수 있는 환경을 제공한다.

오십, 더 강한 청춘으로의 도약

몇 해 전, 나의 전담 고객인 80대 CEO는 내게 이런 말을 했다. "젊은 시절, 나는 무한한 가능성을 가졌지만, 그것을 알지 못했다. 오십에는 그 가능성을 알았지만, 용기가 부족했다. 이제 나는 가능성도 알고 용기도 있지만, 시간이 부족하다. 오십이야말로 가능성, 지혜, 그리고 시간이 완벽하게 균형을 이루는 순간이다."

트랜스휴먼 시대의 오십은 더는 과거의 오십과 같지 않다. 과학과 기술의 발전으로 오십은 신체적·정신적으로 20~30대와 유사한 활력을 유지할 수 있게 되었다. 이와 동시에 수십 년간 축적된 경험과 지혜는 오십 세대에게 독보적인 경쟁력을 부여한다. 이는 단순한 위로의 말이 아닌, 과학적·사회적 현실이 되어가고 있다.

진정한 청춘은 나이가 아닌 마음가짐과 가능성에서 비롯된다. 트랜스휴먼 시대에서 오십은 끝이 아닌 새로운 시작이며, 더 깊고 풍요로운 삶을 향한 도약대가 될 수 있다. 과거의 경험을 바탕으로 미래의 기술을 받아들이며, 두려움 대신 설렘으로 새로운 도전을 맞이할 때, 오십은 진정하게 '더 강한 청춘'이 된다.

인류 역사상 처음으로, 우리는 나이의 제약에서 벗어나 새로운 방식으로 삶을 정의할 자유를 얻었다. 트랜스휴먼 시대는 우리에게 선물이자 책임이다. 이 새로운 시대에 오십은 과거 어느 시대의 청춘보다 더 건강하고, 더 지혜롭고, 더 많은 가능성을 품고 있다.

당신이 이미 오십이거나, 오십을 향해 가고 있거나, 혹은 오십을 지나 있다면, 이것을 기억하라. 당신 앞에는 전에 없던 가능성이 펼쳐져 있다. 오늘부터 당신의 더 강한 청춘이 시작된다!

천당 가봐야 별거 없다. 지금, 여기가 천당이다.

아침이면 태양을 볼 수 있고 / 저녁이면 별을 볼 수 있는 나는 행복합니다. / 잠이 들면 다음 날 아침 깨어날 수 있는 나는 행복합니다. (중략) 기쁨과 슬픔과 사랑을 느낄 수 있고 / 남의 아픔을 같이 아파해 줄 수 있는 / 가슴을 지닌 나는 행복합니다.

- 김수환(추기경), 「우리가 서로 사랑한다는 것」 중에서

    오십의 숲길에서 찾은 낙원, 그날의 기억은 아직도 선명하다. 오월의 따스한 햇볕이 거대한 느티나무 사이로 황금빛 물결처럼 쏟아져 내렸다. 그 빛줄기는 마치 신의 손길처럼 내 어깨를 감싸안았고, 그 온기는 겨울을 지나온 내 몸의 깊숙한 곳까지 스며들었다.

    햇살 사이로 불어오는 바람은 적당한 청량함을 머금고 있어 따스함과 시원함이 절묘하게 어우러졌다. 나는 숨을 깊게 들이마셨다. 공기는 말갛고 청량했다. 도시의 매연과 먼지에 익숙해진 폐에 맑은 산소가 들어차는 순간, 온몸의 세포가 환희에 떨리는 듯했다. 매번 호흡할 때마다 체

내의 오래된 독소가 빠져나가고 생명의 새로운 에너지가 충전되는 느낌이었다. 이것이 정화라면 이보다 완벽한 정화는 없을 것이다.

발아래로는 부드러운 흙길이 이어졌다. 겨우내 쌓였던 낙엽들이 봄비에 젖어 부식되며 만들어낸 그 길은 걸을 때마다 미세하게 발을 받아주었다. 그 느낌은 마치 자연이 내게 준비한 특별한 양탄자 위를 걷는 것 같았다.

고개를 들어 위를 바라보니, 나뭇가지 사이로 보이는 하늘은 믿을 수 없을 만큼 푸르렀다. 하늘에 휘갈겨 놓은 듯한 흰 구름은 느릿느릿 움직이며 시시각각 다른 모양을 그려냈다. 때로는 동화 속 용이 되었다가, 때로는 어릴 적 쓰던 자전거 모양이 되기도 했다.

귀를 기울이니 온갖 소리의 교향곡이 들려왔다. 여러 종류의 새들이 각자의 음색으로 지저귀는 소리, 바람에 나뭇잎들이 서로 스치며 내는 사각거림, 멀리서 들려오는 시냇물 소리… 이 모든 소리는 완벽한 조화를 이루며 자연의 교향곡을 연주하고 있었다. 그 어떤 유명 오케스트라도 이보다 아름다운 연주는 할 수 없을 것이다.

문득 작은 움직임이 눈에 들어왔다. 나무 사이로 재빠르게 움직이는 다람쥐 한 마리. 그것은 호기심 가득한 눈으로 나를 잠시 바라보더니, 곧 다시 자신의 일상으로 돌아갔다. 아마도 겨울을 위한 식량을 모으고 있었던 것 같다. 그 작은 생명체의 부지런함과 생의 의지가 나에게도 전해지는 듯했다.

이 순간, 문득 깨달음이 찾아왔다. "천당이 있다면, 이보다 더 좋을 수 있을까?"

아마도 그럴 수 없으리라. 내가 대학교 3학년 때, 아버님이 돌아가셨다. 장례식장에서 어른들은 "아버지가 이제 천당에 가셨다."라고 말씀했다. 그때의 나는 천당이 얼마나 아름다운 곳일지 상상했다. 그리고 언젠가 나도 그곳에 가게 될 거라는 생각에 작은 위안을 얻었다.

하지만 오십이 된 지금, 나는 천당이 어딘가에 있는 먼 곳이 아니라 바로 여기, 지금 내가 숨 쉬고 느끼는 이 순간 속에 있음을 깨달았다.

오십. 대부분 사람은 이 나이를 인생의 중반이라 부른다. 뒤를 돌아보면 그 많던 시간이 어디로 갔는지 모를 만큼 빠르게 지나갔다. 앞을 내다보면 남은 시간이 더 짧게 느껴지고, 그래서인지 조급함이 밀려온다.

"나는 충분히 성공했는가? 자녀들은 잘 자라고 있는가? 은퇴 후의 삶은 어떻게 준비해야 하는가?" 이런 질문들이 머릿속을 맴돌며 우리를 불안하게 만든다.

그러나 바로 이 지점에서 우리는 선택의 갈림길에 서게 된다. 남은 인생을 불안과 조급함 속에서 보낼 것인가, 아니면 지금, 이 순간을 온전히 받아들이며 감사히 살아갈 것인가?

나는 오랜 시간 전자의 길을 걸어왔다. 더 큰 성공을 위해, 더 안정된 미래를 위해 현재의 행복을 미뤄왔다. 그러다 작년, 선배의 갑작스러운 부고 소식을 들었다. 그는 은퇴 후 하고 싶었던 일들을 적은 버킷리스트를 남겼지만, 그 어느 것 하나도 이루지 못한 채 세상을 떠났다.

그날 이후, 삶을 바라보는 나의 관점이 바뀌었다. 미래는 불확실하다. 우리에게 주어진 건 오직 '지금, 이 순간'뿐이다. 그리고 놀랍게도 이 깨달음은 불안 대신 평온을, 조급함 대신 감사함을 가져다주었다.

당신도 알 것이다. 우리는 모두 때로 인생에서 길을 잃는다. 너무 많은 것을 추구하다 보면 정작 소중한 것들을 놓치게 된다. 내가 만났던 수많은 성공한 사람 중에는 물질적으로는 풍요롭지만, 정서적으로는 가난한 이들이 많았다. 그들은 하늘 높은 곳을 향해 올라가는 동안, 발밑의 아름다운 꽃들을 밟아버렸다.

오십의 나이는 젊음의 열정과 노년의 지혜가 완벽하게 균형을 이루는 시기다. 우리는 충분히 경험했고, 또한 아직 충분히 경험할 수 있다. 체력은 여전히 넘치고, 지혜는 나날이 깊어진다. 자녀가 있다면 그들은 이미 자라 독립을 준비하고 있을 테고, 직장에서는 상당한 경력과 경험을 쌓아 존중받는 위치에 있을 것이다.

이제 우리에게 필요한 것은 깨달음이다. 지금 이 순간이 천당이라는 깨달음.

당신이 길을 걷다 문득 하늘을 올려다볼 때, 가족과 함께 식탁에 둘러앉아 대화할 때, 좋아하는 책을 읽으며 따뜻한 차 한 잔을 마실 때, 아이들의 웃음소리를 들을 때, 사랑하는 사람과 손을 잡고 걸을 때… 그 모든 평범한 순간이 바로 천당인 거다.

나는 내 아이들이 태어났을 때 천당을 보았다. 아내가 퇴근 후 지친 몸으로도 미소를 지을 때 천당을 보았다. 노을이 붉게 물든 한강 변을 걸을 때, 오래된 친구와 추억을 나눌 때, 심지어 힘든 일을 마치고 느끼는 성취감 속에서도 천당을 발견했다.

천당은 거창한 것이 아니다. 천당은 당신이 깨어 있는 한, 언제든 발견할 수 있는 작은 기적들의 모음이다.

오십에 있는 우리들이여, 우리는 이미 천당에 와 있다. 이 깨달음을 안고, 하루하루를 더욱 치열하게, 더욱 열정적으로, 더욱 감사하며 살아가자.

아침에 눈을 뜨는 순간, "오늘도 천당에서 하루를 보낼 수 있구나."라고 생각해 보자. 직장에서 어려운 일을 마주하더라도, "천당에서의 이 경험도 내게 의미가 있겠지."라고 생각해 보자. 저녁, 사랑하는 이들과 식탁에 둘러앉았을 때, "이것이야말로 천당의 모습이구나."라고 감사해 보자.

계획을 세우고 실행하는 모든 순간, 이 세상에서 겪는 모든 경험이 천당 일부라고 생각한다면, 우리의 삶은 얼마나 더 풍요로워질까?

요컨대, 천당은 죽어서 가는 곳이 아니다. 천당은 지금, 여기, 우리가 숨 쉬고 있는 이곳이다. 오직 그 사실을 깨닫고 받아들이는 사람만이 진정한 천당을 경험할 수 있다.

오십의 숲길에서 찾은 이 깨달음을 나는 결코, 잊지 않을 것이다. 그리고 오십의 문턱에 선 모든 이들에게 말하고 싶다.

"천당 가봐야 별거 없다. 당신이 있는 그곳이 바로 천당이니, 지금, 이 순간을 천당처럼 행복하게 살아가라."

인생의 새로운 전성기를 위한 티핑포인트, 바로 오십이다.

당신 주변을 돌아보라. 움직일 수 없는 무자비한 곳으로 보일지도 모른다. 그러나 그렇지 않다. 적소(適所)를 찾아 조금만 힘을 실어주면 일순간에 바뀔 수 있다.

- 말콤 글래드웰(Malcolm Gladwell, 작가)

하늘에서 바라본 인생은 어떤 모양일까? 아마도 끝없이 이어진 산맥처럼 보일 것이다. 골짜기와 정상이 번갈아 나타나고, 때로는 평지가 이어지다 갑자기 가파른 절벽이 나타나기도 한다. 그 여정 속에서 오십이라는 나이는 어디쯤일까? 당신이 걸어온 길을 되돌아보고, 앞으로 걸어갈 길을 내다보는 특별한 전망대라고 할 수 있다.

티핑포인트(Tipping Point)란 작은 변화들이 쌓이다가 어느 순간 큰 변화로 이어지는 결정적인 전환점을 의미한다. 말콤 글래드웰이 그의 저서 『티핑포인트』에서 설명한 이 개념은 특정한 순간이 되면 작은 변화들이 임계점을 넘어 폭발적인 변화를 만들어낸다는 것이다. 마치 물이 99도에서 100도로 올라가는 순간 끓는점을 맞이하듯, 인생에도 이러한 결정적 전환점이 존재한다.

우리는 늘 어느 지점에 있는가? 마지막 몇 걸음을 더 가면 나타날 변화의 임계점, 그 티핑포인트를 향해 걷고 있는 것인지 모른다. 오십 대는 바로 이러한 새로운 전성기를 맞이하는 인생의 티핑포인트가 될 수 있는 시기다. 이는 단순히 나이가 쉰 살이 되었다는 산술적 의미를 넘어선다. 50년간 축적된 경험과 지혜가 임계점을 맞이하는 순간이며, 동시에 인생의 새로운 챕터가 시작되는 변곡점이기도 하다.

새롭게 피어나는 오십 대의 무한한 가능성

"인생은 사십 대에 시작된다."라는 말이 있었지만, 이제는 "인생은 오십 대에 꽃 핀다."라고 해도 과언이 아니다. 오십 대에 접어든 당신에게 말하고 싶다. 당신은 지금 온전히 당신 자신이 될 수 있는 가장 완벽한 시간대에 서 있다.

티핑포인트의 세 가지 핵심 요소인 '소수의 법칙(The Law of the

Few) [3]', '고착성(Stickiness Factor) [4]', '상황의 힘(Power of Context) [5]'을 오십 대의 특성과 연결해 살펴보면 이를 더 잘 이해할 수 있다.

오십 대, 영향력 있는 소수가 되는 시간 : 소수의 법칙

'소수의 법칙'의 관점에서 오십 대는 영향력 있는 소수가 될 수 있는 최적의 시기다. 인생의 절반을 살며 축적한 경험과 관계망은 다른 사람들에게 강력한 영향을 미칠 수 있는 자산이 된다.

성악가 조수미는 오십 대에 접어들며 단순한 연주자를 넘어 후학 양

---

3. 소수의 법칙(The Law of the Few)은 변화와 영향력은 특별한 사회적 재능을 가진 소수의 사람 — 연결자(Connectors), 전문가(Mavens), 설득자(Salesmen) — 에 의해 주도되며, 이들의 영향력이 아이디어나 제품, 행동이 사회적으로 확산하는 데 결정적 역할을 한다. 오십 대에게서는 이러한 영향력 있는 소수 집단이 풍부한 인맥과 전문성을 바탕으로 트렌드의 확산과 수용에 강력한 영향을 미친다.
4. 고착성(Stickiness Factor)은 메시지나 정보가 기억에 남고 행동 변화를 끌어내는 특성으로, 내용의 형식과 구조가 수용자에게 어떻게 '달라붙는지'를 결정하며, 작은 변화만으로도 메시지의 영향력을 크게 높일 수 있다. 오십 대에게는 경험과 가치관에 공감하는 메시지가 더 강한 고착성을 가지며, 이는 그들의 소비 결정과 행동 변화에 중요한 요소로 작용한다.
5. 상황의 힘(Power of Context)은 인간의 행동은 내적 성향보다 환경적 요소에 더 큰 영향을 받으며, 사회적 맥락과 주변 환경의 작은 변화가 행동 방식과 의사결정에 지대한 영향을 미친다. 오십 대는 안정된 생활환경과 사회적 위치에서 형성된 맥락 속에서 의사결정을 하므로, 이들의 행동 변화를 유도하기 위해서는 그들이 속한 특정 맥락을 이해하고 활용하는 것이 중요하다.

성과 문화예술 교육에 힘쓰는 멘토이자 교육자로 그 영향력을 확장했다. 그녀는 2017년 평창 올림픽 유치 홍보대사 활동을 시작으로, 자신의 예술적 경험과 국제적 네트워크를 활용해 한국 문화의 세계화에 이바지하고 있다. 30여 년간의 성악 경험이 오십 대에 이르러 더 넓은 사회적 영향력으로 확장된 사례다.

당신도 지금까지 쌓아온 전문성이 단순한 기술이나 지식을 넘어 사회에 의미 있는 변화를 불러올 수 있는 영향력으로 전환되는 시기를 맞이하고 있다. 당신의 경험은 이제 단순한 개인의 자산이 아니라, 다른 이들에게 영감을 주고 변화를 끌어낼 수 있는 촉매제가 될 수 있다.

오십 대, 축적된 경험이 실질적 가치로 변하는 시기 : 고착성

'고착성' 측면에서 오십 대는 축적된 경험과 전문성이 실질적인 영향력으로 전환되는 시기다. 50년 동안 쌓아온 지식과 기술은 이제 그 누구도 쉽게 흉내 낼 수 없는 당신만의 고유한 가치가 되었다.

방송인 유재석은 1999년 데뷔 이후 꾸준히 경력을 쌓아 2022년 50세에 이르렀을 때는 대한민국 최고의 MC로 자리매김했다. 그는 사십 대 후반부터 〈유 퀴즈 온 더 블럭〉과 같은 프로그램을 통해 단순한 오락을 넘어 사회적 가치와 의미를 담은 콘텐츠를 선보이고 있다. 오십 대에 진입한 유재석은 더욱 원숙해진 진행 스타일로 다양한 세대에게 공감을 얻고 있다.

당신 역시 지금까지의 인생에서 수많은 시행착오와 성공, 실패를 경험하며 자신만의 독특한 관점과 방법론을 갖게 되었을 것이다. 이제 그것들은 당신의 삶에 단단히 뿌리내린 '고착성' 있는 자산이 되어 당신을 더욱 빛나게 한다.

오십 대를 위한 사회적 환경의 변화 : 상황의 힘

'상황의 힘' 관점에서 현재 우리 사회는 오십 대가 새로운 도전을 시작하기에 최적의 환경을 제공하고 있다. 100세 시대가 도래하면서 오십 대는 더는 은퇴를 준비하는 시기가 아닌, 제2의 인생을 설계하는 시기가 되었다.

'배달의민족'을 창업한 김봉진 대표는 43세에 회사를 설립하여 온라인 배달 서비스 시장을 개척했으며, 오십 대에 이르러 회사를 국내 최대 배달 플랫폼으로 성장시켰다. 그는 자신의 경험을 바탕으로 푸드테크 산업에 혁신을 가져왔고, 약 3조 원의 가치로 회사를 성장시켰다. 이런 사례는 중년에도 새로운 시장을 개척하고 성공할 수 있음을 보여준다.

사회는 이제 오십 대에 '은퇴'가 아닌 '전환'을 기대한다. 당신의 경험과 지혜는 새로운 형태로 사회에 이바지할 수 있으며, 이전보다 더 넓은 선택지가 당신 앞에 펼쳐져 있다.

오십 대, 개인적 성장의 절정기

오십 대의 '티핑포인트'적 특성은 개인의 성장에서도 확인된다. 화가 박수근(1914~1965)은 비록 오십 대까지 충분히 살지 못했지만, 사십 대 후반에 이르러 한국적 서정성이 돋보이는 자신만의 독특한 화풍을 완성했다. 그의 작품에는 젊은 시절에는 보이지 않던 깊은 감성과 원숙함이 담겨 있다. 어린 시절의 고된 삶, 전쟁의 비극, 가난한 서민들의 일상⋯ 이 모든 경험이 그만의 독특한 예술 세계로 승화된 것이다.

작가 박완서는 실제로 42세인 1970년에 첫 소설 『나목』을 발표하고 오십 대에 본격적인 작품 활동을 시작해 한국 문학의 거장이 되었다. 그녀는 인터뷰에서 "인생의 경험이 쌓이니 글감이 더 풍부해졌다."라고 말했다. 『그 많던 싱아는 누가 다 먹었을까』 『그 산이 정말 거기 있었을까』와 같은 그녀의 작품에 담긴 삶의 깊이와 통찰력은 오랜 시간 동안 축적된 경험이 있었기에 가능했다.

이들의 사례는 단순한 성공 스토리가 아니라, 50년간의 삶의 경험이 예술적 성취로 승화된 감동적인 여정이다. 그리고 이런 여정은 당신에게도 열려 있다.

오십 대, 사회 공헌의 황금기

사회 공헌 영역에서도 오십 대는 중요한 전환점이 된다. 나눔과 베풂의 가치를 깨닫고 실천하는 시기이기도 하다.

가수 인순이는 51세이던 2007년에 필리핀 마닐라에 '인순이 어린이재단'을 설립하여 빈곤 아동들을 위한 교육과 복지 사업을 시작했다. 그녀는 "오십 대가 되면서 내가 가진 것을 나누고 싶다는 마음이 더 커졌다." 라고 밝힌 바 있다. 이는 단순한 기부를 넘어 지속적인 사회 변화를 추구하는 활동으로, 그녀의 오랜 예술 활동이 사회 공헌으로 확장된 사례다.

많은 오십 대 은퇴자들이 사회적 기업가로 변신하여 자신의 전문성을 사회에 환원하고 있다. 그들은 젊은 시절 성공과 출세를 위해 달려왔다면, 이제는 의미 있는 삶, 다른 이들에게 도움이 되는 삶을 추구하며 더 큰 행복을 찾고 있다.

당신도 지금까지 축적한 경험과 지혜를 어떻게 사회에 이바지할 수 있을지 고민해 보는 것은 어떨까? 그것이 큰 규모의 사회 공헌 활동이 아니더라도, 당신의 지식과 경험을 나누는 작은 실천이 누군가에게는 큰 영감과 도움이 될 수 있다.

오십 대, 건강관리의 티핑포인트

오십 대의 티핑포인트는 개인의 건강관리에서도 나타난다. 원로 배우 이순재(1934년생), 김영옥(1937년생)과 같은 분들은 철저한 건강관리를 통해 팔십 대가 넘어서도 현역으로 활동하고 있다.

이순재 배우는 2020년 MBC 다큐멘터리에서 "건강은 젊었을 때부터 관리해야 하지만, 특히 오십 대부터는 더욱 신경 써야 한다."라고 강조했다. 그는 매일 아침 규칙적인 생활과 식이조절, 꾸준한 운동을 통해 구십에 가까운 나이에도 여전히 연기 활동을 이어가고 있다.

이는 오십 대의 생활 습관 변화가 노년의 삶의 질을 결정하는 티핑포인트가 될 수 있음을 보여준다. 지금 당신이 선택하는 생활 방식과 건강 관리 습관은 향후 30~40년의 삶의 질을 좌우할 수 있다. 이것이 바로 오십 대가 건강의 티핑포인트인 이유다.

오십 대, 관계의 새로운 시작

실제로 많은 오십 대 부부들이 새로운 취미 생활을 공유하거나, 함께 사회활동에 참여하면서 인생의 새로운 장을 열고 있다. 이것은 단순한 시간 보내기가 아니라, 서로를 새롭게 이해하고 더 깊은 관계를 형성해 가는 소중한 과정이다.

당신의 가족 관계도 이제 새로운 단계로 접어들 준비가 되어 있지 않은가? 배우자와의 관계, 성인이 된 자녀와의 관계, 그리고 노부모와의 관계까지… 이 모든 관계가 오십 대를 기점으로 더 깊고 의미 있게 변화할 수 있다.

새로운 시작을 위한 당신의 용기와 선택

티핑포인트 이론이 설명하듯, 변화는 점진적으로 일어나다가 어느 순간 폭발적으로 나타난다. 오십 대는 바로 그러한 폭발적 변화의 시기가 될 수 있다. 이는 위기일 수도 있지만, 동시에 새로운 기회이기도 하다.

50년간 쌓아온 경험과 지혜가 임계점을 넘어 새로운 가치를 창출하는 순간, 우리는 인생의 진정한 티핑포인트를 경험하게 된다. 그리고 그 순간을 맞이하기 위해, 필요한 것은 변화를 두려워하지 않는 용기, 새로운 시작을 위한 첫걸음을 내딛는 결단력이다.

이제 오십 대를 바라보는 우리의 시각도 변화해야 한다. 이는 끝이 아닌 시작이며, 쇠퇴가 아닌 성장의 시기다. 티핑포인트 이론이 말하듯, 작은 변화들이 모여 큰 변화를 만들어내듯, 오십 대는 인생의 새로운 장을 여는 결정적 전환점이 될 수 있다.

우리에게 주어진 이 소중한 시기를 어떻게 활용할지는 각자의 선택에 달려있다. 새로운 취미에 도전할 수도 있고, 오래된 꿈을 이루기 위해 노력할 수도 있다. 또는 지금까지와는 전혀 다른 분야에서 새로운 커리어를 시작할 수도 있다.

당신은 이제 인생이라는 거대한 산맥의 한 봉우리에 서 있다. 그곳에서 바라보는 풍경은 어떤가? 지나온 길을 돌아보며 자부심을 느끼는가? 아니면 앞으로의 여정에 대한 설렘과 기대로 가슴이 뛰는가?

인생의 티핑포인트, 오십 대. 당신의 새로운 전성기가 지금 시작된다.

반드시 밀물이 밀려오리라,
그날 나는 바다로 나아가리라.

. . . .

아직 최고의 순간은 오지 않았다.
인생의 후반,
그것을 위해 인생의 초반이 존재하나니.

- 로버트 브라우닝, 「랍비 벤 에즈라」 중에서

제2장

나의 최고의 순간은
오지 않았다

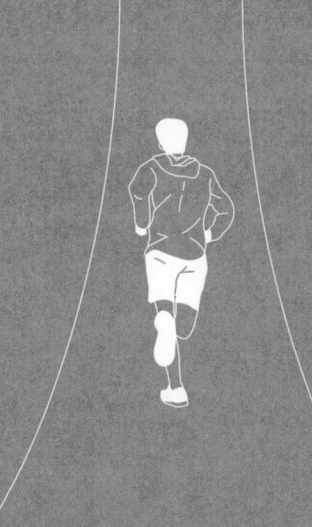

어느 날 또 다른 인생이 찾아왔다.

당신도 은퇴를 앞두고 있거나, 이미 은퇴한 삶을 살고 있는가? 그렇다면 축하한다! 당신은 이제 '은퇴자'가 아니라 '인생의 새 학기를 시작하는 학생'이다.

"이제 뭐 할 거야?" 퇴직 파티에서 가장 많이 들었던 이 질문이 폭탄처럼 느껴졌다. 30년 동안 '은행원 최〇〇'로 살아온 나에게, 그 이름표를 떼는 순간 생각보다 훨씬 더 혼란스러웠다.

그날 밤, 퇴직 선물로 받은 손목시계를 바라보며 문득 깨달았다. 지금까지 이 시계는 내가 회사에 속한 시간을 알려주는 도구였다. 매일 아침 6시 알람, 9시 회의, 12시 점심, 6시 퇴근… 하지만 이제, 이 시계는 온전히 '나의 시간'을 알려주는 도구가 되었다.

상추가 된 나

퇴직 후 첫 몇 달간, 나는 매일 아침 거울 속 낯선 사람과 마주했다. 넥타이를 매려다 멈칫. 정장 구두를 신으려다 멈칫. 지하철을 타려다 멈칫. 모든 일상의 흐름이 끊어진 느낌이었다.

퇴직했다고 하면 사람들은 나를 어떻게 볼까? 마치 지난주에 산 상추처럼 느껴졌다. 신선함은 사라지고, 쓰레기통에 처박힐 날만 기다리는 존재.

"요즘 뭐해?"
"그냥… 쉬고 있어."

이 대화를 할 때마다 느껴지는 작은 죄책감. 우리 사회는 여전히 생산성으로 사람의 가치를 매긴다. 하지만 인간의 가치를 생산성만으로 측정하는 것은 가장 비싼 시간을 가장 싼 일에 쓰는 것과 같은 어리석음이 아닐까?

'은퇴'라는 이상한 발명품

'은퇴'라는 개념이 인류 역사에서 얼마나 새로운 발명품인지 알고 있을까? 우리 할아버지, 할머니 세대만 해도 '은퇴'라는 것을 거의 모르고 살았다. 몸이 허락하는 한 계속 일했을 뿐.

인류학자들의 연구에 따르면, 수렵채집 시대부터 근대 이전까지 인간은 사실상 '은퇴'라는 개념 없이 살았다. 몸이 허락하는 한 계속 일했고, 역할만 바뀌었을 뿐이다.

비스마르크(Bismarck)가 1889년 독일에서 연금제도를 처음 도입했을 때의 이야기는 흥미롭다. 그가 65세를 은퇴 나이로 정한 것은 당시 평균 수명이 45세였기 때문이었다. 즉, 대부분 사람이 연금을 받을 나이까지 살지 못할 것이라는 계산이 깔려있었다. 이것은 "평생 일하되, 거의 모든 사람이 죽을 때까지 일하라."는 메시지였다.

이제 의학의 발달로 평균 수명이 100세를 넘어가는 시대가 되었다. 오십 대에 직장을 떠나도 앞으로 50년 이상의 인생이 남아있다. 셰익스피어가 인생을 7막으로 나눈 것 [1] 처럼, 우리 시대의 은퇴는 끝이 아니라 인

---

1. 셰익스피어의 희곡 『뜻대로 하세요(As you like it)』에 등장하는 자크의 유명한 독백 "All

생의 새로운 막이 오르는 시작이다.

은퇴가 아닌 졸업, 그리고 새로운 입학

세네카는 "인생은 짧지 않다. 우리가 그것을 낭비할 뿐."이라고 말했다. 어느 날 아침, 커피를 마시며 문득 깨달았다.

"나는 퇴직한 게 아니라 졸업한 거야!"

초등학교, 중학교, 고등학교, 대학교를 졸업할 때 우리는 무엇을 느꼈나? 끝남이 아니라 새로운 시작을 느꼈다. 설렘과 기대감으로 가득 찼다.

은행 생활 30년, 이제 그 학교를 졸업했을 뿐이다. 그리고 지금은 인생의 새로운 학기가 시작되는 입학식 날이다. 고등학교를 졸업하고 대학에 입학할 때 우리는 두려움보다 설렘이 컸다. 직장 생활을 졸업하고 제2의 인생에 입학하는 지금, 그때의 설렘을 되찾을 수 있지 않을까?

---

the world's a stage(온 세상은 무대)"에서는 인간의 일생을 7개의 시기(영아기, 학생기, 연인기, 군인기, 정의의 시기, 노년기, 노쇠기)로 나누어 설명한다. 이는 인생이 연극과 같이 여러 단계를 거쳐 진행되며, 각각의 시기마다 사람은 서로 다른 역할을 한다는 셰익스피어의 철학적 관점을 보여준다.

시간의 주권을 되찾다

"오늘은 정말 아무것도 안 해도 되는 날이구나!"

이 문장이 처음에는 공허하게 느껴졌지만, 차츰 그 속에 담긴 엄청난 자유를 발견하게 됐다. 평생 시간에 쫓기며 살아온 나는 이제 '시간의 주권'을 되찾은 것이다. 루소는 "시간은 우리가 가진 유일하고 진정한 재산"이라고 강조했다.

고대 그리스인들은 시간을 두 가지로 구분했다. 양적인 시간인 '크로노스(Chronos)[2]'와 질적인 시간인 '카이로스(Kairos)[3]'다. 은행 생활은 크로노스의 지배를 받았다면, 이제 우리는 카이로스의 시간을 살 기회를 얻은 것이다.

---

2. 크로노스(Chronos)는 고대 그리스인들이 이해한 시간의 한 형태로, 순차적이고 측정할 수 있는 양적인 시간을 의미한다. 현대의 시계로 측정하는 시간 개념과 유사하며, 일정하게 흐르는 물리적 시간을 뜻한다. 그리스 신화에서 크로노스는 시간의 신으로, 모든 것을 삼키는 특성이 있다고 여겨졌다. 이 개념은 현대 사회에서 일상을 구조화하고 일정을 계획하는 데 사용되는 선형적 시간관의 기초가 되었다.

3. 카이로스(Kairos)는 고대 그리스인들이 이해한 또 다른 시간 개념으로, '적절한 순간' 또는 '결정적 시간'을 의미하는 질적인 시간이다. 단순히 흐르는 시간이 아닌, 특별한 의미와 기회가 존재하는 순간을 가리킨다. 그리스 신화에서 카이로스는 기회의 신으로 묘사되며, 앞머리만 길고 뒷머리는 없어 지나가는 순간을 잡아야 한다고 표현된다. 이 개념은 현대에는 결정적 순간을 포착하는 지혜와 관련된 개념으로 이해된다.

회의 일정에 맞추지 않아도 되고, 출퇴근 시간에 쫓기지 않아도 되고, 상사의 얼굴색을 살피지 않아도 되는 자유. 이건 젊은 시절엔 돈으로도 살 수 없었던 사치가 아닐까?

지난 주말, 난생처음으로 알람 없이 자연스럽게 깨어났을 때의 그 기분을 잊을 수 없다. 내 몸이 원하는 만큼 충분히 자고 일어났더니, 세상이 다르게 보였다.

두 번째 전성기를 위한 새로운 규칙들

고대 로마의 철학자 키케로(Cicero)는 노년에 쓴 『노년에 관하여』에서 "삶의 각 단계에는 그에 맞는 특별한 미덕이 있다."라고 말했다. 은행에서 퇴직하고 깨달은 몇 가지 규칙들을 나누고 싶다. 어쩌면 비슷한 상황에 있는 당신에게 도움이 될지도 모르니까!

규칙 1 : 머뭇거리지 말고 낯섦을 즐겨라.

퇴직 후 처음으로 혼자 카페에 갔을 때, 노트북도 없이 그냥 커피만 마시고 있자니 어색했다. 주변 사람들이 다 나를 '할 일 없는 퇴직자'로 보는 것 같았다. 하지만 세 번째 방문부터는 그 어색함이 오히려 특별한 자유로 느껴지기 시작했다.

퇴직 후 첫 도전으로 지역 미디어센터의 '디지털 콘텐츠 제작' 강좌에 등록했다. 수강생 중 질문은 항상 제일 많이 하고 과제물은 항상 기한 전에 제출했다. 30년 동안 보고서와 회의록만 작성하던 내가 이제는 스마트폰으로 영상을 촬영하고 간단한 편집 앱으로 나만의 콘텐츠를 만들고 있다니, 얼마나 신기한 변화인가! 지난주 만든 우리 동네 벚꽃 영상을 온라인에 올렸을 때의 성취감은 은행에서 느꼈던 어떤 순간보다도 더 특별하게 다가왔다.

미켈란젤로(Michelangelo)가 89세에 "나는 아직도 배우고 있다."라고 말했듯이, 배움에는 끝이 없다. 낯선 것을 두려워하지 말고, 새로운 도전을 시작하자.

규칙 2 : 슬픔도 정직하게 맞이하라.

칼 융(Carl Jung)은 "빛이 있는 곳에 그림자가 있다."라고 말했다. 퇴직 후 첫 3개월은 우울했다. 명함을 내밀 수 없는 나 자신이 초라하게 느껴졌고, 갑자기 사라진 수백 개의 업무 메일과 전화가 그립기까지 했다.

그 슬픔을 부정하거나 억누르려 하지 말자. 30년의 직업적 정체성이 사라진 상실감은 당연한 감정이다. 그 슬픔을 정직하게 느끼고 통과할 때, 비로소 새로운 기쁨을 만날 준비가 된다. 단테가 『신곡』에서 지옥을 통과해야 천국에 이를 수 있다고 묘사한 것처럼, 우리도 상실을 통과해야 새로운 정체성을 찾을 수 있다.

규칙 3 : 내가 살아 있다고 느끼게 해주는 것에 집중하라.

어느 날 아침, 베란다에 핀 제라늄의 붉은 꽃을 보며 갑자기 눈물이 났다. 30년 직장 생활 동안 얼마나 많은 봄을 그냥 지나쳐 버렸는지 깨달았기 때문이다.

이제는 매일 아침 커피 한 잔의 향기, 동네 산책길에서 만나는 강아지의 반가움, 저녁노을의 색다른 빛깔까지… 이런 작은 순간들이 나에게 '살아 있음'을 느끼게 한다. 이런 순간들을 모아 일기를 쓰기 시작했다.

규칙 4 : 인생의 최고 선물은 예고 없이 우연히 갑자기 찾아온다.

계획되지 않은 만남, 우연한 기회, 예상치 못한 제안… 인생의 가장 멋진 선물들은 종종 계획표 밖에서 찾아온다. 지난주, 동네 도서관에서 우연히 만난, 20년 전 함께 일했던 동료는 이제 동네 도서관 독서 모임의 리더가 되어 있었다. 그의 초대로 참여한 독서 모임은 이제 내 일주일의 하이라이트가 되었다.

고대 그리스인들은 이를 '튀케(Tyche) [4]'라고 불렀다. 우연의 여신이 가져다주는 선물을 받아들일 준비가 되어 있어야 한다. 계획에만 집착하지 말고, 삶이 가져다주는 뜻밖의 기회에 열린 마음을 가지자.

또 다른 인생의 시작

어느 날 또 다른 인생이 찾아왔다. 처음에는 끝이라고 생각했지만, 알고 보니 시작이었다. 나는 이 새로운 인생에서 '내가 있고 싶은 곳'에 있을 것이다. '내가 되고 싶었던 사람'이 될 것이다. 더는 직함이나 연봉으로 나를 증명하지 않아도 된다. 이제는 그저 '나'로 살아가면 된다.

당신도 은퇴를 앞두고 있거나, 이미 은퇴한 삶을 살고 있는가? 그렇다

---

4. 튀케(Tyche)는 고대 그리스 신화에 등장하는 운명과 우연, 행운의 여신이다. 로마 신화에서는 포르투나(Fortuna)에 해당한다. 튀케는 인간의 삶에 갑작스러운 변화를 불러오는 행운과 불운을 모두 관장했으며, 눈을 가리거나 수레바퀴 위에 서 있는 모습으로 묘사되어 운명의 불확실성과 변덕스러움을 상징했다. 고대 그리스인들은 삶의 예측할 수 없는 요소들을 튀케의 영향으로 여겼으며, 그녀의 은총을 받기 위해 신전을 세우고 제물을 바쳤다. 이 개념은 현대에 이르러 기회를 포착하고 변화를 수용하는 삶의 지혜로 재해석되고 있다.

면 축하한다! 당신은 이제 '은퇴자'가 아니라 '인생의 새 학기를 시작한 학생'이다. 오십, 그 이후의 삶은 결코 끝이 아니다. 또 다른 시작일 뿐이다.

이 새로운 시작에는 우리가 젊은 시절에는 결코 가질 수 없었던 세 가지 보물이 있다. 수많은 실패와 성공을 통해 얻은 지혜, 삶의 굴곡을 지나며 쌓아온 경험, 그리고 마침내 자신만의 리듬으로 살아갈 수 있는 자유가 그것이다.

그러니 오늘 저녁, 창문을 열고 별을 바라보며 속삭여보자. '내 인생의 가장 아름다운 시간은 아직 오지 않았다.'

최고의 순간에 오르려면
지름길이 아닌 구불구불한 길을 지나야 한다.

더는 갈 곳이 없다는 엄청난 거짓 확신이 수없이 밀려왔다. 그러나 내 안에 있는 지혜는 그때마다 "아직은 때가 아니다. 아직 무릎을 꿇을 때가 아니다."라고 나에게 속삭여 왔다. "이것이 끝이 아니다. 굴복할 때가 아니다. 가자! 결코, 포기하지 마라!"

- 나의 일기장에서

나는 30년간의 은행 생활을 마치고 퇴직했다. 내 인생의 새로운 장이 시작되는 시점에서, 이전과는 다른 구불구불한 길을 걸어갈 준비를 하고 있다. 은행원으로서의 안정된 삶이 끝나고 불확실성으로 가득한 작가의 길로 들어서는 것. 이 도전적인 선택 속에서 나는 인생의 가장 흥미로운 패턴을 발견했다. 의미 있는 삶의 궤적이 결코 직선이 아니라는 점이다. 성공한 인생은 언제나 구불구불한 길을 통과한다. 이것은 단순한 관찰이 아니라 철학적 진리다.

구불구불한 길의 역설적 가치

인생은 결코 일직선이 아니다. 케이블카를 타고 산 정상에 오른 사람과 험한 등산로를 따라 올라간 사람의 차이를 생각해 보라. 풍경은 같지만, 경험의 깊이는 천양지차다. 직선의 길을 택한 이들이 정상에서 "와, 멋지다."라고 말할 때, 구불구불한 길을 걸어온 이들은 말없이 눈물을 흘린다.

은행 퇴직으로 이제 내가 걷게 될 구불구불한 길은 불확실성으로 가득하지만, 그 속에서 더 깊은 의미와 성취를 찾을 수 있을 것이라 믿는다.

이것이 바로 구불구불한 길의 역설적 가치다. 겉보기에는 비효율적이지만, 내적 성장과 깊이 있는 통찰을 제공한다. 내가 만난 모든 성공한 부자들은 이 역설을 체화한 사람들이었다.

실패는 성공의 밑거름

지난 30년간 은행원으로 만난 성공한 부자들은 평균 서너 번의 심각한 실패를 경험했다고 한다. 실패는 그들에게 마침표가 아니라 쉼표였고, 좌절은 막다른 길이 아니라 새로운 길을 발견하는 기회였다.

나 역시 은행 퇴직 후 또 다른 실패에 대한 두려움을 안고 있다. 하지만 그 두려움이 나를 마비시키지 않는다. 오히려 그것은 나를 더 깨어있게 하고, 더 치열하게 노력하게 만든다. 만약 실패한다 해도, 그것은 내 인생의 종착역이 아니라 새로운 출발점이 될 것이다.

오십 대에 창업해 세계적인 기업을 일군 기업가들, 평생 무명으로 살다가 사후에 명성을 얻은 화가들. 그들의 공통점은 남들이 가지 않는 길을 선택했다는 것이다. 그 길에서 그들은 자신만의 특별한 이야기를 만들어냈다. 내 앞에 놓인 퇴직 후의 길도 그런 특별한 이야기가 될 수 있다고 믿는다.

성공은 계획된 직선 위에 있지 않다. 오히려 예상치 못한 우회로, 막다른 길에서의 방향 전환, 실패 후의 재시도 속에서 탄생한다. 가장 큰 실패는 실패를 두려워하여 아무것도 시도하지 않는 것이다.

우회로에서 발견하는 진짜 보물

인생의 가장 빛나는 보석들은 종종 우리가 길을 잃었을 때 발견된다. 어둠 속에서 길을 더듬던 그 순간들이 우리를 가장 강력하게 성장시킨다.

안정된 직장, 보장된 연금, 사회적 지위가 없는 이 우회로가 나의 진짜 자아를 찾아가는 여정이 될 것이라 나는 믿는다. 그리고 퇴직 후 나는 오랫동안 미뤄왔던 인생의 꿈들을 하나씩 실현해 나갈 것이다. 글을 쓰고, 세계 여행을 하고, 젊은 후배들을 가르치는 일. 이 모든 것들이 나를 기다리고 있다.

대부분의 성공한 인물들은 자신들이 처음 계획했던 것과는 전혀 다른 방식으로 성공을 이루었다. 그들의 성공 비결은 계획대로 살아가는 것이 아니라, 변화에 유연하게 대응하고 새로운 가능성을 받아들이는 용기에 있었다.

오십에 새로운 전성기를 맞이한 사람들은 성공을 미리 계획하지 않았다. 그들은 끊임없이 시도하고, 실패하고, 배우고, 다시 도전한다. 이 과정에서 그들은 자신만의 독특한 길을 발견한다. 나의 퇴직 후 인생도 그런 도전과 발견의 여정이 될 것이다.

나만의 지도를 그리는 법

인생은 다른 사람의 지도를 따라가는 것이 아니라 자신만의 지도를 그려가는 과정이다. 인생의 주인공은 바로 나 자신이다. 내가 선택한 태도가 같은 길도 지옥으로 만들기도, 천국으로 만들기도 한다.

은행을 떠나며 나는 전혀 새로운 지도를 그리기 시작했다. 이전에는 정해진 길, 남들이 인정하는 길을 따라갔다면, 이제는 내가 직접 지도를 그리며 미지의 땅을 탐험하는 모험가가 되기로 했다. 그 지도에는 내가 항상 꿈꿔왔던 작가로서의 성공, 영향력 있는 강연자로서의 활동, 그리고 더 많은 시간을 가족과 함께하는 풍요로운 삶이 그려져 있다.

길을 가다 보면 나도 여러 번 길을 잃었다. 하지만 그 과정에서 나는 나에 대해, 그리고 내가 정말로 가치 있게 여기는 것에 대해 더 깊이 이해하게 되었다. 이런 자기 이해가 없다면, 어떤 성공도 공허할 뿐이다.

내가 퇴직한 후 구불구불한 길에서 얻은 지혜는 다음과 같다.
- 실패를 두려워하지 마라.
- 예상치 못한 변화를 거부하지 마라.
- 자신만의 길을 믿어라.
- 과정 자체를 즐겨라.
- 안전지대를 벗어날 용기를 가져라.

은퇴 후의 구불구불한 여정

나의 은행 퇴직은 끝이 아니라 시작이다. 다른 많은 이들이 퇴직을 인생의 하산 길로 여기지만, 나에게는 새로운 산을 오르는 출발점이다. 이제 나는 더 이상 정해진 시간에 출근하지 않아도 되고, 회사의 규칙에 얽매이지 않아도 된다. 대신 내 삶의 리듬을 스스로 만들어가며, 내 열정을 따라 자유롭게 움직일 수 있다.

퇴직 후의 첫 번째 목표는 내가 오랫동안 구상해 왔던 글을 쓰는 것이다. 은행에서 만난 수많은 사람들의 이야기, 그들의 성공과 실패, 꿈과 좌절을 담아낼 것이다. 두 번째 목표는 젊은 후배들을 위한 멘토링 프로그램을 시작하는 것이다. 내 경험과 지식을 나누며, 그들이 자신만의 구불구불한 길을 용기 있게 걸어갈 수 있도록 돕고 싶다.

물론 이 여정이 순탄치만은 않을 것이다. 아마도 경제적 불안정, 새로운 정체성에 대한 혼란, 생산성에 대한 압박 등 여러 도전에 직면하게 될 것이다. 하지만 그것이 바로 구불구불한 길의 본질이 아닌가? 도전과 극복, 실패와 성장의 반복 속에서 우리는 진정한 자아를 발견하게 된다.

내 인생의 마스터피스(Masterpiece) 그리기

가장 감동적인 이야기는 항상 구불구불한 여정을 담고 있다. 시련 없는 성공 이야기는 누구도 감동하게 하지 못한다.

인생도 마찬가지다. 우리의 시련과 도전, 실패와 성공이 모여 우리만의 독특하고 아름다운 이야기를 만들어낸다. 그리고 이 이야기야말로 우리가 이 세상에 남길 수 있는 가장 아름다운 유산이다.

은행 퇴직 후 내가 그리게 될 인생의 마스터피스는 어떤 모습일까? 아직 확실한 그림은 없다. 하지만 분명한 것은 그것이 안전하고 예측할 수 있는 직선이 아니라 모험과 발견으로 가득한 구불구불한 선으로 그려질 것이라는 점이다. 그리고 그 과정에서 나는 더 풍요롭고, 더 깊이 있고, 더 진실한 삶을 살게 될 것이다.

나는 안다. 구불구불한 길에 기병대는 절대로 오지 않을 것이라는 것을. 모든 것이 나 스스로에게 달려 있다. 이것은 두려운 진실이면서도, 동시에 가장 자유롭게 하는 진실이다.

구불구불한 길을 걷는 용기

최고의 순간에 오르려면 지름길이 아닌 구불구불한 길을 지나야 한다. 이것은 문학적 수사가 아니라 인생의 실제 법칙이다. 어려움을 피하지 말고, 그것을 통과하라. 실패를 두려워하지 말고, 그것에서 배우라. 길을 잃는 것을 두려워하지 말고, 새로운 경로를 발견하라.

나는 은행 퇴직 후 편안함과 안정 대신 불확실성과 도전을 선택했다. 그것은 두렵지만, 동시에 가슴 뛰는 모험이다. 이 구불구불한 길 위에서 나는 더 진정한 나를 만나게 될 것이고, 더 깊은 의미와 기쁨을 발견하게 될 것이다.

구불구불한 길을 걷는 용기는 평범한 삶과 비범한 삶을 가르는 중요한 차이다. 그 길이 당신을 특별하게 만들고, 당신만의 이야기를 만들어 간다. 그리고 그 이야기는 언젠가 누군가에게 영감을 주는 등대가 될 것이다.

지금 당신이 어떤 어려움을 겪고 있든, 어떤 갈림길에 서 있든, 기억하라. 그것은 당신 인생의 구불구불한 길의 일부일 뿐이다. 그리고 그 길의 끝에는, 당신만이 도달할 수 있는 특별한 정상이 기다리고 있다.

나의 퇴직 후 인생도 시작되었을 뿐이다. 이 구불구불한 여정이 어디로 나를 이끌지, 어떤 도전과 기쁨을 가져다줄지 아직 알 수 없다. 하지만, 이 불확실성 속에서도 한 가지 확신할 수 있는 것은 이 여정이 내 인생에서 가장 풍요롭고 의미 있는 장이 될 것이라는 점이다. 그리고 그것 이야말로 구불구불한 길이 우리에게 주는 가장 큰 선물이다.

기회는 자기 확신으로 완성된다.

자신을 믿지 않는 사람에게 세상은 아무것도 선물하지 않는다. 자기 확신은 기회를 알아보는 눈을 열어줄 뿐만 아니라, 그 기회를 현실로 바꾸는 실행력도 제공한다.

무언가 성취하고자 하는 사람에게 가장 필요한 자질은 무엇일까? 남다른 재능? 뛰어난 지능? 풍부한 자본? 아니다. 바로 자기 확신이다. 자기 확신이 없다면 어떤 일이 벌어질까? 불안함에 쉽게 휩싸이고 사소한 실패에도 무너진다. 결국, 목표는 저 멀리 안개 속으로 사라진다.

하지만 자기 확신이 있다면? 그때부터 마법이 시작된다. 마치 어둠 속에서 손전등을 켠 것처럼 앞으로 나아갈 길이 보인다. 두려움은 사라지지 않지만, 그것과 함께 걸어갈 용기가 생긴다.

자기 확신은 단순히 "난 할 수 있어!"라고 외치는 게 아니다. 그것은 "실패해도 괜찮아."라는 용기, "틀려도 다시 시작할 수 있어."라는 회복력,

"나는 계속 성장하고 있어."라는 성장 마인드셋을 모두 포함한다. 이런 다층적인 자기 확신이 있을 때 비로소 우리는 진정한 도전을 시작할 수 있고, 그 도전이 기회의 문을 열어준다.

최고의 선택이 최고의 기회를 만든다. 마치 퍼즐 조각을 맞추듯, 하나하나의 선택이 모여 큰 그림을 완성한다. 이 기회를 완성하려면 자신에 대한 확고한 믿음이 필요하다. '나는 할 수 있다', '잘될 것이다', '옳은 선택을 하고 있다'와 같은 자기 최면을 통해 자신감을 키워나가야 한다. 이것이 자기 확신의 시작이다.

이십 대에는 없는 오십 대만의 특별한 자기 확신

오십 대의 자신감은 이십 대의 자신감과는 차원이 다르다. 그것은 마치 오래된 싱글 몰트 위스키(Single Malt Whisky) [5] 와 갓 만든 소주의 차

---

[5]. 싱글 몰트 위스키(Single Malt Whisky)는 단일 증류소에서 100% 맥아 보리만을 원료로 만든 고급 위스키의 한 종류다. 스코틀랜드가 원산지로 유명하며, 최소 3년 이상의 오크통 숙성 과정을 거치는데, 수십 년간 숙성되는 경우도 많다. 블렌디드 위스키와 달리 한 증류소의 고유한 특성과 풍미가 그대로 보존되며, 지역과 숙성 기간에 따라 다양한 맛과 향을 가진다. 오랜 숙성 과정에서 복잡하고 깊은 풍미가 발달하여 시간이 만들어낸 깊이와 원숙함의 상징으로 여겨진다.

이와 같다. 둘 다 취하게 만들지만, 그 깊이와 풍미는 비교할 수 없다. 이십 대의 자신감은 무모함에 가깝다. 그들은 "난 무엇이든 할 수 있어!"라고 외친다. 이 맹목적인 낙관주의는 때로 기적을 만들어내기도 한다. 하지만 현실의 단단한 벽에 부딪히면 쉽게 부서진다.

반면 오십 대의 자신감은 '난 이것을 어떻게 해결해야 할지 정확히 알고 있어'라는 확신에서 나온다. 이것은 모래성이 아닌 단단한 바위 위에 지은 집과 같다. 오십 대는 이미 인생의 폭풍우를 여러 번 경험했고, 그때마다 어떻게 살아남았는지 알고 있다.

오십 대의 자신감은 지혜와 결합한다. 그들은 단순히 자신감이 넘치는 것이 아니라, 언제 자신감을 보여야 하고 언제 겸손해야 하는지 안다. 그들은 모든 것을 알지 못한다는 사실을 인정하면서도, 자신이 모르는 것을 어떻게 배워야 하는지 정확히 알고 있다. 이것이 이십 대의 자신감과 오십 대의 자신감이 다른 결정적인 차이다.

오십 대의 자신감은 침착하다. 그들은 마감 시간에 쫓기면서도 침착함을 유지한다. 세상이 끝나지 않는다는 것을 알기 때문이다. 어제의 위기가 오늘의 웃음거리가 될 수 있다는 것을, 경험을 통해 배웠다. 이런 여유로움이 그들의 결정에 깊이를 더한다.

오십 대의 자신감은 선택적이다. 그들은 모든 싸움을 싸울 필요가 없다는 것을 안다. 이십 대가 모든 전투에 뛰어들 때, 오십 대는 어떤 전투가 승리할 가치가 있는지 본능적으로 안다. 어떤 기회는 잡아야 하고, 어떤 기회는 그냥 지나쳐야 한다는 것을, 경험을 통해 배웠다. 이런 선택의 지혜가 그들의 에너지를 효율적으로 사용하게 한다.

이십 대가 불타는 열정으로 100미터 달리기를 한다면, 오십 대는 깊은 호흡으로 마라톤을 완주한다. 이 깊은 호흡 속에 담긴 자신감은 무게가 다르다. 그것은 시간이 증명한 자신감이다.

경험에서 오는 확신의 힘으로 기회를 현실로 바꾸는 법

"사람들은 내가 성공한 원인을 묻곤 해. 내 대답은 간단해. 난 65세까지 실패하는 것을 포기하지 않았거든."

이것은 KFC의 창시자 커넬 샌더스(Colonel Sanders)가 한 말이다. 그는 65세에 첫 프랜차이즈를 시작했다. 그의 특제 치킨 조리법은 1,000번 이상 거절당했다고 알려졌지만 그는 포기하지 않았다. 그의 나이는 약점이 아니라 강점이었다. 오랜 시간 완성된 조리법에 대한 확신과 자신의 가치에 대한 믿음이 그를 세계적인 기업가로 만들었다.

세계적인 패션 디자이너 베라 왕(Vera Wang)은 40세가 되어서야 웨딩 드레스 디자인을 시작했다. 그녀는 자신의 결혼식을 준비하면서 마음에 드는 드레스를 찾지 못했고, 결국 직접 만들기로 결심했다. 사십 대에 시작한 이 작은 결심이 오십 대에 큰 성공으로 이어졌다. 베라 왕의 경험은 나이가 가져다준 자신감이 커다란 성공으로 이어질 수 있음을 보여준다.

이런 사례들은 우연이 아니다. 그것은 오십의 경험이 만들어낸 자기 확신의 결과다. 진정한 기회는 하루아침에 찾아오지 않는다. 그것은 수년간 자기 확신을 가지고 꾸준히 노력할 때, 어느 순간 예상치 못하게 모습을 드러낸다.

오십에 이르면 인내, 배움, 창의적 사고, 에너지, 결단력이 특별한 방식으로 결합한다. 이 조합은 아무도 예상하지 못한 순간에 독특한 기회를 만들어낸다. 자기 확신을 갖춘 오십 대는 스스로 자신의 운명을 개척하고, 다른 사람들이 망설이거나 외면하는 기회를 과감히 잡아 현실로 만들어낸다.

"기회는 준비된 자에게 온다."라는 말이 있다. 하지만 더 정확히 말하면, "기회는 준비되었다고 확신하는 자에게 온다."라고 해야 할 것이다.

자기 확신은 기회를 알아보는 눈을 열어줄 뿐만 아니라, 그 기회를 현실로 바꾸는 실행력도 제공한다. 경험에서 오는 확신은 단순한 낙관주의가 아닌, 현실적 근거를 바탕으로 한 판단력과 결단력이다.

워런 버핏(Warren Buffett)은 2008년 금융 위기 당시, 다른 투자자들이 공포에 질려 주식을 팔아치울 때 오히려 매수했다. 그는 "다른 사람들이 탐욕스러울 때 두려워하고, 다른 사람들이 두려워할 때 탐욕스러워라."라는 자신의 원칙을 실천했다. 그의 이러한 결단은 단순한 도박이 아니었다. 그것은 수십 년간의 경험에서 나온 자기 확신이었다. 그리고 그 결과, 그는 엄청난 수익을 올렸다.

기회를 현실로 바꾸려면 다음의 세 가지 요소가 필요하다.
- 통찰력 : 기회를 기회로 인식하는 눈
- 용　기 : 그 기회에 뛰어들 결단력
- 실행력 : 기회를 성공으로 이끌 능력

오십 대의 자기 확신은 이 세 가지 요소 모두를 강화한다. 오십 대는 수십 년의 경험을 통해 패턴을 인식하는 능력이 향상되었다. 이것이 바로 통찰력이다. 그들은 이미 여러 번의 실패와 회복을 경험했기 때문에 새로운 도전에 대한 두려움이 줄어들었다. 이것이 바로 용기이다. 그리고 그들은 어떻게 일을 추진해야 하는지, 어떤 함정을 피해야 하는지 알고 있다. 이것이 바로 실행력이다.

인생의 굴곡에서 배우는 자기 확신

많은 사람이 퇴직을 인생의 끝으로 여기지만, 자기 확신을 가진 오십 대에 퇴직은 새로운 시작점이다. 퇴직은 더는 은퇴가 아닌 재출발의 기회가 된다.

퇴직 후 새로운 도전을 시작하는 데 있어 가장 중요한 것은 자기 확신이다. 이 시기에는 더는 외부의 인정이나 승진과 같은 외적 동기가 아닌, 자신이 정말로 하고 싶은 일에 대한 내적 확신이 필요하다. 그리고 오십 대는 이러한 자기 확신이 가장 강한 시기다.

퇴직 후의 삶은 단순한 여가 생활이나 휴식의 시간이 아니라, 자신의 경험과 지혜를 사회에 환원하고 진정한 자아를 실현하는 시간이 될 수 있다. 그것은 삶의 두 번째 챕터를 시작하는 것이며, 때로는 첫 번째 챕터보다 더 충만하고 의미 있는 이야기가 펼쳐진다.

하버드 대학의 '하버드 성인 발달 연구(Harvard Study of Adult Development)'에 따르면, 목적의식을 가지고 활동적인 삶을 사는 노년층이 그렇지 않은 사람들보다 건강하고 행복한 삶을 산다고 한다. 이것은 퇴직 후의 자기 확신과 새로운 도전이 단순히 성취감을 넘어 실제 삶의 질에도 영향을 미친다는 것을 보여준다.

스티브 잡스(Steve Jobs)는 그의 유명한 스탠퍼드 연설에서 이렇게 말했다. "인생을 앞으로 내다보며 점들을 연결할 수는 없다. 오직 뒤돌아보며 연결할 수 있을 뿐이다." 이것이 바로 오십 대가 가진 특별한 관점이다. 그들은 자신의 인생을 뒤돌아보며 점들이 어떻게 연결되는지 볼 수 있다. 그리고 이 통찰력이 그들에게 앞으로의 결정에 대한 확신을 준다.

어떤 사람들은 실패와 좌절을 겪으면서 자기 확신을 잃는다. 하지만 진정으로 강한 사람들은 그 경험에서 배우고 더욱 단단한 자기 확신을 키워낸다. 그들은 자신이 어떤 상황에서도 살아남을 수 있다는 것을 깨닫고, 그 깨달음이 새로운 도전에 맞설 수 있는 용기를 준다.

오십 대의 자기 확신은 이런 역경을 통해 더욱 강화된다. 그들은 이미 최악의 상황을 경험했고, 그것을 극복했다. 이런 경험이 그들에게 "나는 이것도 헤쳐나갈 수 있다."라는 확신을 준다.

당신의 기회를 완성하는 힘

심리학자 에릭 에릭슨(Erik Erikson)은 인생의 단계를 여덟 개로 나누었다. 그중 40~65세는 '생산성 대 침체'의 단계라고 한다. 이 시기에 사람들은 다음 세대를 위해 무언가를 남기고 싶어 하거나 아니면 자기 삶이 무의미하다고 느끼며, 침체에 빠진다. 에릭슨은 이 시기에 성공적으로 생산성을 느끼는 사람들이 진정한 자기 확신을 지니게 된다고 말한다.

오십 대는 자기 확신의 황금기다. 당신은 이미 충분한 경험을 쌓았고, 아직 새로운 도전을 시작하기에 늦지 않았다. 당신의 자기 확신은 이십 대의 그것보다 훨씬 단단하고 깊다. 그것은 실패와 성공, 기쁨과 슬픔, 상승과 하락을 모두 경험한 후에 얻은 진정한 자기 확신이다.

기회는 항상 우리 주변에 존재한다. 그것을 발견하고 붙잡는 것은 바로 당신의 자기 확신에 달려 있다. 당신이 어떤 나이에 있든, 자기 확신은 당신이 기회를 발견하고 그것을 현실로 만드는 데 필수적인 요소다.

특히 오십 대라면, 당신은 이미 강력한 무기를 가지고 있다. 그것은 수년간의 경험을 통해 얻은 깊은 자기 확신이다. 이 자기 확신은 당신이 이십 대였을 때와는 비교할 수 없이 강력하고 단단하다.

오늘부터 당신의 자기 확신을 인정하고, 그것을 통해 당신만의 특별한 기회를 완성해 나가라. 기억하라, 기회는 준비된 자에게 찾아오며, 그 준비의 핵심에는 자기 확신이 있다.

당신의 인생에서 가장 중요한 기회는 아직 오지 않았을지도 모른다.

그 기회가 왔을 때, 당신은 평생 쌓아온 자기 확신으로 그것을 붙잡을 준비가 되어 있을 것이다. 기회는 자기 확신으로 완성된다. 그리고 당신의 오십 대는 그 어느 때보다 강력한 자기 확신으로 빛날 시간이다.

오십, 큰 뜻을 품어도 된다.

꿈이란 그 꿈을 달성한 '미래'가 아닌 몰두할 수 있는 '현재'를 만들어내기 위한 것이다. 꿈을 따르고 몰두하면서 수년을 살다 보면 결국 상당히 큰 뜻을 성취할 수 있다. 오십 이후 새로운 전성기를 맞이할 수 있다.

— 아리카와 마유미(有川真由美, 작가)

꿈, 뜻, 희망을 20·30의 전유물로 생각하는 사회에 살고 있다. 텔레비전이나 신문, 인터넷을 열면 젊음과 패기가 넘치는 청년들의 성공 스토리가 넘쳐난다. 그들만이 꿈꾸고 도전할 자격이 있는 것처럼 말이다. 하지만 이는 얼마나 큰 착각인가!

오십부터는 오히려 큰 뜻을 품는 편이 좋다. 사람은 무엇을 바라느냐가 자신을 만들기 때문이다. 젊음의 시간이 지나고 나서도 우리의 내면에는 여전히 실현되지 않은 꿈과 열망이 살아 숨 쉬고 있다. 그것을 무시하고 덮어버리는 대신, 그 목소리에 귀 기울여보자.

오십에 '이런 일에 도전하고 싶다', '이런 식으로 사회에 공헌하고 싶다'라고 큰 꿈을 갖는다면 다른 세상이 보일 것이다. 이미 오십 대라면 '할 수 있는 일', '할 수 없는 일'을 알고 세상 돌아가는 이치도 어느 정도 알며, 주변 사람들과 연계하는 법도 안다. 이런 축적된 경험과 지혜는 큰 뜻을 이루는 데 없어서는 안 될 자산이다.

젊은 시절에는 우리의 꿈이 막연하고 비현실적인 경우가 많았다. 그러나 오십이 넘어서 품는 꿈은 우리의 강점과 약점을 정확히 인식한 상태에서 나오는 것이기에 훨씬 더 현실적이면서도 깊은 의미를 지닌다. 자기 길로 나아간다는 의미에서 오십 이후가 진짜 승부처인 셈이다.

이루고 싶은 꿈을 덮어버리지 마라.

"이 나이에 뭘…" 이런 생각이 들 때마다 우리는 자신의 가능성에 스스로 한계를 긋는다. 이루고 싶은 꿈이 마음속에 솟아오르면, '이 나이에 새삼?' '이제 와서?'라며 덮어버리지 마라. 꿈이 있어야 나날의 삶이 즐거워지기 때문이다.

'나이 들면 꿈을 접어야 한다'라는 것은 누가 만든 규칙인가? 그것은 사회가 우리에게 강요한 편견에 불과하다. 심지어 꿈이 인생 전체를 지탱해 줄 수도 있다. 꿈이 있는 사람의 눈빛은 다르다. 매일 아침 일어나는 순간부터 다음날을 기대하게 만드는 것이 바로 꿈의 힘이다.

꿈이란 그 꿈을 달성한 '미래'가 아닌 몰두할 수 있는 '현재'를 만들어내기 위한 것이다. 이는 매우 중요한 통찰이다. 꿈은 단순히 도달해야 할 목적지가 아니라, 매일의 삶에 의미와 방향을 부여하는 나침반이다.

대부분 사람은 꿈을 이루었을 때의 성취감만을 생각하지만, 진정한 가치는 그 과정에 있다. 꿈을 따르고 몰두하면서 수년을 살다 보면 결국 상당히 큰 뜻을 성취할 수 있다. 그리고 그 과정에서 우리는 전혀 다른 사람으로 변화한다. 더 성장하고, 더 열정적이며, 더 살아있는 사람으로 말이다.

많은 이들에게 퇴직은 끝을 의미한다. 수십 년간 자신의 정체성을 형성했던 직업에서 물러나는 순간, 상실감과 방향성 상실을 경험하기도 한다. "이제 나는 누구인가?" "앞으로 무엇을 해야 하는가?"라는 질문 앞에 막막함을 느낀다.

하지만 퇴직은 끝이 아니라 새로운 시작의 문이다. 직장 생활에서는 할 수 없었던, 미뤄두었던 꿈을 실현할 수 있는 황금기가 바로 퇴직 이후다. 이제 온전히 자신이 원하는 대로 시간을 쓸 수 있는 자유를 얻었다.

나는 오십에 베스트셀러 작가라는 큰 뜻을 품었다. 회사 생활을 하는 동안에도 틈틈이 글을 써왔지만, 본격적으로 작가의 길을 걷겠다는 결심을 한 것은 오십이 넘어서다. 처음에는 두려웠다. "이 나이에 새삼 작가가 될 수 있을까?" 하는 의구심이 들었다. 하지만 그 의심은 오래가지 않았다. 50년 동안 살아온 경험, 만났던 사람들, 겪었던 일들이 모두 내 글의 자양분이 될 수 있다는 것을 깨달았기 때문이다.

퇴직은 직업적 정체성에서 벗어나 진정한 자아를 찾아가는 여정의 시작점이 될 수 있다. 어쩌면 당신의 진짜 인생은 지금부터 시작될지도 모른다.

오십 이후의 새로운 전성기의 꿈을 꾼다.

오십 이후 새로운 전성기를 맞이할 수 있다. 이는 결코 과장된 말이 아니다. 인생의 전반부가 사회적 성공과 인정, 가족 부양을 위한 시간이었다면, 후반부는 자신이 진정으로 원하는 것, 의미 있게 생각하는 것을 추구할 수 있는 자유의 시간이다.

오십 대의 큰 장점은 자신의 시간을 스스로 통제할 수 있다는 점이다. 젊은 시절에는 직장과 가정, 사회적 의무에 매여 정작 자신이 원하는 일을 할 시간을 내기 어려웠다. 하지만 오십 대에 이르면 자신의 우선순위를 다시 설정하고, 자신의 시간을 자신의 열정을 위해 투자할 수 있는 여유가 생긴다.

일이 아닌, 자원봉사나 사회 공헌, 또 취미활동이라도 괜찮다. 이전에는 시간이 없어서, 혹은 여유가 없어서 미뤄두었던 일들을 이제 시작해보자. 그림을 그리고 싶었는가? 악기를 배우고 싶었는가? 외국어를 익히고 싶었는가? 아니면 젊은이들을 가르치며 자신의 경험을 나누고 싶었는가?

중요한 것은 그 활동이 당신에게 의미와 몰입의 기쁨을 주는가 하는 점이다. 이런 활동은 단순히 시간을 보내는 방법이 아니라, 세상에 당신만의 의미 있는 발자국을 남기는 방법이기도 하다. 당신의 경험과 지혜, 열정을 통해 세상에 이바지할 방법은 무궁무진하다.

오십 대의 꿈이 가진 특별한 힘

오십 대의 꿈에는 특별한 동력이 있다. 그것은 바로 '절박함'이다. 인생의 유한함을, 남은 시간의 소중함을 누구보다 절실히 느끼는 나이이기에, 꿈을 향한 나아감에는 젊은 시절에는 경험할 수 없었던 깊은 집중과 열정이 담긴다.

"만약 지금 시작하지 않는다면, 언제 시작하겠는가?" 이런 물음이 오십 대의 꿈을 더욱 강렬하게 만든다. 젊었을 때는 '나중에 언젠가'라고 미룰 수 있었지만, 이제는 그 '언젠가'가 바로 지금이라는 것을 깨닫게 된다. 이런 긴박감은 꿈을 향한 여정에 강력한 추진력을 제공한다.

또한, 오십 대에는 '시선의 자유'를 얻는다. 젊은 시절에는 항상 타인의 시선과 사회적 평가, 비교에 얽매였다면, 이제는 그런 외부적 압력에서 벗어나 오롯이 자기 내면의 목소리에 귀 기울일 수 있는 자유를 얻는다. 남들이 어떻게 생각할지 보다, 내가 진정으로 원하는 것이 무엇인지를 중요시하게 된다.

오십 대의 꿈은 '균형'과 '지혜'를 갖추고 있다. 성공과 실패, 기쁨과 슬픔, 얻음과 잃음을 모두 경험한 사람만이 가질 수 있는 균형 잡힌 시각은 꿈을 향한 여정에서 마주치는 어려움 앞에서도 흔들리지 않는 힘이 된다. 예상치 못한 장애물이 나타나도, 이전의 경험을 통해 그것을 현명하게 극복할 수 있는 지혜가 있다.

이런 특성들이 오십 대의 꿈을 더욱 강력하고 실현 가능케 만든다. 젊은 시절의 열정과 오십 대의 지혜가 만났을 때, 그것은 새로운 차원의 창조적 에너지를 만들어낸다.

당신만의 새로운 장을 열어가는 시간

"그렇다면, 당신의 꿈은 무엇인가? 그리고 그것을 실현하기 위한 시간은 언제인가?" 답은 분명하다. 바로 지금이다.

오십, 일단 어떤 영역에서든 큰 뜻을 품어라. 여행을 통해 세상을 보고 싶은가? 책을 쓰고 싶은가? 창업하고 싶은가? 봉사활동에 헌신하고 싶은가? 무엇이든 좋다. 중요한 것은 그 꿈이 당신의 가슴을 뛰게 만드는가 하는 점이다.

그리고 그 첫걸음을 내딛어라. 꿈은 생각만으로는 현실이 되지 않는다. 작은 행동, 첫걸음이 필요하다. 오늘 할 수 있는 작은 일부터 시작하라. 책 한 권을 읽든, 수업을 신청하든, 전문가에게 조언을 구하든, 어떤 형태로든 움직이기 시작하라.

인간의 평균 수명이 늘어난 현대 사회에서, 50세는 인생의 정점이 아닌 또 다른 시작점이 될 수 있다. 오십 대 이후의 30년 아니 50년은 그저 흘려보내는 시간이 아닌, 새로운 도전과 성취, 의미 있는 경험으로 채울 수 있는 귀중한 시간이다.

꿈이 있어야 나날의 삶이 즐거워진다. 같은 일상도 꿈이 있는 사람에게는 그 하루하루가 의미로 가득 찬 시간이 된다. 꿈이 당신의 인생 전체를 지탱해 줄 것이다.

오십, 큰 뜻을 품어라. 그리고 그 꿈을 향해 한 걸음씩 나아가라. 당신의, 그리고 우리 모두의 인생에서 가장 아름답고 의미 있는 장이 아직 시작되지 않았을 수도 있다. 지금이 바로 그 꿈을 향해 나아갈 때다.

인생에 너무 늦을 때란 없다.
열정을 발견하고 그것을 따를 용기만 있다면,
당신의 전성기는 언제든 시작될 수 있다.

. . . .

은퇴는 아마도 가장 풍요로운 시기이며,
우리 자신과 가장 닮았고, 인생에서 가장 중요하다.
이 시기는 개발하지 않은 채 그냥 내버려 두기엔
어리석을 정도로 너무나 탁월한 자산을 형성한다.

- 베르나르 올리비에, 『떠나든, 머물든』 중에서

제3장

오십의 전성기를 위해 해야 할 일

오십에 당신의 주변을 다 바꿔라.

마음만 바꾸려고 하지 말고, 환경을 바꾸는 데도 집중해야 한다. 우리가 어떤 사람들에게 둘러싸여 있는지, 어떤 환경에 처해 있는지가 매우 중요하다. 그로부터 우리의 영향력이 형성되기 때문이다. 이 영향력은 결국 우리 자신을 변화시킬 수 있다.

인생의 오십은 가을과 같다. 많은 이들이 가을을 쇠퇴의 계절로 여기지만, 사실 가을은 자연이 가장 화려한 색채를 뽐내는 때다. 단풍나무가 초록에서 붉은색으로 변하는 것은 죽음의 신호가 아니라 위대한 변화의 증거다. 인생의 오십도 마찬가지다.

오십에서 길을 잃는 이들과 새롭게 피어나는 이들 사이의 결정적 차이는 단 하나다. 변화를 '두려워하는가', 아니면 변화를 '끌어안는가' 이다. 은행에서 퇴직했을 때, 나는 깊은 상실감을 느꼈다. 내 정체성의 큰 부분이 사라진 듯했다. 그러나 그 공간은 오히려 새로운 가능성으로 채워질 기회였다. 퇴직이라는 종착점이 내 인생의 가장 창의적이고 충만한 여정의 출발점이 되리라고는 상상도 못 했다.

우리는 모두 알고 있다. 인생에서 진정으로 가치 있는 순간들은 언제나 변화의 용기를 낸 그 뒤에 찾아왔다는 것을. 당신의 첫사랑, 첫 직장, 결혼, 출산… 모두 익숙한 것을 뒤로하고 새로운 세계로 뛰어든 순간들이었다. 오십의 갈림길에 선 당신에게 지금 필요한 것도 바로 그 용기다.

당신의 환경이 당신의 운명이다.

"인간은 환경의 산물이다."

이 단순한 문장에 인생의 가장 깊은 비밀이 담겨 있다. 나는 수많은 성공한 사람들과 그렇지 못한 사람들의 삶을 연구했다. 그들 사이의 결정적 차이는 타고난 재능이나 운이 아니었다. 그것은 바로 그들이 스스로 만든 환경이었다.

우리의 뇌는 놀라운 적응의 기관이다. 새로운 환경에 놓인 오십 대의 뇌는 마치 이십 대의 뇌처럼 활발히 새로운 신경 경로를 만들어낸다. 문제는 대부분 사람이 오십에 이르러 새로운 환경을 만들지 않는다는 점이다.

같은 집, 같은 직장, 같은 친구들, 같은 대화, 같은 생각. 그리고 그들은 왜 삶이 정체되었는지 의아해한다. 답은 너무나 분명하다. 환경이 바뀌지 않으면 당신도 바뀌지 않는다.

당신은 함께하는 다섯 사람의 평균이다.

내가 만난 한 여성 고객은 오십에 모든 것을 잃었다. 이혼, 사업 실패, 건강 악화까지. 그러나 2년 후 그녀는 완전히 다른 사람이 되어 있었다. 건강을 되찾고, 새로운 사업을 시작했으며, 행복한 관계도 맺고 있었다. 그녀의 비결을 물었을 때, 그녀는 단 한마디로 대답했다.

"저는 제 주변 사람들을 완전히 바꿨어요."

세계적인 동기부여 강사인 짐 론(Jim Rohn)의 말처럼, 우리는 함께 시간을 보내는 다섯 사람의 평균이 된다. 이것은 단순한 격언이 아니라 심리학적 진실이다. 당신의 사고방식, 야망, 행동 패턴, 심지어 성공의 정의까지도 주변 사람들로부터 깊은 영향을 받는다.

은행에서 퇴직한 후, 나는 깨달았다. 매일 같은 동료들과 나누던 대화가 내 생각의 범위를 한정 짓고 있었다는 것을. 새로운 사람들을 만나기 시작하자 내 시야는 넓어졌고, 상상도 못 했던 가능성이 눈앞에 펼쳐졌다.

오늘 저녁, 종이를 꺼내 당신이 가장 많은 시간을 보내는 다섯 사람의 이름을 적어보라. 그리고 솔직하게 자문하라. 이 다섯 사람이 당신이 되고 싶은 미래의 모습을 대표하는가? 아니라면, 변화가 필요한 때다.

이는 오랜 친구들을 버리라는 말이 아니다. 다만, 당신의 성장을 자극하고 응원해 줄 새로운 관계를 의도적으로 발전시키라는 의미다. 당신이 되고 싶은 모습에 이미 도달한 사람들과 교류하라. 그들의 에너지, 지혜, 관점이 자연스럽게 당신에게 스며들 것이다.

결심은 허약하다. 하지만 환경은 강력하다.

작가로서 나는 한 가지 진실을 깨달았다. 글이 잘 써지지 않을 때는 결코 더 노력하지 않는다. 대신 카페를 찾거나 공원으로 나간다. 환경을 바꾸는 것이다. 그러면 마법처럼 창의력이 살아난다. 당신의 집, 사무실, 즐겨 찾는 장소들은 단순한 물리적 공간이 아니다. 그곳들은 당신의 생각과 감정에 깊은 영향을 미치는 심리적 환경이다. 매일 같은 의자에 앉아 같은 창문을 바라보며 획기적인 변화를 기대하는 것은 어리석은 일이다.

오십의 정체기를 겪고 있다면, 가장 먼저 할 일은 당신의 물리적 환경을 바꾸는 것이다. 가구 배치를 바꾸고, 벽색을 바꾸고, 새로운 공간을 탐험하라. 이런 작은 변화들이 당신의 뇌에 새로운 자극을 주고, 익숙함의 덫에서 벗어나게 해줄 것이다.

인생을 바꾸겠다는 결심을 몇 번이나 했는가? 그리고 그중 몇 개가 실제로 지켜졌는가?

인간의 의지력은 우리가 생각하는 것보다 훨씬 취약하다. 심리학자들은 의지력이 마치 근육처럼 피로해진다는 사실을 발견했다. 종일 유혹에 저항하다 보면, 저녁이 되면 당신의 의지력은 이미 고갈되어 있다.

은행에서의 일상은 체계적이었다. 시스템과 규칙이 나의 행동을 안내했다. 퇴직 후, 그 구조가 사라지자 나는 방황했다. 강한 결심만으로는 새로운 삶을 만들 수 없다는 것을 뼈저리게 느꼈다. 진정한 변화는 새로운 환경 시스템을 설계했을 때 비로소 찾아왔다.

성공적인 변화의 비결은 초인적인 의지력이 아니다. 그것은 당신이 원하는 행동을 자연스럽게 유도하는 환경을 설계하는 것이다. 운동을 시작하고 싶다면 침대 옆에 운동복을 두고, 출근 경로에 있는 헬스장에 등록하라. 독서를 늘리고 싶다면 침대 옆 TV를 치우고 그 자리에 책장을 두어라. 새로운 기술을 배우고 싶다면 그 분야의 모임에 가입하라.

환경이 행동을 만들고, 행동이 습관을 만들고, 습관이 인생을 만든다. 오십에 새로운 인생을 원한다면, 새로운 환경부터 만들어라.

오십, 환경 혁명을 위한 7가지 실천

1. 주변의 다섯 명을 의식적으로 선택하라.

당신의 성장을 자극하고 지지해 줄 새로운 멘토와 친구들을 찾아라. 한 달에 한 번은 당신이 존경하는 새로운 사람과 만나라. 당신보다 더 앞서 있는 사람들의 모임과 커뮤니티에 참여하라.

2. 일상의 공간을 변화시켜라.

집 안의 가구 배치를 완전히 바꾸고, 벽색을 바꾸고, 새로운 예술 작품을 걸어라. 일하는 공간을 재배치하고, 가능하다면 때때로 카페나 공원 같은 새로운 장소에서 일해보라. 공간의 변화는 사고의 변화를 불러온다.

3. 습관의 순서를 뒤집어라.

매일 아침 반복하는 루틴의 순서를 바꿔보라. 뉴스를 보는 대신 명상으로 하루를 시작하거나, 항상 가던 커피숍 대신 새로운 곳을 방문해 보라. 이런 작은 변화들이 당신의 뇌에 활력을 불어넣는다.

4. 언어를 의식적으로 바꿔라.

"나는 늙었어." "이제 늦었어." "난 못해."와 같은 자기 제한적 표현을 버려라. 대신 "지금이 시작하기 가장 좋을 때야." "난 아직 배울 수 있어." "이게 내 두 번째 전성기의 시작이야."와 같은 표현을 사용하라. 당신의 언어가 현실이 된다.

5. 정보 환경을 정화하라.

당신이 매일 접하는 정보의 질이 당신 생각의 질을 결정한다. TV 뉴스와 소셜 미디어의 부정적 콘텐츠 대신, 영감을 주는 책, 팟캐스트, 다큐멘터리로 당신의 정보 환경을 채워라. 한 달간 뉴스와 소셜 미디어를 끊고 그 시간에 책을 읽어보라. 당신의 정신이 얼마나 맑아지는지 놀랄 것이다.

6. 새로운 배움의 환경에 몸을 담그라.

뇌는 새로운 도전을 통해 활성화된다. 외국어, 악기, 미술, 댄스, 요리, 무엇이든 좋다. 전문가가 될 필요는 없다. 배우는 과정 자체가 당신의 뇌에 새로운 신경 경로를 만들고 젊음을 유지하게 해준다. 평생 배우고 싶었던 그 무언가를 지금 시작하라.

7. 자연과 다시 연결되라.

현대인의 큰 문제 중 하나는 자연과의 단절이다. 주말마다 한 시간씩이라도 공원이나 숲, 바다에서 시간을 보내라. 자연은 우리의 뇌를 회복시키고, 창의성을 키우며, 스트레스를 줄여준다. 오십의 지혜와 자연의 치유력이 만나면, 당신은 놀라운 명료함과 평화를 경험할 것이다.

인생의 가을, 가장 찬란한 계절로 만들어라.

은행에서 퇴직한 그날, 나는 내 사무실을 마지막으로 돌아보며 생각했다. '이제 모든 게 끝났구나!' 그러나 시간이 흐르며 깨달았다. 그날은 끝이 아니라 진정한 시작이었다는 것을.

가을은 자연의 마지막 찬란한 축제다. 나뭇잎들이 가장 화려한 색으로 물들기 전에 떨어진다는 것을 알기에, 그 아름다움은 더욱 특별하게 느껴진다. 인생의 오십도 마찬가지다. 이제 당신은 젊음의 그린카드를 반납했을지 모르지만, 그 대신 지혜와 자유라는 훨씬 더 귀중한 선물을 받았다. 젊었을 때는 남들의 기대에 부응하며 살았다면, 이제는 온전히 당신을 위해 살 수 있는 시간이다.

인생의 가을을 맞아, 당신 주변의 모든 것을 바꿔라. 새로운 사람들, 새로운 공간, 새로운 습관, 새로운 시작. 그리고 놀라운 일이 일어날 것이다. 당신은 스스로가 누구인지, 무엇을 위해 이 세상에 왔는지 마침내 깨닫게 될 것이다.

나뭇잎이 가장 아름다운 색으로 변하듯, 당신의 인생도 오십에 비로소 진정한 색채를 찾을 것이다. 이것이 끝이 아니다. 이것은 당신 인생에서 가장 의미 있고 충만한 장의 시작이다.

오십에 모든 것을 바꿔라. 그리고 당신의 두 번째 봄을 맞이하라.

나이 듦에 대한 고정관념을 태워버려라.

첫걸음을 내딛는 순간, 나이라는 감옥의 문이 열리기 시작할 것이다. 두 번째 걸음을 내디딜 때, 그 문턱을 넘어설 것이다. 그리고 세 번째 걸음을 내디딜 때, 자유로워질 것이다.

언제부터 나이를 변명으로 삼기 시작했을까?

어느 날 문득, 거울 앞에 서서 "이제 늦었어."라고 중얼거리게 된다. 좋아하는 옷을 보고도 "이 나이에 저건 좀…" 하며 발걸음을 돌린다. 새로운 취미나 직업에 도전하고 싶다는 생각이 들었을 때, "내 나이에 무슨…"이라는 말로 그 불꽃을 스스로 꺼버린다.

그것이 바로 우리가 만든 '나이'라는 감옥이다. 스스로 지어서, 스스로 가두는 감옥. 이 감옥은 벽돌이나 철창으로 만들어진 것이 아니라, 우리의 생각과 믿음으로 지어졌기에 더욱 강력하다.

시대와 문화가 만든 고정관념

나이 듦에 대한 인식은 시대와 문화에 따라 달라져 왔다. 고대 그리스와 로마에서는 노년을 지혜와 경험의 축적으로 보고 존중했다. 동양의 유교 문화권에서도 '백발이 성현'이라 하여 나이 든 이들을 공경했다.

그러나 현대 산업사회로 접어들면서 생산성과 효율성이 중시되고, 미디어와 광고가 젊음을 이상화하면서 나이 듦은 점차 두려움과 회피의 대상이 되었다. "안티에이징(Anti-aging)"이라는 말이 보편화한 것은 나이 듦 자체를 '싸워 이겨야 할 적'으로 인식하게 된 현대 사회의 왜곡된 가치관을 보여준다.

오십 전까지 걸어온 길은 앞으로 남아 있는 무궁무진한 인생의 시간을 채우기에 턱없이 부족하다. 한 가지 방식으로만 살아갈 수 있다고 생각하는 것은 바다에서 한 방향으로만 항해할 수 있다고 믿는 것과 같다. 인생의 나침반은 언제든 새로운 방향을 가리킬 수 있다.

숫자에 의한 차별

우리 사회는 나이에 따라 다른 잣대를 적용한다. 이십 대가 새로운 것을 시도하면 "도전적"이라고 칭찬하지만, 육십 대가 같은 일을 하면 "무모하다"라고 말한다. 같은 행동, 같은 실수, 같은 도전에도 다른 평가를 한다. 다른 것은 단지 나이라는 숫자뿐이다.

이러한 '연령주의(Ageism)'는 성차별이나 인종차별만큼이나 뿌리 깊은 사회적 편견이다. 그것은 개인의 능력과 가치를 판단하는 데 있어 가장 피상적인 기준인 '나이'에 지나친 의미를 부여한다.

우리가 믿는 거짓말

"나이 들면 배우기가 어렵다."
"새로운 시작을 하기엔 너무 늦었다."
"이 나이에 변화는 위험하다."
"안정이 최우선이다."
"꿈꾸는 건 젊은이들의 특권이다."

이런 생각들에 얼마나 많은 가능성이 묻혀버렸을까? 얼마나 많은 열정이 꺼져버렸을까? 얼마나 많은 삶의 새 장이 열리지 못했을까?

과학적 연구 결과들은 이런 생각이 단순한 편견이 아니라 실제 건강과 수명에도 영향을 미친다는 사실을 보여준다. 예일대학교의 노화 심리학자 베카 레비(Becca Levy) 박사가 수행한 연구에서 보면, 나이 듦에 대한 긍정적인 생각을 지닌 사람들은 부정적인 생각을 지닌 사람들보다 평균 7.5년 더 오래 살았다고 한다. 생각이 세포까지 변화시키는 것이다. 자신에게 하는 이야기가 생물학적 운명까지 바꿀 수 있다.

나이 듦에 대한 고정관념을 태워버리는 5가지 열쇠

1. 내면 목소리의 변화

하루 동안 스스로에 하는 말을 의식적으로 들어보자. "난 너무 늙었어."라는 말이 떠오를 때마다, 그것을 "지금이 바로 시작할 때야."로 바꿔보자. 내면에서 부정적인 나이 관련 대화가 얼마나 자주 일어나는지 놀라게 될 것이다. 이러한 자기 대화의 변화는 단순한 긍정적 사고가 아니라, 우리 뇌의 신경 경로를 재구성하는 과정이다. 반복된 생각은 뇌에 새로운 길을 만들고, 그 길이 넓어질수록 자동으로 그 방향으로 생각이 흐르게 된다.

2. 역사 속의 롤모델

역사는 나이의 한계를 깨뜨린 사람들로 가득하다. 그랜마 모제스(Grandma Moses)는 78세에 화가로서의 경력을 시작했고, 다이애나 나이애드(Diana Nyad)는 64세에 처음으로 쿠바에서 플로리다까지 수영으로 횡단했다. 이들의 공통점은 나이를 장애물이 아닌 자산으로 보았다는 점이다. 그들은 젊음의 열정과 함께 세월이 가져다준 지혜, 인내, 통찰력을 무기로 삼았다. 그들의 이야기를 통해 우리는 "나도 할 수 있다."라는 확신을 얻게 된다.

3. 뇌가소성 활용하기

뇌 과학자들은 우리의 뇌가 평생 새로운 신경 연결을 만들 수 있는 '신경가소성[1]'을 가지고 있다고 말한다. 뇌는 배움을 멈추지 않는다. 다만 우리가 배움을 멈출 뿐이다. 이전에는 나이가 들면 뇌세포가 줄어들기만 한다고 생각했지만, 현대 신경과학은 90대의 뇌도 새로운 연결을 만들고 성장할 수 있음을 증명했다. 새로운 경험과 학습은 뇌에 산소와 영

---

1. 신경가소성(Neuroplasticity)은 뇌가 평생에 걸쳐 새로운 신경 연결을 형성하고 기존 연결을 수정할 수 있는 능력을 의미한다. 이 개념은 전통적으로 성인 뇌가 고정되어 있다는 관점에 도전하는 것으로, 현대 뇌 과학 연구에서 중요한 발견이다. 신경가소성은 학습, 기억 형성, 새로운 기술 습득, 뇌 손상 후 회복 과정에서 핵심적인 역할을 한다. 이는 우리가 새로운 경험을 할 때마다 뇌가 물리적으로 재구성되며, 반복적인 훈련과 경험을 통해 신경 회로가 강화된다는 것을 의미한다. 이러한 뇌의 적응성은 인간의 평생 발달과 환경 변화에 대한 적응 능력의 신경학적 기반을 제공한다.

양분을 공급하는 새로운 혈관 생성을 촉진하고, 신경 세포 간의 새로운 연결을 만든다. 오늘, 작은 도전을 시작해 보자. 새로운 요리법을 시도하거나, 다른 경로로 출퇴근해 보거나, 처음 듣는 음악 장르의 노래를 들어보자. 내일은 더 큰 도전을 해보자. 새로운 언어의 첫 문장을 배우거나, 낯선 운동을 시도해 보자.

4. 세대 간 대화의 힘

자신보다 스무 살 어린 사람과 언제 마지막으로 깊은 대화를 나눴는지 생각해 보자. 자신보다 스무 살 많은 사람의 지혜를 언제 마지막으로 구했는지도. 다양한 세대와 교류하는 것은 시각을 넓히고, 고정관념을 깨뜨리며, 삶의 다양한 단계를 이해하는 데 도움을 준다. 젊은 세대의 열정과 시각은 새로운 에너지를, 연장자의 경험과 지혜는 깊이를 선사한다. 세대 간 대화는 우리 사회의 분절된 나이 집단을 연결하고, 서로에 대한 이해와 존중을 높이는 데 이바지한다. 이는 우리 자신의 나이에 대한 인식뿐만 아니라 사회 전체의 연령주의를 극복하는 데에도 중요한 역할을 한다.

5. 인생의 캔버스 다시 그리기

우리는 보통 인생을 선형적으로 생각한다. 교육, 직업, 결혼, 자녀 양육, 은퇴… 그리고 끝. 하지만 인생은 직선이 아니라 캔버스다. 언제든 새로운 색을 칠하고, 새로운 형태를 그리고, 심지어 처음부터 다시 시작할 수 있다. "나는 이제 너무 늙었어."라고 생각하는 대신, "나는 이제 충분히 살아봤어."라고 생각해 보자. 경험은 약점이 아니라 강점이다. 주름은 실패가 아니라 삶의 지도다. 서양의 선형적 시간관에서는 나이 듦이 종종 '하강'으로 여겨지지만, 동양의 순환적 시간관에서는 그것이 새로운 시작의 가능성으로 해석되기도 한다. 인생을 직선이 아닌 원으로 보면, 끝은 언제나 새로운 시작과 맞닿아 있다.

불꽃을 다시 밝히자.

우리 안에는 아직 불타오르지 않은 불꽃이 있다. 시간이 지나면서 그것은 잊히고, 묻히고, 무시되었을지 모른다. 하지만 그것은 여전히 거기에 있다.

오늘, 그 불꽃을 다시 찾아보자. 어린 시절의 꿈을 기억해 보자. 언젠가 '나중에 해봐야지'라고 생각했던 것들의 목록을 만들어 보자. 그리고 그중 하나를 선택하자. 지금, 바로 시작하자.

나이 듦은 축복이다. 그것은 우리에게 더 많은 시간, 더 많은 경험, 더 많은 지혜를 선사한다. 그것은 우리가 더는 다른 사람들의 기대에 맞춰 살 필요가 없는 자유를 준다.

오십의 전성기를 맞이하려는 우리 모두에게 주어진 가장 큰 선물은 바로 이 자유다. 그것을 붙잡자. 그것을 소중히 여기자. 그것으로 자신만의 새로운 이야기를 써 내려가자.

나이는 단지 숫자일 뿐이다. 그러나 가능성은 무한하다.

오늘, 나는 _____에 도전한다.
오늘, 나는 _____을(를) 배운다.
오늘, 나는 _____을(를) 시작한다.

이 빈칸을 채우는 순간, 당신은 이미 나이라는 고정관념을 태워버리고, 자신만의 불꽃을 다시 밝히기 시작한 것이다.

오십의 삶에 창조성을 끌어들여라.

창의성이란 그저 점들을 연결하는 것이다. 당신이 창의적인 사람들에게 어떻게 그런 것을 했냐고 물으면 그들은 약간 죄책감을 느낄 것이다. 왜냐하면, 그들은 실제로 무언가를 한 것이 아니라 그저 무언가를 보았기 때문이다.

- 스티브 잡스(Steve Jobs, 기업인)

오십, 가장 개인적인 것이, 가장 창의적이다.

인생의 중반, 오십에 서면 많은 이들이 자신의 삶이 이미 정해진 궤도를 따라 흘러간다고 느낀다. 하지만, 이 시기야말로 진정한 창조성을 발견하고 발휘할 수 있는 황금기가 아닐까?

리더십의 대가 워렌 베니스(Warren Bennis)는 명쾌하게 말했다. "창의적인 사람이 되는 방법은 딱 두 가지다. 직접 노래를 부르고 춤을 추거나, 아니면 가수나 무용수가 성장할 수 있는 환경을 만들어주거나." 오십의 나이에 이르러 우리는 이 두 가지 방식 모두를 선택할 수 있는 특권을 가진다. 직접 창조하는 길이 아직 열려 있으며, 동시에 다른 이들의 창조를 돕는 멘토로서 역할도 가능하다.

오십, 그리고 세잔의 빅투아르 산

「생트 빅투아르 산」은 고갱(Paul Gauguin), 고흐(Vincent van Gogh)와 함께 후기 인상파 3인으로 불리는 폴 세잔(Paul Cézanne)의 가장 유명한 작품 중 하나다. 세잔은 자신이 몰두했던 주제에 대해 평생에 걸쳐 여러 점의 시리즈를 제작하는 작업 방식을 고수했다. 같은 산을 다른 시간, 다른 계절, 다른 감정으로 그리며 끊임없이 새로운 시각을 발견했다.

2001년, 세잔의 「생트 빅투아르 산」 한 점이 경매에서 약 400억 원에 팔렸다. 한 사람이 평생에 걸쳐 같은 대상을 탐구한 결과물이 이토록 큰 가치를 인정받은 것이다.

오십의 삶에서 우리도 세잔처럼 될 수 있다. 세잔이 평생 같은 산을 그리며 자신만의 시각을 발전시켰듯, 우리도 자신의 분야에서 깊이 있는 전문성을 키울 수 있다. 나이가 들수록 경험은 쌓이고, 그 경험은 통찰로 변모한다. 오십에 이르러 우리는 젊은 시절에는 볼 수 없었던 세상의 복잡한 패턴과 연결점을 발견할 수 있게 된다.

피카소의 혁명적 창조성과 오십의 도전

반면, 피카소(Pablo Picasso)는 다른 유형의 창조성을 보여준다. 그의 「아비뇽의 여인들」은 미술사의 패러다임을 단번에 바꾼 작품으로, 그 가치는 약 1조 4천억 원으로 추산된다. [2] 피카소의 작품이 세잔보다 훨씬 높게 평가되는 이유는 무엇일까? 그것은 바로 기존의 틀을 뛰어넘는 혁명적 창조성 때문이다.

오십의 나이는 피카소형 창조성을 발휘하기에도 결코 늦지 않다. 사실, 이 나이에 우리는 젊은 시절의 두려움과 사회적 제약에서 벗어나 더 대담한 시도를 할 수 있다. 지금까지 자신의 삶을 움직이던 작동 원리들을 과감히 변경하고, 새로운 방식으로 삶에 접목할 수 있는 용기가 생긴다.

빠르게 변화하는 현대 사회에서는 창의적인 사고가 성공의 열쇠다.

---

[2] 글로벌 미술 경매업체 Artsy의 기사('What Billionaire Collectors Would Pay for the "Priceless" Art in U.S. Museums', Evan Beard, 2018.4.18.)에서 인용.

21세기의 진정한 부자들은 기존 패러다임을 깨는 창의력으로 새로운 가치를 창출한다. 많은 사람이 창의성은 타고난 것이라고 말하지만, 창의성은 타고나는 것이 아니라 노력과 연습을 통해 키울 수 있는 능력이다.

오십에 찾아오는 창조적 전성기

폴 세잔과 피카소는 모두 미술사에서 매우 뛰어난 화가이지만, 그들의 창조성은 다른 형태로 발현되었다. 세잔은 끊임없는 반복과 발전을 통해, 피카소는 혁명적 파격을 통해 각자의 길을 개척했다.

오십의 우리에게 이 두 예술가는 중요한 메시지를 전한다. 세잔처럼 꾸준히 한 분야를 파고들어 전문성을 키울 수도 있고, 피카소처럼 과감하게 새로운 시도를 할 수도 있다. 두 길 모두 가치 있는 창조성의 발현이다.

중요한 것은 오십이라는 나이가 결코 장애물이 아니라는 점이다. 오히려 이 시기에 우리는 더 풍부한 경험, 더 깊은 통찰, 더 넓은 시야를 가지고 있다. 오십의 창조성은 젊은 시절의 열정에 지혜가 더해진 형태로 나타난다.

오십의 창조적 삶을 위한 실천 방안은 다음과 같다.

- 세잔의 방식 적용하기 : 한 분야에 깊이 몰입하고 끊임없이 새로운 시각을 발견하라. 전문성은 시간이 흐를수록 더 가치를 발하는 자산이다.

- 피카소의 도전 수용하기 : 기존의 틀을 깨는 용기를 가져라. 나이가 들수록 우리는 실패를 두려워하지 않는 여유를 갖게 된다.

- 몰입의 경험 찾기 : 창조적인 사람들은 자기가 하는 일을 사랑한다. 그들의 삶은 몰입의 경험들로 가득 차 있다. 오십의 당신이 온전히 몰입할 수 있는 활동을 찾아라.

- 새로운 연결점 만들기 : 창조성은 종종 서로 다른 영역의 연결에서 태어난다. 다양한 분야의 사람들을 만나고, 새로운 아이디어를 접하라.

- 디지털 시대와 AI 시대의 오십 대 창조성 : 기술 발전이 가속화되는 현시대에 오십 대는 독특한 창조적 위치를 점유한다. 아날로그 세상에서 성장하여 디지털 혁명을 경험한 이 세대는 깊은 인간적 통찰과 첨단 기술 이해를 결합할 수 있다. AI가 단순 업무를 대체하는 시대에, 오십 대의 복합적 경험과 판단력은 더욱 가치 있는 자산이 된다. 이제 기술을 활용해 자신의 축적된 지혜를 증폭시키고, 전례 없는 방식으로 창조성을 발현할 특별한 기회를 맞이하라.

오십의 삶에 창조성을 끌어들이는 것은 선택이 아닌 필수다. 우리는 삶과 일과 은퇴를 재정의하는 것으로 자신의 창조성을 표현할 수 있다.

창조성은 상상력과 심사숙고, 위험과 도전, 헌신과 고집, 인내와 결단력을 한데 아우른다. 그리고 그 결과는 자신이 공을 들인 분야에서 성취로 나타날 뿐 아니라, 개인적으로는 삶의 풍요로움으로 나타난다.

오십에 당신의 창조성을 키우도록 자극하고, 창조적인 일상을 쌓아나가며, 아직 경험하지 못한 당신의 꿈을 포용하라. 세잔처럼 깊이 있게, 피카소처럼 대담하게.

이제 당신만의 창조적 여정을 시작할 때다. 그 여정이 당신을 어디로 이끌지, 아무도 알 수 없다. 하지만 한 가지 확실한 것은, 그 여정이 당신의 삶을 더 풍요롭고 의미 있게 만들어 줄 것이라는 점이다.

오십의 삶에 창조성을 끌어들여라. 그리고 당신만의 걸작을 만들어가라.

지금 혼자서 이 순간을 살아라.

어제의 기억과 내일의 불안 사이에서, 우리는 종종 '지금'을 놓친다. 지금 평화와 기쁨을 누리지 못한다면, 언제 평화와 기쁨을 누릴 수 있을 것인가? 내일이나 그다음 날? 지금, 이 순간 내가 행복해지는 것을 방해하는 것은 무엇인가?

- 틱낫한(승려), 『마음에는 평화, 얼굴에는 미소』 중에서

매일 아침 눈을 뜨면 습관적으로 핸드폰부터 확인한다. 이메일, 메시지, 뉴스… 아직 침대에 누운 채로 이미 마음은 과거와 미래 사이를 분주히 오간다. 하루가 시작되기도 전에 나는 이미 '지금'을 놓치고 있다.

오십이 되던 해, 나는 이상한 공허함을 느꼈다. 모든 것이 제자리에 있는데도 무언가 빠진 듯한 느낌. 내가 간절히 기다리던 시간 — 아이들이 대학에 가면, 승진하면, 집을 장만하면 — 그 모든 순간이 왔다 갔지만, 행복은 언제나 다음 목표 뒤에 있었다. 기다리는 동안 삶은 조용히 흘러갔고, 나는 정작 살아있는 이 순간의 소중함을 느끼지 못했다.

"오십, 이제부터가 진짜 시작이야."

친구의 말은 처음엔 공허한 위로처럼 들렸다. 하지만 시간이 지날수록 이 말에 담긴 깊은 진실을 발견하게 되었다. 오십은 단순한 나이가 아니었다. 그것은 삶을 바라보는 새로운 렌즈를 선물했다. 빛나는 성취보다 고요한 기쁨의 가치를, 빠른 속도보다 깊은 호흡의 중요성을 알게 해준 렌즈.

결정적 순간은 언제나 지금이다.

인생의 결정적 전환점은 거창한 사건이나 드라마틱한 순간에 있지 않다. 그것은 매일 반복되는 작은 선택들, 즉 '지금, 이 순간' 우리가 내리는 소소한 결정들 속에 있다.

어젯밤, 나는 오랜 친구에게 전화를 걸었다. 특별한 이유는 없었다. 그저 문득 그의 목소리가 듣고 싶었다. 십년지기 친구는 놀라워했다. "무슨 일이야? 괜찮아?" 아무 일도 없다고, 그저 안부가 궁금했다고 말했다. 통화는 짧았지만, 가슴은 오랫동안 따뜻했다.

우리는 '특별한 순간'을 기다리며 일상의 소중함을 놓친다. 하지만 십리학자들이 말하는 '마이크로모멘트(Micro-moment) [3]', 하루에도 수천 번 맞이하는 이 미세한 순간들이야말로 우리 삶의 진짜 구성 요소다.

아침에 몇 분 일찍 일어나 창밖 풍경을 바라보는 여유, 동료의 눈을 마주 보며 진심으로 "잘 지냈어요?"라고 묻는 순간, 저녁 식탁에서 가족의 이야기에 온전히 귀 기울이는 시간. 이런 작은 순간들이 모여 우리의 삶을 형성한다.

괴테는 "지금, 이 순간만이 네 인생에 영향을 미친다."라고 강조했다. 단순하지만 깊은 이 통찰은 우리에게 질문을 던진다. 당신은 지금 무엇에 집중하고 있는가? 지금, 이 순간, 당신의 마음은 어디에 있는가? 중요한 것은 '얼마나 많은 시간이 남았는가'가 아니라 '남은 시간을 어떻게 보낼 것인가'다. 그리고 그 답은 언제나 '지금, 이 순간'에 우리가 내리는 선택에 달려 있다.

---

3. 마이크로모멘트(Micro-moment)는 일상에서 경험하는 짧고 미세한 순간들을 가리키는 심리학적 개념이다. 이는 단 몇 초에서 몇 분 정도 지속하는 소소한 경험들로, 긍정적인 감정이나 의미를 담고 있을 때 전반적인 삶의 만족도와 행복감에 누적적인 영향을 미친다. 심리학자 바바라 프레드릭슨(Barbara Fredrickson)은 이러한 짧고 긍정적 순간들이 모여 개인의 심리적 자원을 구축하고 회복력을 높인다는 '확장 - 구축 이론'을 제시했다. 마이크로모멘트에 주의를 기울이는 마음 챙김 훈련은 현재 순간에 더 깊이 연결되고 일상에서 더 큰 의미와 만족을 발견하는 데 도움이 된다.

혼자서 만나는 진정한 나

나는 매주 수요일 저녁을 '나만의 시간'으로 정했다. 처음에는 어색했다. 혼자 식당에 가는 것, 혼자 영화를 보는 것, 심지어 혼자 공원을 거니는 것까지… 타인의 시선이 의식되었다. "저 사람은 왜 혼자일까? 외롭진 않을까?" 하는 질문이 들리는 것 같았다.

그러나 시간이 지날수록 이 '혼자인 시간'은 내게 가장 귀중한 선물이 되었다. 끊임없는 소음과 자극으로 가득한 세상에서, 이 고요한 시간은 내면의 목소리를 듣는 유일한 기회였다. 내가 진정으로 원하는 것, 두려워하는 것, 사랑하는 것들을 발견하게 된 시간.

심리학자 앤서니 스토(Anthony Storr)의 말처럼, '긍정적 고독'은 자신을 발견하는 여정의 시작이다. 타인의 기대와 사회적 역할에서 벗어나, 순수한 자아와 마주하는 시간. 그 시간 속에서 우리는 자신의 감정과 생각을 더 깊이 이해하게 된다. 프랑스 철학자 블레즈 파스칼(Blaise Pascal)는 그의 저서 『팡세(Pensées)』에서 "인간의 모든 불행은 자신의 방에 조용히 앉아 있지 못하는 데서 비롯된다."라고 언급했다. 현대 사회에서 이 말은 더욱 절실하게 다가온다. 우리는 끊임없이 연결되고, 소통하고, 소비하도록 요구받는다. SNS, 이메일, 메시지 알림은 우리의 주의를 분산시키고, 진정한 자기 성찰의 시간을 빼앗는다.

혼자 보내는 시간이 때로는 두렵고 외롭게 느껴질 수 있다. 우리는 스스로와 마주하는 것을 두려워한다. 자신의 불완전함, 실패, 두려움과 직면하는 것이 고통스럽기 때문이다. 하지만, 이 용기 있는 만남을 통해 우리는 더 단단한 자아를 발견하고, 더 깊은 관계를 맺을 수 있는 토대를 마련한다. 나 자신과의 관계가 건강할 때, 타인과의 관계도 더욱 풍요로워진다.

오십의 나이는 이런 자기 성찰의 시간을 갖기에 완벽한 시기다. 젊음의 열풍은 잦아들고, 삶의 본질에 관한 질문이 선명해지는 나이. "나는 누구인가?"라는 근원적 질문을 다시 한번 던져볼 수 있는 나이.

지금, 이 순간에 집중하는 기술

현대인의 뇌는 끊임없이 과거와 미래 사이를 오간다. 하버드 대학의 대니얼 길버트(Daniel Gilbert)와 매튜 킬링스워스(Matthew Killingsworth) 연구진이 진행한 연구에 따르면, 사람들은 깨어 있는 시간의 약 47%를 '정신적 방황(Mind wandering)' 상태로 보낸다고 한다. 지금 하는 일에 집중하지 못하고, 과거의 후회나 미래의 걱정에 사로잡혀 있는 것이다.

놀라운 것은, 이 '정신적 방황'이 불행감과 강한 상관관계를 보인다는 점이다. 현재 순간에 집중하지 못할수록, 우리는 더 불행하다고 느낀다. 반대로 현재에 온전히 몰입할 때 — 그것이 설거지든, 보고서 작성이든, 아이와의 대화든 — 우리는 더 큰 만족감과 행복을 경험한다.

이는 단순한 심리적 현상이 아니다. 하버드 의대의 연구에 따르면, '마인드풀니스(Mindfulness, 마음 챙김)[4]' 훈련은 스트레스 호르몬인 코르티솔 수치를 낮추고, 면역력을 강화하며, 불안과 우울을 감소시킨다. 현재 순간에 집중하는 능력은 정신적 웰빙뿐만 아니라 신체적 건강에도 직접적인 영향을 미친다.

최근 신경과학 연구는 더 놀라운 사실을 밝혀냈다. 정기적인 마인드풀니스 훈련은 뇌의 구조 자체를 변화시킨다. 전두엽 피질(결정과 집중력 담당)은 두꺼워지고, 편도체(두려움과 불안 반응 담당)는 활동이 감소한다. 우리의 뇌는 '지금, 이 순간'에 머무르는 훈련을 통해 실제로 변

---

4. 마인드풀니스 훈련(Mindfulness training)은 현재 순간에 의도적으로 주의를 기울이는 명상 기반 기법으로, 신경과학 연구에 따르면 뇌의 구조적, 기능적 변화를 불러온다. 하버드, UCLA, 위스콘신 대학 등의 연구팀은 8주간의 마인드풀니스 기반 스트레스 감소(MBSR) 프로그램만으로도 참가자들의 뇌 구조에 측정할 수 있는 변화가 나타남을 입증했다. 이러한 변화는 주의력 향상, 감정 조절 능력 강화, 스트레스 감소와 같은 인지적, 정서적 이점과 연관된다.

화한다.

하지만 현대 사회에서 '지금, 이 순간'에 집중한다는 것은 결코 쉬운 일이 아니다. 끊임없는 알림, 마감, 계획… 우리의 마음은 항상 다음 순간을 향해 달려간다. 그러나 '현재 집중'은 연습을 통해 발전시킬 수 있는 기술이다.

진정한 삶은 언제나 '지금'에 있다.

오십의 나이에 나는 놀라운 진실을 발견했다. 삶은 과거의 기억이나, 미래의 희망이 아닌, 오직 '지금, 이 순간'에만 존재한다는 것을. 내가 경험할 수 있는 유일한 순간은 바로 지금, 이 순간뿐이다.

철학자 알랭 드 보통(Alain de Botton)은 "행복은 목적지가 아니라 여정의 방식"이라고 강조했다. 우리는 너무 자주 행복을 미래에 두고 달려간다. '은퇴하면', '아이들이 성공하면', '더 많은 돈을 벌면' 행복해질 거로 생각하며. 하지만 그 목표에 도달했을 때, 행복은 또 다른 목표 뒤로 미뤄진다.

오십이란 나이는 이 진실을 깨닫기에 완벽한 시기다. 젊음의 조급함은 가라앉고, 인생의 유한함을 의식하기 시작하는 나이. 시간의 가치를 진정으로 이해하는 나이. "언젠가"가 아닌 '바로 지금" 삶을 살아야 한다는 절박함을 느끼기 시작하는 나이.

진정한 삶은 특별한 순간들이 아닌, 평범한 일상의 순간들 속에 있다. 아침 커피의 향기를 음미하는 순간, 사랑하는 사람과 나누는 소소한 대화, 저녁노을을 바라보며 느끼는 고요한 감동… 이런 작은 순간들이 모여 우리의 삶을 형성한다.

오늘부터 시작해 보자. 무언가를 기다리지 말고, 지금, 이 순간을 온전히 살아보자. 과거의 후회나 미래의 불안에서 벗어나, 오직 '지금'에 집중해 보자. 그리고 이 순간들이 모여 우리만의 풍요로운 오십, 그 이상의 인생을 만들어갈 것이다. 진정한 삶은 언제나 '지금, 이 순간'에 있다.

오십 이후 어떤 사람이 되고 싶은지 고민하라.

나의 잠재력을 믿어야 한다. 그러면 나는 자신이 되고 싶어 하는 사람이 될 수 있다. 이것이 오십의 새로운 전성기를 위한 모토다.

인생의 어느 시점에서는 멈춰 서서 스스로에 질문을 던져야 할 때가 있다. 특히 오십이란 나이는 지나온 길을 돌아보고 앞으로의 여정을 다시 그려볼 수 있는 의미 있는 순간이다. 사회가 바라는 모습과 주변의 기대라는 무거운 짐을 내려놓고, 진정으로 원하는 삶을 찾아가는 시간이다. 그동안 미처 발견하지 못했거나 일부러 묻어두었던 재능과 열정을 다시 꺼내 볼 시간이 바로 지금이다.

현대 사회에서 평균 수명 연장으로 오십 이후의 삶은 이전보다 더 길고, 더 중요한 의미를 지니게 되었다. 이제 오십은 인생에서 진정한 자아가 모습을 드러내기 시작하는 시간이다.

오십에 접어들면, 다음과 같은 질문들을 자신에게 던져볼 필요가 있다.

- 남은 삶 동안 어떤 사람이 되고 싶은가?
- 인생에서 정말 가치 있게 여기는 것은 무엇인가?
- 진정으로 원하는 것은 무엇인가?
- 이제 무엇에 도전해야 하는가?
- 지금 놓아버려야 할 것은 무엇인가?
- 어떻게 하면 더 의미 있게 살 수 있는가?

이런 질문들은 단순한 물음이 아니다. 내면 깊숙이 잠들어 있던 진정한 욕망과 열정을 깨우는 신호탄과 같다. 남들이 정의한 성공이 아닌, 자신만의 행복과 성취를 재정의하는 과정이다.

가면을 벗고 자신만의 길을 향해 나아가기

"젊은 시절에 갖고 있던 것들을 되찾은 기분이다. 직장에서 30년 일하는 동안 그것을 완전히 잃어버렸다. 내 세계는 점점 좁아지고 있었다. 30년을 열심히 달렸는데 내 세상은 너무 작았다. 그런데 은퇴 후 올해는 특별히 한 일도 없지만, 내 세계는 훨씬 넓어졌다."

이 말은 많은 사람들의 마음에 와닿는다. 사회가 원하는 모습과 역할에 맞춰 살다 보면 자신만의 색깔을 잃어가게 된다. 오십을 넘어서면서 진정한 자아를 찾아가는 여정을 시작할 때, 그동안의 직함이나 역할, 타인의 기준은 점차 의미를 잃는다.

은행을 퇴직한 후, 나는 나를 소개할 때 30년간 은행에서 했던 일이나 직위는 전혀 언급하지 않는다. 그때의 직위는 지금 내 모습과는 별 상관없고, 지금 내가 중요하게 생각하는 것들과도 전혀 다르다. 나는 은퇴한 것이 아니라 졸업한 것이고, 그것은 새로운 발전의 시작을 의미한다.

외적인 성공만 추구하다 보면 진정한 자아를 잃어버리기 쉽다. 손에 쥐고 있던 것들, 그것이 지위든, 안정이든, 타인의 인정이든 그것을 놓는 데는 용기가 필요하다. 그러나 그 용기는 이미 내면에 존재한다.

우리 모두에게는 아직 발견하지 못한 새로운 면들이 있다. 누구나 그렇다. 문제는 그것을 일부러 외면한다는 것이다.

오십이 되어 새로운 시작을 한 사람들은 자신들이 통념적인 사회적, 문화적 기대치보다 훨씬 많은 활력과 창조성, 재능을 갖고 있음을 깨달았다. 그들은 자신의 정체성에 제한을 가했던 이전의 사회적 규칙과 역할의 틀을 깨뜨리면서 자신도 놀랄 만큼 발전하고 있었다. 이제는 타인의 기대가 아니라 내면의 열망을 따라갈 시간이다. 그것이 예술이든, 봉사든, 새로운 학문이든, 또는 자연 속에서 조용히 사는 삶이든, 그 길을 향해 가는 용기가 필요하다.

'내가 될 수 있는 최고의 사람' 되기

오십 이후의 삶은 마치 두 번째 청춘과 같다. 젊은 시절의 무모함은 줄었지만, 그 대신 지혜와 경험, 그리고 자신에 대한 깊은 이해라는 강력한 자산을 얻었다. 이제 이 자산들을 바탕으로 진정한 자아를 향해 나아갈 수 있다.

자기 삶에서 정말 소중한 것은 무엇인가? 진정으로 사랑하는 일은 무엇인가? 이 세상에 남기고 싶은 흔적은 무엇인가? 이런 질문들에 답을 찾아가다 보면 조금씩 '내가 될 수 있는 최고의 사람'에 가까워질 것이다.

오십 이후에는 타인의 기준이나 사회적 성공 같은 잣대가 아니라 내면의 목소리에 귀 기울이는 것이 중요하다. 그 목소리가 진정한 행복과 만족으로 이끌어 줄 것이다. 삶의 의미를 재정의하고, 자신만의 가치를 발견하며, 그 가치대로 살아갈 용기만 있다면, 오십 이후의 삶은 그 어느 때보다 풍요롭고 의미 있는 시간이 될 것이다.

인생은 계속 변화하고 발전한다. 오십은 끝이 아니라 새로운 시작이다. 이제 자신만의 길을 찾아 나서는 여정을 시작할 시간이다. 자기 내면에는 아직 발견되지 않은 무한한 가능성이 숨겨져 있다.

더 많이 할수록 더 많이 성공한다.

아무리 빨리 이 새벽을 맞이해도, 어김없이 길에는 사람들이 있었다. 남들이 아직 꿈속에서 헤맬 거로 생각했지만 언제나 그렇듯 세상은 나보다 빠르다.

- 드라마 <미생> 중에서

새벽 거리에는 항상 사람들이 있다. 세상은 개인이 생각하는 것보다 언제나 더 앞서 있으며, 그 세상에서 성공하기 위해서는 개인도 더 빨라져야 한다는 점이다.

성공의 일정한 확률 이론[5] 에 따르면, 인간이 논문이든 작곡이든 무

---

[5]. 성공의 일정한 확률 이론(Constant Probability of Success Theory)은 창의적 작업이나 성취에 관한 심리학적 개념으로, 개인이 시도하는 횟수가 증가할수록 성공 가능성이 높아진다는 원리를 설명한다. 심리학자 딘 키스 사이먼턴(Dean Keith Simonton)의 연구에 따르면, 과학자, 예술가, 작가 등의 생산성과 성공 사이에는 통계적 관계가 존재하며, 양질의 작품은 대체로 많은 시도에서 일정 비율로 나타난다. 이는 '무작위 변이 - 선택적 유지 모

언가를 더 많이 시도할수록 나이와 경력에 상관없이 성공할 확률은 높아진다. 이는 단순한 수학적 원리다. 시도를 더 많이 할수록 실패할 기회도 많아지지만, 그만큼 성공할 기회 역시 늘어난다. 시도를 중간에 멈추는 사람보다는 계속해서 노력하는 사람이 더 많은 실패를 하지만, 그만큼 더 많은 성공을 거두게 된다.

토머스 에디슨(Thomas Edison)은 전구를 발명하기까지 1,000번이 넘는 실패를 경험했다. 그가 남긴 "나는 실패한 것이 아니라 작동하지 않는 1,000가지 방법을 발견했을 뿐이다."라는 말은 실패를 두려워하지 않고 계속해서 시도하는 것이 성공의 핵심임을 보여준다. 에디슨은 단순히 시도하는 것에 그치지 않고, 각 실패로부터 배운 교훈을 다음 시도에 반영하며 점진적으로 발전해 나갔다.

파블로 피카소(Pablo Picasso) 역시 그의 생애 동안 5만 점이 넘는 작품을 만들었다. 그중 우리가 명작으로 기억하는 것은 극히 일부에 불과하지만, 바로 그 수많은 시도와 실험 덕분에 피카소는 미술사에 혁명적인 발자취를 남길 수 있었다. 더 많은 작품을 제작할수록 걸작을 만들 확률도 높아진 것이다.

델로도 알려져 있으며, 창의적 인물들이 시도하는 작업의 총량이 늘어날수록 뛰어난 작품이 나올 확률적 기회도 증가한다는 것을 시사한다.

작은 실천이 만드는 성공의 복리 효과

1만 시간의 법칙은 어떤 분야에서든 전문가가 되기 위해서는 최소한 1만 시간의 의도적인 연습이 필요하다는 이론이다.

심리학자 안데르스 에릭슨(Anders Ericsson)이 제시하고 말콤 글래드웰(Malcolm Gladwell)이 대중화한 이 법칙은 성공이 갑작스러운 영감이나 타고난 재능보다는 꾸준한 노력과 반복적인 실천에서 비롯된다는 것을 말해준다. 물론 이 법칙에도 비판적 시각이 존재하지만, 의도적인 연습이 전문성 개발에 중요한 요소라는 점은 부정할 수 없다.

하루에 조금씩, 매일 실천하는 작은 행동들이 모여 큰 변화를 만들어낸다. 작은 실천의 힘은 복리 효과[6] 와도 같다. 매일 1%씩 성장한다면, 1년 후에는 37.8배 성장한 자신을 발견하게 될 것이다. 반면 매일 1%씩 퇴

---

6. 작은 습관의 복리 효과는 제임스 클리어(James Clear)의 책 『아주 작은 습관의 힘(Atomic Habits)』에서 널리 알려진 개념이다. 클리어는 이 책에서 "1% 개선의 법칙"(The 1% Rule) 또는 "1% 더 나아지기"(1% Better)라는 개념을 소개하며, 작은 습관의 복리 효과를 설명했다. 수학적으로 매일 1%씩 성장한다면, 1년(365일) 후에는 1.01^{365} = 약 37.8배, 반대로 매일 1%씩 퇴보한다면, 0.99^{365} = 약 0.03 (즉, 원래의 3%만 남음). 이 개념은 복리 효과의 수학적 원리를 인간의 습관과 성장에 적용한 것으로, 일상의 작은 선택과 행동이 시간이 지남에 따라 큰 차이를 만들어낸다는 점을 강조한 것으로, 클리어는 이 개념을 통해 급진적인 변화보다는 작지만, 지속적인 개선의 중요성을 설명한다.

보한다면, 1년 후에는 거의 0에 가까운 수준으로 떨어지게 된다. 작은 차이가 시간이 지남에 따라 엄청난 격차를 만들어내는 것이다.

많은 연구가 연령대에 따라 여러 인지 능력들이 발휘되는 최고조의 시기가 다르다는 것을 보여준다. 하버드 의과대학의 로라 저마인(Laura Germine)과 보스턴 칼리지의 조슈아 하트숀(Joshua Hartshorne) 등의 연구에 따르면, 인간의 다양한 인지 능력들은 각기 다른 생애 시기에 정점에 달하는 것으로 나타났다. 새로운 것을 이해하는 능력, 즉 정보처리 속도는 18~19세에 최고조에 이르지만, 안면 인식 능력과 단기 기억력은 30대 초반까지 계속 향상될 수 있다. 타인의 감정 상태를 판단하는 능력은 40대나 50대에 최고조에 달하며, 어휘력은 늦으면 60대나 70대에서도 최고조에 이를 수 있다.

사회적 통념과는 달리, 뇌 활동의 고기능에 대한 잠재력은 50대에 최고조에 이르며 90대까지도 계속 높은 수준을 유지할 수 있다. 이는 나이가 들어도 계속해서 배우고, 도전하고, 성장할 수 있다는 것을 의미한다. 늦깎이 성공가들의 사례를 보면, 성공이 반드시 젊은 시절에만 찾아오는 것이 아님을 알 수 있다.

알프레드 히치콕(Alfred Hitchcock) 감독은 60대에 이르러 〈사이코(Psycho)〉, 〈새(The Birds)〉 등 그의 가장 뛰어난 작품들을 만들었다. 그는 젊은 시절부터 꾸준히 영화를 만들며 기술을 축적했고, 이 경험이 나이가 들수록 더 깊이 있는 작품으로 승화되었다.

오십의 전성기를 부르는 실천적 가이드, '더 모어(The More)'

오십의 전성기를 위해서는 '더 모어(The More)'를 실천해야 한다. The More Learning, Acting, Networking, Investing. 더 많이 배우고, 더 많이 행동하고, 더 많이 네트워킹하며, 더 많이 투자해야 한다. 이 네 가지 요소는 서로 긴밀히 연결되어 시너지를 만들어내는 성공의 선순환 구조다.

더 많이 배우기(More Learning)

평생 학습은 현대 사회에서 성공의 필수 요소다. 새로운 지식과 기술을 습득하고, 변화하는 트렌드를 파악하면서 자신을 끊임없이 업데이트해야 한다. 온라인 강의, 독서, 세미나 참석 등 다양한 방법으로 지식을 쌓아가는 것이 중요하다.

빌 게이츠(Bill Gates)는 매년 2주간의 '생각하는 시간'을 갖고 책을 읽으며 새로운 지식을 습득한다. 그는 "당신이 읽는 책이 곧 당신"이라며 연간 50권 이상의 책을 읽는다고 알려져 있다. 이러한 지속적인 학습이

마이크로소프트를 성공시키고, 현재 그가 자선 사업에서도 혁신적인 접근법을 취할 수 있는 원동력이 되었다.

더 많이 행동하기(More Acting)

지식만으로는 충분하지 않다. 배운 것을 실천에 옮기는 행동력이 필요하다. 계획을 세우고 실행에 옮기며, 실패를 두려워하지 않고 도전하는 자세가 중요하다. 행동이 없는 지식은 씨앗을 심지 않은 땅과 같다.

일론 머스크(Elon Musk)는 전기차, 우주 탐사, 뇌-컴퓨터 인터페이스 등 다양한 분야에 도전하며 실패를 두려워하지 않는 행동력을 보여주었다. 테슬라는 초기에 여러 생산 지연과 문제를 겪었지만, 그의 끈질긴 실행력이 결국 전기차 혁명을 이끌었다.

더 많이 네트워킹하기(More Networking)

인맥은 성공의 중요한 자산이다. 다양한 분야의 사람들과 교류하며 새로운 아이디어를 얻고, 협업의 기회를 만들어 나가야 한다. 디지털 시대에는 온라인 네트워킹 또한 중요한 부분이다.

버진 그룹의 창업자 리처드 브랜슨(Richard Branson)은 자신의 네트워크를 통해 250개가 넘는 회사를 설립했다. 그는 "사업은 사람에 관한 것"이라며 항상 명함을 지니고 다니며 새로운 사람들과 만남을 소중히 여겼다. 이러한 네트워킹을 통해 그는 음반 산업부터 항공사, 우주여행에 이르기까지 다양한 분야에서 성공할 수 있었다.

더 많이 투자하기(More Investing)

자신의 미래에 투자하는 것은 장기적인 성공을 위한 필수 요소다. 시간, 돈, 에너지를 자신의 성장과 발전에 투자하며, 장기적인 관점에서 자신의 가치를 높여가는 것이 중요하다.

제프 베조스(Jeff Bezos)는 아마존의 초기 수익을 모두 회사의 성장과 혁신에 재투자했다. 그는 단기적 이익보다 장기적 가치 창출을 중시했고, 이러한 투자 철학이 아마존을 세계 최대의 온라인 유통업체로 성장시켰다.

이 네 가지 요소는 상호작용을 하며 시너지를 만들어낸다. 더 많이 배우면 더 나은 행동이 가능해지고, 더 많은 행동은 더 넓은 네트워크를 형성하며, 더 넓은 네트워크는 더 가치 있는 투자 기회를 제공한다. 이 선순환이 지속할 때 성공의 가능성은 기하급수적으로 증가한다.

끊임없는 도전이 만드는 성공의 궤적

"적이 현명하면 나는 더 현명해지고, 적이 약삭빠르면 나는 더 약삭빠르고, 적이 독하면 나는 더 독해진다." 경쟁 사회에서 살아남기 위해서는 끊임없이 자신을 발전시켜야 한다.

성공은 하루아침에 이루어지지 않는다. 매일의 작은 실천과 꾸준한 노력이 모여 궁극적인 성공으로 이어진다. 더 많이 시도하고, 더 많이 실패하며, 더 많이 배우고, 더 많이 성장해 나가는 과정 안에서 인간은 진정한 성공의 의미를 발견하게 될 것이다.

더 많이 할수록 더 많이 성공한다는 것은 단순한 격언이 아닌, 에디슨, 피카소, 히치콕과 같은 수많은 성공한 사람들의 삶을 통해 증명된 진리다. 그들은 모두 실패를 두려워하지 않고 끊임없이 도전했으며, 나이가 들어서도 학습과 성장을 멈추지 않았다.

오늘 당신의 첫걸음은 무엇인가? 한 권의 책을 읽기 시작할 수도 있고, 새로운 기술을 배우는 수업에 등록할 수도 있으며, 오랫동안 미뤄왔던 프로젝트를 시작할 수도 있다. 중요한 것은 지금 당장 행동하는 것이다. 그 첫걸음이 당신의 성공으로 가는 여정의 시작이 될 것이다.

'더 많이 행동하고, 더 많이 배우고, 더 많이 시도하라. 그리고 더 많은 성공을 거두게 될 것이다.'

오십의 무한한 잠재력을 믿어라.

꿈을 밀고 가는 힘은 이성이 아니라 희망이며, 두뇌가 아니라 심장이다. 우리에겐 무한한 가능성이 있다. 그 가능성을 스스로 믿는 만큼 성공하고 행복해지는 것이다.

- 표도르 도스토옙스키(Fyodor M. Dostoevskii, 작가)

인생의 한가운데 선 오십. 이 숫자는 많은 이들의 마음에 묘한 울림을 준다. 그 울림 속에는 지나온 세월에 대한 아련함과 남은 시간에 대한 설렘이 함께 담겨 있다.

얼굴에 새겨진 주름 하나하나는 걸어온 여정의 지도다. 그 지도는 웃었던 순간들, 눈물 흘렸던 시간, 넘어지고 다시 일어섰던 모든 순간을 기록하고 있다. 이 지도는 자랑스러운 것이다. 그 어떤 이십 대도 가지지 못한, 오직 오십의 사람만이 가진 보물이다.

"이제 너무 늦은 것은 아닐까?" 이 질문은 마음속에 작은 씨앗처럼 심어져, 점차 의심과 두려움의 나무로 자라난다. 하지만 그 나무를 잘라내고 새로운 씨앗을 심어야 할 때다. 그 씨앗의 이름은 '가능성'이다.

"내 손이 바쁘지 않으면 마음이 불안해져요." 그랜마 모제스(Grandma Moses)의 말이다. 78세에 관절염으로 더는 자수를 놓을 수 없게 되자, 그녀는 붓을 들었다. 101세로 생을 마감할 때까지 그녀는 1,600점 이상의 작품을 남겼고, 지금 그녀의 그림은 미국 전역의 미술관에 걸려 있다. 누구나 그녀처럼 새로운 붓을 들 용기가 있다.

오십의 도전에는 특별한 향기가 있다. 그것은 젊은 날의 무모함이 아닌, 경험이 주는 지혜와 확신에서 비롯된 용기다. 많은 이들은 이미 수많은 폭풍을 견뎌냈고, 그 과정에서 자신의 강인함을 증명해 왔다. 그 강인함을 바탕으로, 이제 진정한 열정을 향해 나아갈 때다.

나이 들수록 더 강해지는 능력들

우리 사회는 종종 젊음만을 찬양한다. 하지만 그것은 숲 일부만 보는 것과 같다. 나무는 해를 거듭할수록 더 깊은 뿌리를 내리고, 더 단단한 나이테를 형성한다. 인간의 내면에도 세월이 빚어낸 단단한 나이테가 있다.

오십에 이른 사람들은 어느새 감정의 파도 위에 우아하게 서핑하는 법을 배웠다. 젊은 시절에는 감정에 쉽게 휩쓸렸다면, 이제는 그 감정을 바라보고, 받아들이고, 지혜롭게 대응하는 능력을 갖추게 되었다. 이것이 정서적 균형의 힘이다.

직장에서 날카로운 비판을 받았을 때를 생각해 보자. 삼십 대에는 그 말에 하루 내내 사로잡혀 자신을 의심했을지 모른다. 하지만 오십 대에는 그 비판에서 가치 있는 부분은 취하고, 나머지는 부드럽게 놓아줄 수 있는 지혜가 있다. 이것이 오십 대가 삼십 대보다 더 강한 이유다.

경험은 별자리를 연결하는 능력을 가져다준다. 젊은 시절에는 개별적인 별들만 보였다면, 이제는 그 별들이 모여 하나의 완성된 그림을 그리는 것을 볼 수 있다. 패턴을 발견하고, 연결점을 찾아내며, 더 큰 맥락에서 상황을 이해할 수 있게 된다.

찰스 다윈(Charles Darwin)의 『종의 기원』은 그가 50세일 때 출판되었다. 그가 이십 대에 비글호를 타고 수집한 데이터와 관찰들이 수십 년의 사고와 숙성을 거쳐 하나의 혁명적 이론으로 완성된 것이다. 많은 이들의 내면에도 아직 세상에 나오지 않은 '종의 기원'이 숨어 있을지 모른다.

오십 대에는 대인관계의 춤을 더 우아하게 출 수 있다. 언제 가까이 다가가고, 언제 한 걸음 물러서야 하는지, 어떻게 자연스럽게 리드하고 따를지를 알게 된다. 표면적인 관계의 허상을 꿰뚫어 보고, 진정으로 가치 있는 인연을 알아보는 안목을 갖추게 된다. 이것이 나이가 선물해 준 귀중한 능력이다.

무한한 잠재력을 믿는 힘

마치 오래된 정원에 새로운 꽃길을 내는 것처럼 뇌도 나이와 상관없이 새로운 연결을 만들고 성장할 수 있다. 과학자들의 연구는 이를 증명한다. 학습 능력, 창의성, 적응력은 나이가 들어도 여전히 살아 숨 쉬고 있다.

잠시 눈을 감고 상상해 보자. 20년 후의 자신이 지금의 자신에게 편지를 쓴다면 어떤 말을 할까? 아마도 이렇게 말할 것이다.

"그때 당신이 시작했기에 지금의 내가 있다. 그때 당신이 두려움을 이기고 한 걸음을 내디뎠기에 나는 지금 이렇게 풍요로운 삶을 살고 있다. 당신의 오십 대는 내 인생에서 가장 중요한 전환점이었습니다."

지금 마음속에 작은 불꽃처럼 타오르고 있는 그 꿈을 기억하는가? 언젠가 배우고 싶었던 그 악기, 가보고 싶었던 그 나라, 도전해 보고 싶었던 그 일, 쓰고 싶었던 그 책… 그 불꽃을 더는 무시하지 말아야 한다. 그것은 영혼이 보내는 신호다.

무한한 잠재력을 실현하기 위한 첫걸음을 오늘 내디딜 수 있다.

자신에게 허락하기

누구나 새로운 시작을 할 자격이 있다. 자신에게 그 허락을 주어야 한다. 오늘 저녁, 조용한 시간에 노트를 펼치고 "나는 나에게 _____을 허락한다."라고 적어 보는 것이 좋다. 그 빈칸에 꿈, 열정, 도전을 채워 넣으면 된다.

작은 시작

변화는 거창한 선언이 아닌 작은 행동에서 시작된다. 매일 15분이라도 열정을 위한 시간을 만들어야 한다. 그 작은 씨앗이 시간이 지나면 울창한 숲이 될 것이다.

지지 그룹 찾기

같은 꿈을 꾸는 사람들을 찾아볼 필요가 있다. 온라인 커뮤니티, 지역 모임, 워크숍 등을 통해 여정을 함께할 동반자를 만날 수 있다. 그들의 이야기에서 용기를 얻고, 자신의 이야기로 그들에게 영감을 줄 수 있다.

성장의 기록

자신의 여정을 기록하는 것이 중요하다. 일기, 블로그, 사진, 영상 등 어떤 형태든 상관없다. 시간이 지나 그 기록을 돌아볼 때, 자신의 성장에 놀라게 될 것이다.

실패를 친구로 만들기

실패는 도전하고 있다는 증거다. 실패할 때마다 "나는 지금 성장하고 있다."라고 자신에게 말해주어야 한다. 실패에서 배우고, 다시 일어서는 과정에서 사람은 더 강해진다.

오십에 선 사람은 마치 산의 중턱에 도달한 등산가와 같다. 뒤를 돌아보면 얼마나 먼 길을 왔는지 볼 수 있고, 앞을 바라보면 아직 정복하지 않은 아름다운 정상이 기다리고 있다. 그 정상을 향한 발걸음을 멈추지 말아야 한다.

쌓아온 경험과 지혜, 그리고 앞으로 발견할 무한한 가능성이 만나는 특별한 순간이 바로 지금이다. 이제 다시 한번 거울을 바라보자. 그 주름 사이로 빛나는 불꽃과 무한한 가능성이 보일 것이다. 가장 빛나는 순간은 아직 오지 않았다.

오늘, 지금, 이 순간부터 무한한 잠재력을 믿고 첫걸음을 내딛는 것이 중요하다. 진정한 여정은 이제부터 시작된다.

온라인 네트워킹 역량을 키워라.

이제 사이버공간은 단순한 가상의 공간이 아니라, 인간의 삶과 문명이 또 하나의 형태로 펼쳐지는 새로운 지구라 할 수 있다.

- 우메다 모치오(梅田望夫, 작가)

사이버공간은 또 다른 하나의 지구다. 이 새로운 대륙에서 오십의 나이는 한계가 아닌 특권이다. 수십 년간 쌓아온 경험과 지식이 디지털 세계에서 새롭게 꽃피울 때, 진정한 전성기가 시작된다.

우리 오십의 세대는 특별하다. 디지털 이전 시대와 디지털 시대를 모두 경험한 유일한 세대로서, 우리는 두 세계의 언어를 모두 이해할 수 있는 통역사이자 안내자다. 이것은 우연이 아니라 역사적 필연이며, 이 특별한 위치는 온라인 네트워킹을 통해 오십의 전성기를 열어줄 것이다.

인터넷의 변화 속도는 상상을 뛰어넘는 가속도로 발전하고 있으며, 이러한 엄청난 변화는 급속하고 단편적인 변화가 아닌 우리 사회를 근본적으로 바꾸는 본질적인 변화다. 이 변화의 물결 속에서 오십이라는 나이는 더는 경력의 정점이 아닌, 새로운 시작점이 될 수 있다.

무한 연결의 힘

"불특정 다수 무한대의 사람들과 연결되는 비용이 거의 제로(0)에 가깝다." 우메다 모치오의 이 통찰은 온라인 네트워킹의 혁명적 본질을 간파한다. 그의 방정식 "(≒무한대) × (≒無) = Something(의미 있는 존재)"은 디지털 시대의 새로운 가능성을 보여준다.

이 방정식이 오십 세대에게 의미하는 바는 무엇인가? 그것은 경험과 지혜의 재평가다. 물리적 세계에서는 한정된 사람들에게만 전달될 수 있었던 당신의 지식과 통찰이, 디지털 세계에서는 국경과 시간을 초월해 무한대로 확장될 수 있다. 당신이 평생 쌓아온 전문성은 디지털 공간에서 새로운 가치를 창출할 준비가 되어 있다.

디지털 플랫폼은 단순한 소통 도구가 아니라, 당신의 존재를 확장하는 공간이다. 링크드인(LinkedIn)에서의 전문적 네트워킹, 전문 블로그를 통한 지식 공유, 온라인 커뮤니티에서의 멘토링 활동은 당신의 영향력을 지수적으로 확대한다. 이는 단순한 자기 홍보가 아닌, 축적된 지혜를 사회에 환원하는 의미 있는 행위다.

'무어의 법칙[7]'이 가져온 '치프(Cheap) 혁명[8]'은 오십 세대에게 특별한 기회를 제공한다. 기술적 장벽이 낮아지면서, 이제 누구나 글로벌 무대에서 자신의 목소리를 낼 수 있게 되었다. 스마트폰 하나, 인터넷 연결 하나로 당신은 전 세계와 연결될 수 있다. 이 연결은 단순한 숫자가 아닌, 실질적인 관계와 가치를 창출하는 네트워크의 시작점이다.

디지털 공간에서의 소통 예술

디지털 네이티브들과의 소통은 단순한 기술 습득 이상의 것을 요구한다. 그것은 새로운 문화적 문법을 이해하는 일이다. 오픈소스[9] 현상으

---

7. 인텔의 창업자인 고든 무어가 1965년에 제창한 법칙. "반도체의 성능은 1년 반을 주기로 두 배씩 향상한다."라는 뜻으로, 요즘에 와서는 "각종 IT 관련 제품의 가격은 매년 30~40%씩 하락한다."라는 다소 넓은 의미로 사용되고 있다.
8. '치프(Cheap) 혁명'의 의미는 반도체 기술의 발전으로 컴퓨팅 비용이 극적으로 낮아지는 현상을 가리킨다. 무어의 법칙(트랜지스터 집적도가 18~24개월마다 두 배로 증가한다는 원리)에 따라 컴퓨팅 성능은 기하급수적으로 증가하는 반면, 비용은 지속해서 하락했다. 즉, '치프 혁명'은 컴퓨팅 기술의 민주화를 가져와 사회경제적 배경에 상관없이 거의 모든 사람이 디지털 기술에 접근할 수 있게 만든 현상을 의미한다.
9. 오픈소스는 소프트웨어의 소스코드(컴퓨터 프로그램을 기계언어가 아닌 사람이 이해할 수 있는 언어로 기록해 놓은 것)를 인터넷에 무상으로 공개하는 것이다.

로 대표되는 공유와 협업의 문화, 빠른 피드백과 반복적 개선의 문화, 수평적 관계를 중시하는 문화 속에서 우리는 새로운 소통의 방식을 배워야 한다.

그러나 이것은 일방적인 적응이 아니라, 상호 학습의 과정이어야 한다. 디지털 네이티브들이 기술적 유창함을 가지고 있다면, 오십 세대는 인생의 깊이와 폭넓은 경험을 지니고 있다. 이 두 세대가 만나 서로의 강점을 공유할 때, 진정한 세대 통합이 이루어질 수 있다.

사이버공간은 모방과 융복합으로 끊임없이 진화하는 공간이다. 이 공간에서는 권위보다 공감이, 독점보다 공유가, 경쟁보다 협업이 더 큰 가치를 지닌다. 오십 세대가 이러한 가치를 받아들이고 실천할 때, 우리는 디지털 공간에서 존경받는 원로이자 멘토로 자리매김할 수 있다.

디지털 대화의 예술을 익히는 것은 단순히 유행에 따라가는 것이 아니다. 그것은 인류의 지식 전달 방식의 근본적 변화를 이해하고, 이에 참여하는 것이다. 소셜네트워킹(Social Networking)은 단순한 친목 도구가 아닌, 인류의 집단 지성에 이바지하는 새로운 방식이다.

전문성을 넘어선 디지털 브랜딩 구축

디지털 시대에 자신을 브랜딩한다는 것은 자신의 본질을 명확히 하고 이를 일관되게 표현하는 것이다. 그것은 인위적인 이미지 구축이 아닌, 자신의 진정한 가치와 신념을 디지털 공간에 투영하는 과정이다.

오십 세대의 브랜딩에는 특별한 강점이 있다. 그것은 바로 진정성이다. 수십 년간의 경험과 성찰을 통해 형성된 자아는 피상적인 트렌드를 좇는 젊은 브랜드와는 다른 깊이와 무게를 지닌다. 이 진정성이야말로 디지털 공간에서도 사람들을 끌어당기는 강력한 자석이 된다.

온라인 브랜딩은 단순한 자기선전이 아니다. 그것은 당신이 가진 지식과 경험을 사회에 환원하는 방식이자, 당신의 유산을 디지털 형태로 보존하는 방법이다. 블로그, 팟캐스트, 영상 등 다양한 형태로 당신의 전문성과 통찰을 공유할 때, 당신의 영향력은 시간과 공간을 초월해 확장된다.

"이제 사이버공간은 단순한 가상의 공간이 아니라, 인간의 삶과 문명이 또 하나의 형태로 펼쳐지는 새로운 지구라 할 수 있다." 이 새로운 지구에서 당신의 정체성은 어떻게 표현될 것인가? 그것은 단순한 기술적 문제가 아닌, 존재론적 질문이다.

온 - 오프라인의 조화로운 통합

온라인과 오프라인은 더 이상 분리된 세계가 아니다. 미래학자 하워드 라인골드(Howard Rheingold)가 통찰했듯이, 온라인에서 형성된 관계는 오프라인으로 확장되고, 오프라인의 관계는 온라인에서 더욱 깊어진다. 이 두 세계를 조화롭게 통합하는 것이 오십 전성기의 핵심 전략이다.

온-오프라인 네트워크의 통합은 특히 오십 세대에게 중요하다. 우리는 이미 오프라인에서 구축한 풍부한 인맥을 가지고 있으며, 이를 디지털 공간으로 확장할 때 그 가치는 배가 된다. 동시에 온라인에서 만난 새로운 연결고리를 오프라인으로 가져올 때, 우리의 세계는 더욱 풍요로워진다.

이 통합의 과정에서 중요한 것은 일관성이다. 온라인과 오프라인에서 보여주는 자기 모습, 가치관, 전문성이 일치할 때, 진정한 신뢰가 형성된다. 이 신뢰는 디지털 시대의 가장 귀중한 자산이자 오십 전성기의 토대가 된다.

미야타 가쿠코(宮田加久子)는 "온 - 오프라인은 상호 밀접한 영향을 주고 있으며, 온라인 공간에서 새롭고 다양하게 형성된 온라인 네트워크는 오프라인의 일상생활 공간으로 확대되기도 한다."라고 보았다. 이러한 통합적 관점은 온라인 네트워킹을 단순한 도구가 아닌, 삶의 새로운 차원으로 이해하게 해준다.

디지털 시대의 오십 전성기를 향한 여정

미래의 온라인 네트워킹은 지금과는 또 다른 형태로 진화할 것이다. 메타버스와 같은 가상 현실 공간, 인공지능과의 협업, 증강현실을 통한 혼합 경험 등 기술의 발전은 우리의 연결 방식을 끊임없이 변화시킬 것이다.

이러한 변화 속에서 오십 세대의 역할은 무엇인가? 그것은 기술의 맹목적 추종자가 아닌, 인간적 가치의 수호자가 되는 것이다. 우리는 효율성만을 추구하는 차가운 연결이 아닌, 공감과 이해를 바탕으로 한 따뜻한 연결의 중요성을 상기시키는 역할을 해야 한다.

오십의 전성기는 단순히 개인적 성공이나 영향력의 확대가 아니다. 그것은 자신의 경험과 지혜를 다음 세대에 전달하고, 디지털 문명의 건강한 발전에 이바지하는 의미 있는 여정이다. 온라인 네트워킹은 이 여정을 위한 필수적인 통로다.

"부자가 되는 무한한 기회의 문이 또 다른 지구에서 누구에게나 열려 있다." 이 문장에서 '부자'는 단순한 물질적 풍요가 아닌, 영향력, 관계, 의미의 풍요를 의미한다. 디지털 공간에서 오십의 새로운 전성기를 맞이할 기회는 누구에게나 열려 있다.

디지털 세계의 50+ 영향력 확대하기

온라인 네트워킹 역량은 더는 선택이 아닌, 오십 전성기를 위한 필수 조건이 되었다. 그것은 단순한 기술적 능력이 아닌, 새로운 시대의 문화적 문법을 이해하고 이에 참여하는 종합적 역량이다.

디지털 시대의 변화는 때로 압도적으로 느껴질 수 있다. 그러나 기억하라. 모든 기술, 모든 플랫폼, 모든 네트워크의 중심에는 여전히 인간이 있다. 인간의 연결에 대한 근본적 욕구, 의미 있는 관계에 대한 갈망, 가치 있는 것을 창조하고 공유하려는 열망은 변하지 않는다.

오십의 나이는 이러한 인간적 가치를 디지털 공간에 통합할 수 있는 특별한 위치에 있다. 우리는 기술의 속도와 효율성, 그리고 인간의 깊이와 지혜를 모두 아우를 수 있는 세대다. 이것이 바로 우리가 디지털 시대의 안내자이자 멘토가 될 수 있는 이유다.

온라인 네트워킹 역량을 키우는 여정을 시작하라. 그것은 단순한 기술 습득이 아닌, 당신의 경험과 지혜가 새로운 형태로 꽃피우는 창조적 과정이다. 이 여정에서 당신은 자신의 한계를 넘어서고, 새로운 관계를 형성하며, 의미 있는 기여를 통해 진정한 오십의 전성기를 경험할 것이다.

두 개의 지구를 오가며 살아가는 것은 도전이자 특권이다. 이 특권을 받아들이고, 디지털 공간에서 당신만의 새로운 영토를 개척하라. 그곳에서 당신의 오십 전성기가 시작될 것이다.

인간의 얽히고설킨 관계 속에서

종종 가장 소중한 인연은

의도하지 않은 순간에 찾아온다.

- 마르셀 프루스트

제4장

오십의 인간관계
"새롭게, 다르게, 편하게"

오십에 낯선 사람과 약한 연결이 주는 강한 기회

가깝고 친밀한 관계가 반드시 우리 삶을 이롭게 하는 것은 아니다. 그냥 알고 지내거나 별로 가깝지 않은 낯선 사람들과의 관계처럼, 실은 일상적으로 중요하게 여기지 않던 인맥이야말로 우리의 삶을 흥미진진하고 풍요롭게 만들어 줄 기회와 정보, 혁신의 가능성을 훨씬 더 많이 제공한다.

- 리처드 코치(Richard Koch, 작가) · 그렉 록우드(Greg Lockwood, 작가)

많은 이들이 오십을, 은퇴를 준비하는 시기로 생각하지만, 실제로는 새로운 전성기를 맞이할 수 있는 절호의 기회다. 이 새로운 전성기의 핵심 열쇠 중 하나가 바로 '낯선 사람과의 약한 연결'이다.

약한 연결(Weak tie)이란 가족이나 친밀한 친구와 같은 '강한 연결(Strong tie)'과 달리 지인, 이전 직장 동료, 취미 모임에서 만난 사람들, 친구의 친구와 같은 비교적 느슨한 관계를 의미한다. 사회학자 마크 그라노베터(Mark Granovetter)는 이러한 약한 연결이 새로운 정보와 기회를 제공하는 강력한 통로가 된다는 사실을 밝혀냈다. 특히, 오십의 나이에 이러한 약한 연결은 인생의 새로운 장을 여는 결정적인 역할을 한다.

　아이리스 아펠(Iris Apfel)은 텍스타일(Textile, 천, 직물, 섬유) 사업가로 오랜 경력을 쌓다가 84세라는 고령에 패션 아이콘으로 변신한 주목할 만한 인물이다. 그녀와 남편 칼 아펠이 함께 운영한 '올드 월드 위버스(Old World Weavers)'는 백악관을 비롯한 유명 건물의 복원 프로젝트에 참여하며 텍스타일 분야에서 전문성을 인정받았다. 2005년, 메트로폴리탄 미술관(Metropolitan Museum of Art)에서 개최된 '라라 아비스 : 아이리스 아펠 컬렉션 선별작(Rara Avis: Selections from the Iris Apfel Collection) [1]' 전시회는 그녀의 인생을 완전히 바꿔놓았다. 이 전시회를 통해 그녀의 독특한 패션 감각과 화려한 액세서리 컬렉션이 패션계의 찬사를 받게 되었고, 이후 광고 캠페인, 패션 컬렉션, 다큐멘터리 제작 등 다양한 분야로 활동 영역을 넓혔다.

　아이리스 아펠의 성공 사례가 중요한 이유는 그녀가 오십 대와 육십 대에 디자인 및 예술계에서 형성한 '약한 연결(Weak ties)'이 수십 년이 지난 후인 84세에 새로운 커리어의 기회로 이어졌다는 점이다. 이러한 약

---

[1]. 'Rara Avis'는 라틴어로 '희귀한 새' 또는 '진귀한 새'를 의미하며, 비유적으로는 '독특한 인물' 또는 '특이한 존재'를 가리키는 표현이다. 이 전시회 제목은 아이리스 아펠의 독특하고 개성 있는 패션 감각과 그녀 자신의 독특한 존재감을 표현하는 데 적합한 제목이었다.

한 연결은 단기적으로는 큰 영향을 미치지 않는 것처럼 보일 수 있지만, 장기적으로는 예상치 못한 중요한 기회의 문을 열어주는 역할을 했다. 그녀의 사례는 인생의 어느 시점에서 형성된 약한 연결도 나중에 중요한 기회로 발전할 수 있으며, 네트워크 구축의 가치가 즉각적으로 드러나지 않더라도 시간이 지남에 따라 큰 잠재력을 가질 수 있음을 보여준다.

약한 연결이 오십의 인생을 바꾸는 결정적 순간들

오십의 네트워크가 가진 독특한 힘

오십에 이르면 우리는 인생에서 여러 사회적 영역을 경험하며 자연스럽게 다양한 네트워크를 형성하게 된다. 학창 시절 친구들, 여러 직장에서 만난 동료들, 자녀 교육을 통해 알게 된 다른 부모들, 취미활동에서 만난 지인들까지 우리의 인맥은 다층적이고 다양해진다.

이렇게 형성된 약한 연결의 네트워크는 오십의 나이에 새로운 기회를 발견하는 데 강력한 자산이 된다. '나이로 인한 불이익'에 대한 우려가 있는 시기에, 약한 연결은 그런 장벽을 넘어설 수 있는 다리가 된다. 특히, 현대 사회에서 '평생직장'의 개념이 희미해지고, 커리어 전환이나 새로운 시작이 더는 드문 일이 아닌 상황에서, 약한 연결의 네트워크는 새로운 가능성의 문을 여는 열쇠가 된다.

레이 크록(Ray Kroc)은 52세였던 1954년, 밀크셰이크 믹서 판매원으로 일하던 중 캘리포니아 샌버나디노의 맥도날드 형제가 운영하는 햄버거 가게를 방문하게 되었다. 이 약한 비즈니스 연결을 통해 크록은 맥도날드의 프랜차이즈 권리를 얻게 되었고, 이를 세계적인 패스트푸드 체인으로 성장시켰다.

숨겨진 열정을 발견하는 기회

오십의 나이는 종종 오랫동안 묻어두었던 열정을 재발견하는 시기이기도 하다. 약한 연결은 이러한 숨겨진 열정을 현실로 만드는 계기가 된다.

줄리아 차일드(Julia Child)는 49세였던 1961년에 첫 요리책 『프랑스 요리의 기술(Mastering the Art of French Cooking)』을 출판했다. 그녀가 요리 경력을 시작한 것은 프랑스에 거주하면서 만난 요리 동호인들과 가진 약한 연결 덕분이었다. 이 네트워크를 통해 그녀는 50세에 TV 프로그램 <프렌치 셰프(The French Chef)>를 시작할 기회를 얻었고, 미국 가정에 프랑스 요리를 대중화시켰다.

사회학자 마크 그라노베터의 연구는 이러한 현상에 과학적 근거를 제공한다. 그의 연구에 따르면, 새로운 기회와 정보는 친밀한 친구나 가족보다 약한 연결을 통해 더 자주 발견된다. 이는 강한 연결의 사람들이 우리와 유사한 정보 네트워크 안에 있지만, 약한 연결의 사람들은 우리가 접근하지 못했던 전혀 다른 정보망에 연결되어 있기 때문이다.

약한 연결로 새로운 세계를 열어가는 오십

경험의 깊이와 네트워크의 넓이

오십의 나이에 우리가 가진 약한 연결은 이십 대나 삼십 대의 그것과는 질적으로 다르다. 우리는 이미 여러 분야와 상황에서 쌓은 깊이 있는 경험을 지니고 있으며, 동시에 다양한 사회적 맥락에 걸친 폭넓은 네트워크를 보유하고 있다.

이러한 '깊이와 넓이의 조합'은 약한 연결을 통해 얻는 기회의 질을 근본적으로 향상한다. 우리는 단순히 정보를 얻는 것을 넘어, 그 정보의 가치와 적용 가능성을 더 정확하게 판단할 수 있다.

앤 무어(Ann Moore)는 2002년, 오십 대 초반에 타임 잉크(Time Inc.)

의 CEO가 되었다. 그녀는 이 회사 역사상 첫 여성 CEO로서 『타임(Time)』, 『피플(People)』, 『스포츠 일러스트레이티드(Sports Illustrated)』 등 유명 출판물을 관리하는 중요한 자리에 올랐다. 하버드 비즈니스 스쿨을 졸업한 후 타임 잉크에서 30년 이상 근무한 무어는 회사 내에서 다양한 직책을 거치며 미디어 산업 내외의 폭넓은 네트워크를 구축했다. 특히, 주목할 점은 그녀가 여성 경영자 네트워크와의 약한 연결(Weak ties)을 적극적으로 활용해 당시 남성 중심이었던 미디어 업계에서 중요한 지원과 멘토링을 받았다는 것이다. 2010년까지 CEO직을 수행한 앤 무어의 경력은 업계 내 다양한 약한 연결이 고위 경영진 진출에 어떻게 이바지할 수 있는지를 보여주는 사례다. 그녀의 이야기는 특히 남성 중심적인 산업에서 여성들이 네트워크를 구축하고 활용하는 것의 중요성을 잘 보여준다.

사십 대의 약한 연결로 오십 대에 꽃을 피우다

도널드 피셔(Donald Fisher)는 40세이던 1969년에 자신에게 맞는 청바지를 찾는 어려움을 겪었고, 이 경험이 갭(GAP) 설립의 직접적인 계기가 되었다. 그는 캘리포니아 샌프란시스코에서 부동산 개발자로 일하다가, 청바지를 반품하러 갔을 때 겪은 불편한 경험에서 비즈니스 기회를 포착했다. 피셔가 아내 도리스(Doris)와 함께 1969년 샌프란시스코에 첫 갭 매장을 열었을 때가 41세였다. 초기에는 리바이스 청바지와 레코드를 주로 판매했다. 이후 그의 오십 대와 육십 대에 걸쳐 갭은 글로벌 의류 브랜드로 성장했으며, 올드 네이비(Old Navy), 바나나 리퍼블릭(Banana Republic) 등의 브랜드도 인수하거나 개발했다.

피셔의 성공 스토리는 부동산 사업에서 형성한 약한 연결(Weak ties)이 새로운 사업 기회 발견에 중요한 역할을 한 대표적인 예시다. 그의 이전 경력에서 쌓은 네트워크와 경험이 전혀 다른 산업에서의 성공으로 이어진 것이다.

로드니 멀렌(Rodney Mullen)은 실제로 스케이트보딩(Skateboarding) 역사에서 가장 영향력 있는 인물 중 한 명으로, "플랫랜드 스케이팅의 대부(Godfather of Flatland Skating) [2] "라 불리며 올리(Ollie) [3], 킥플립(Kickflip) [4] 등 현대 스트리트 스케이팅의 기본이 된 수많은 기술을 발

---

2. 플랫랜드 스케이팅의 대부(Godfather of Flatland Skating)는 로드니 멀렌(Rodney Mullen)을 가리키는 별칭이다. 1980년대부터 스케이트보딩 역사에 혁신적인 영향을 미친 프로 스케이터로, 현대 스트리트 스케이팅의 기초가 되는 300개 이상의 기술을 개발했다.
3. 올리(Ollie)는 스케이트보딩의 가장 기본적인 공중 기술로, 스케이터가 데크의 테일을 지면에 부딪히고 앞발로 미끄러지듯 움직여 보드와 함께 공중으로 뛰어오르는 동작이다. 앨런 올리(Alan Ollie)가 처음 발명한 이 기술을 멀렌이 평지에서도 가능하도록 발전시켰으며, 현대 스트리트 스케이팅의 근간이 되었다.
4. 킥플립(Kickflip)은 올리 동작을 하면서 발로 보드를 세로축으로 360도 회전시킨 후 착지하는 기술이다. 로드니 멀렌이 개발한 이 트릭은 현대 스트리트 스케이팅에서 가장 널리 사용되는 기술 중 하나다.

명했다. 그는 사십 대에 접어들면서 실리콘 밸리 테크 기업들과 약한 연결을 형성하기 시작했다. 특히, 그의 TED 강연[5]과 다양한 기술 컨퍼런스의 발표를 통해 창의성, 혁신, 회복력에 관한 그의 통찰이 테크(Tech) 업계 리더들에게 큰 반향을 일으켰다. 이러한 약한 연결을 통해 멀렌은 스케이트보더에서 혁신 컨설턴트와 스타트업 고문으로 자신의 영향력을 확장했다. 그는 특히 실패와 혁신, 창의성의 순환 과정에 대한 자신의 경험을 기업 환경에 적용하는 방식으로 많은 기술 기업과 협업했다. 멀렌의 사례는 한 분야에서의 전문성과 경험이 어떻게 약한 연결을 통해 전혀 다른 산업에서의 새로운 경력 기회로 확장될 수 있는지를 보여주는 좋은 예시다.

일상에서 약한 연결 키우기

약한 연결의 힘을 활용하기 위해 거창한 네트워킹 전략이 필요한 것은 아니다. 일상 속에서 자연스럽게 약한 연결을 키우는 작은 습관들이 중요하다.

---

5. 'Technology, Entertainment, Design'의 약자로, 1984년에 시작된 18분 이내의 짧은 강연 형식. "Ideas Worth Spreading(공유할 가치가 있는 아이디어들)"이라는 모토 아래 다양한 분야의 전문가들이 혁신적 아이디어를 쉽게 설명하며, 전 세계적으로 공유되는 지식 플랫폼으로 발전했다.

- 과거의 연결 재활성화하기 : 오랫동안 연락하지 않았던 학창 시절 친구, 전 직장 동료들과 다시 연락을 시작해 보자.

- 디지털 플랫폼 활용하기 : 블로그, 유튜브, 인스타그램 등의 소셜 미디어를 통해 약한 연결을 유지하고 확장해 보자.

- 커뮤니티 참여하기 : 관심 분야의 모임, 자원봉사, 워크숍 등에 참여하여 새로운 약한 연결을 형성해 보자.

- 취미와 관심사 공유하기 : 취미활동이나 관심 있는 분야의 모임에 참여하면서 자연스럽게 새로운 인연을 만들어 보자.

이런 작은 행동들이 모여 오십의 인생에 새로운 문을 열어줄 약한 연결의 네트워크를 형성한다.

약한 연결이 여는 오십의 새로운 장

오십에 맞이하는 약한 연결의 힘은 단순히 새로운 직업이나 기회를 얻는 것을 넘어 삶의 새로운 장을 열어가는 열쇠가 된다. 이는 우리가 축적해 온 경험과 지혜를 의미 있게 활용하면서도 계속해서 성장하고 새로운 가능성을 발견하는 여정의 시작이다.

유명한 사회학자 마크 그라노베터가 말했듯이, "하위 계층일수록 강한 연결은 자주 나타난다."라는 사실은 역으로 우리가 더 많은 약한 연결을 형성하고 활용할수록 더 많은 사회적 이동성과 기회를 얻을 수 있다는 것을 의미한다.

우리 주변에는 수많은 약한 연결이 존재한다. 오십의 나이에 이러한 연결이 가져다주는 기회에 귀 기울이고, 용기 있게 새로운 도전에 나서는 것은 어떨까? 익숙함과 안전함을 벗어나 낯선 인연이 가져다줄 무한한 가능성의 세계로 한 걸음 내디뎌 보자.

오늘, 바로 지금, 이 순간부터 약한 연결의 여정을 시작해 보자. 단 한 번의 연락, 한 번의 모임 참여, 한 번의 대화가 당신의 인생을 완전히 바꿀 수 있는 약한 연결의 시작점이 될 수 있다. 오십은 약한 연결이 열어줄 새로운 시작의 나이다.

너도 좋고 나도 좋은 인간관계

서로 다른 점을 각자의 타고난 개성으로 인정하지 않고 '틀린 점'으로 취급하는 순간, 상처가 자리 잡기 시작한다. 처음 만났을 때의 마음처럼 '다르다'를 '다르다'로 기쁘게 인정하자. 세월이 흘러 '다르다'가 '틀리다'로 느껴진다면 이전보다 꼭 두 배만 배려하는 마음을 갖자.

- 최일도, 『참으로 소중하기에 조금씩 놓아주기』 중에서

"혼자 빛나는 별은 없다."

밤하늘의 별들은 모두 다른 별의 빛을 받아 그 빛을 다시 반사하며 빛난다. 사람도 마찬가지다. 진정한 성공과 풍요로운 삶은 결코 고립된 섬에서 이루어지지 않는다.

다른 사람들과 함께 사는 것이 그리 쉬운 일은 아니다. 마음 맞는 사람끼리 여행 갔다가 싸우고 돌아오는 것을 보면, 그저 마음이 맞는다고 함께 잘 살 수 있는 것은 아닌가 보다. 심지어 신혼여행 중에 이혼하려는 사

람들만 보아도 그렇다. 이런 것들을 볼 때 함께 산다는 것은 마음만으로
는 안 되고 다른 그 무엇인가가 필요하다는 생각이 든다.

나만 좋고 너는 좋지 않거나, 나는 좋지 않고 너만 좋은 식의 관계는
오래갈 수 없다. 나만 좋고 너는 안 좋은 경우는 당연히 상대방이 싫어하
기 때문이고, 나는 좋지 않은데 너는 좋은 경우는 내 마음 안에 억울함이
생기기 때문이다. 우리는 흔히 양보 잘하고, 사양하고, 다른 사람들을 늘
챙기는 사람을 자비로운 사람이라고 생각하지만, 그런 삶을 사는 많은
사람은 사실 '착한 아이 콤플렉스[6]'라는 좋지 않은 콤플렉스, 즉 자기 인
생을 억울하게 살아가는 병에 걸린 사람들이라는 것을 알아야 한다. 오
십은 상대도 나도 행복해지는 관계 유지법을 잘 안다.

'너도 좋고 나도 좋은 인간관계'는 단순한 이상이 아니라, 우리가 오십
이라는 인생의 전환점에서 실천해야 할 구체적인 삶의 방식이다. 이는
자신을 존중하면서도 타인을 배려하는, 자신의 필요를 충족시키면서도

---

[6] 착한 아이 콤플렉스(Nice person syndrome/People-pleaser syndrome)는 자신의 욕구나 감정을 억누르고 타인의 기대와 요구에 지나치게 순응하는 심리적 패턴이다. 어린 시절 부모나 주변 환경으로부터 인정과 사랑을 받기 위해 '착한 아이'로 행동하는 것이 습관화되어 성인이 된 후에도 지속되는 경향이 있다. 이는 겉으로는 이타적으로 보이지만, 실제로는 거절에 대한 두려움, 갈등 회피, 낮은 자존감에서 비롯된 경우가 많다. 자신의 진정한 욕구를 무시하고 타인의 기대에만 부응하려는 이러한 패턴은 장기적으로 분노, 원망, 소진, 우울감 등의 심리적 문제를 초래할 수 있다.

타인의 필요에 응답하는, 자신의 한계를 인정하면서도 타인의 한계를 이해하는 성숙한 관계 맺기를 의미한다.

우리는 어린 시절부터 경쟁하고 비교하는 문화 속에서 자라왔다. 학교에서는 성적으로, 직장에서는 실적으로, 심지어 가정에서도 종종 형제자매 간의 비교 속에서 살아왔다. 이러한 경험은 우리의 자아상과 대인관계 패턴에 깊은 영향을 미치게 된다.

그러나 오십이라는 나이는 이러한 패턴에서 벗어나, 좀 더 성숙하고 지혜로운 관계를 맺는 기회를 제공한다. 이 나이가 되면 많은 사람이 경쟁보다는 협력의 가치를, 비교보다는 공존의 중요성을, 개인의 성공보다는 공동체의 행복을 더 중요하게 여기게 된다.

'너도 좋고 나도 좋은' 관계를 맺기 위해서는 몇 가지 구체적인 실천이 필요하다.

첫째, 자신의 욕구와 한계를 명확히 인식하고 표현해야 한다. 많은 관계의 문제는 서로의 기대치가 다르거나 자신의 한계를 넘어서는 요구에서 비롯된다. 자신이 할 수 있는 것과 없는 것, 원하는 것과 원하지 않는 것을 분명히 하고, 이를 상대방에게 정직하게 전달할 때 건강한 관계의 기반이 마련된다.

둘째, 상대방의 관점과 상황을 이해하려는 노력이 필요하다. 모든 사람은 자신만의 역사와 경험, 가치관과 세계관을 가지고 있다. 상대방의 행동이나 말이 이해되지 않을 때, 그 이면에 있는 상대방의 필요와 감정을 이해하려고 노력할 때 갈등은 줄어들고 공감은 깊어진다.

셋째, 관계에서 균형을 유지하는 것이 중요하다. 한쪽만 주고 한쪽만 받는 관계는 장기적으로 지속하기 어렵다. 물론 이 균형이 항상 50 : 50일 필요는 없다. 때로는 내가 90을 주고 10을 받기도 하고, 때로는 그 반대가 되기도 한다. 중요한 것은 장기적인 관점에서 서로가 주고받는 관계가 되어야 한다는 점이다.

넷째, 갈등을 두려워하지 않고 건설적으로 해결하는 방법을 배워야 한다. 모든 관계에는 갈등이 있기 마련이다. 중요한 것은 갈등의 유무가 아니라 그 갈등을 어떻게 다루느냐다. 갈등을 회피하거나 억누르는 대신 상대방을 존중하는 방식으로 자신의 의견을 표현하고, 함께 해결책을 모색하는 태도가 필요하다.

마지막으로, 용서와 수용의 능력을 키워야 한다. 인간은 불완전한 존재이며, 관계 속에서 서로에게 상처를 주고받을 수밖에 없다. 중요한 것은 그 상처에 머물지 않고, 용서하고 화해하며 앞으로 나아가는 것이다. 상대방의 실수와 한계를 수용할 때, 우리 자신의 불완전함도 받아들일 수 있게 된다.

오십의 나이에 이러한 지혜를 갖추게 되면 우리는 진정으로 '너도 좋고 나도 좋은' 상태의 관계를 맺을 수 있게 된다. 이러한 관계는 우리의 남은 인생을 더욱 풍요롭고 의미 있게 만들어 줄 것이다. 어머니께서 항상 말씀하신 '자비로운 사람'이란, 결국 이렇게 자신과 타인 모두를 존중하고 배려할 줄 아는 사람, 나와 타인 모두의 행복을 추구할 줄 아는 사람이 아닐지 생각한다.

오십. 젊음의 활력은 다소 줄어들었을지 모르지만, 경험에서 오는 지혜와 성숙함이 그것을 충분히 보상해 준다. 이 시기에 우리가 맺는 관계의 질은 앞으로의 삶의 질을 결정한다.

'너도 좋고 나도 좋은' 관계를 통해, 모두가 더 행복하고 충만한 오십 이후의 삶을 살아갈 수 있기를 진심으로 바란다.

우연, 아무런 준비 없이 만드는 인맥

가장 중요한 인연은 종종 계획된 자리가 아닌, 무심코 들른 장소에서 만난다.

　인맥을 위해 사람들은 종종 지나친 준비를 한다. 명함을 준비하고, 네트워킹 이벤트를 찾아다니며, 인맥 관리라는 이름으로 관계를 도구화하기도 한다. 그러나 가장 의미 있는 관계들은 계획하지 않은 순간에 찾아온다. 그 순간들은 마치 잔잔한 호수 위로 던져진 작은 돌멩이처럼 우리 삶에 예상치 못한 파문을 일으킨다.

　오십이란 나이는 많은 이들에게 새로운 도전의 시기다. 익숙한 환경과 오래된 관계에 안주하게 되고, "이제 와서 새 친구를 사귀기엔 늦었다."라는 생각에 사로잡히기 쉽다. 그러나 역설적으로 이 시기야말로 우연한 만남의 가치를 진정으로 이해하고 누릴 수 있는 때다.

이제 그냥 한 번 시도해 볼 때

당신이 정말 좋아하는 일은 무엇인가? 체육관에서 운동하기? 노래 부르기? 아니면 독서 모임에 참여하기인가? 오십 대에 들어선 우리가 아무런 준비 없이 인맥을 만들 때는 자신이 진정으로 즐기는 활동부터 시작하는 것이 중요하다. 인맥을 위한 활동이 아닌, 활동 자체의 즐거움을 위한 선택이 오히려 더 풍요로운 관계로 이어진다.

서울의 한 문화센터에서 만난 오십 대 이상의 회원 중 상당수가 처음에는 새로운 취미나 기술을 배우기 위해 모였다가, 예상치 못하게 평생의 친구를 얻게 되었다고 이야기한다. 그들에게 공통된 점은 '관계 맺기'라는 목적보다 '활동 자체의 즐거움'에 초점을 맞추었다는 것이다. 지금은 안이 아니라 밖을 내다볼 때다. 익숙한 공간과 관계에서 벗어나 새로운 경험을 향해 한 발 내딛는 용기가 필요하다.

우연의 법칙을 활용한 인맥 확장 전략

우연은 통제할 수 없지만 우연이 찾아올 가능성을 높이는 환경을 조성하는 것은 가능하다. 30년간 은행에서 고객으로 만난 그들의 경험을 통해 발견한 '우연의 법칙'은 다음과 같다.

첫째, 익숙함을 벗어나는 용기를 가져야 한다. 같은 장소, 같은 활동만 반복한다면 우연한 만남의 기회는 제한될 수밖에 없다. 문화센터의 수강생들을 관찰한 결과, 가장 풍요로운 인맥을 형성한 이들은 다양한 수업과 활동에 참여한 사람들이었다. 평소에 가보지 않던 서점, 들르지 않던 카페, 참여하지 않던 지역 행사에 참여하는 것만으로도 우연한 만남의 가능성은 크게 높아진다.

둘째, 진정한 호기심을 키워야 한다. 호기심은 우연한 만남의 가장 강력한 촉매제다. 다른 사람의 이야기에 진심으로 관심을 지니고 경청할 때, 예상치 못한 연결고리가 생겨난다. 성공적인 인간관계의 주인공들은 공통으로 타인에 대한 깊은 호기심을 가지고 있었다. 이것은 타인을 이용하려는 의도가 아닌, 진정으로 알고 싶은 마음에서 비롯된 호기심이었다.

셋째, 현재 순간에 충실해야 한다. 항상 목적지나 다음 일정에 마음을 빼앗기면 지금 이 순간의 기회를 놓치기 쉽다. 인상적인 만남을 경험한 이들은 대부분 그 순간에 온전히 몰입해 있었다. 기다리는 시간, 이동하는 시간에도 주변을 둘러보고 현재에 머무르는 연습이 필요하다. 스마트폰을 잠시 내려놓고 주변을 관찰하는 것만으로도 우연한 만남의 가능성은 열린다.

넷째, 다양한 커뮤니티에 참여하는 것이 중요하다. 온라인 시대에 오프라인 모임의 가치는 더욱 커지고 있다. 지역 기반 동호회, 문화센터 강좌, 자원봉사 활동 등은 다양한 배경과 관심사를 가진 사람들과 자연스럽게 만날 수 있는 장이 된다. 이러한 만남은 애초에 인맥 형성을 목적으로 하지 않았기에 오히려 더 자연스럽고 깊은 관계로 발전할 가능성이 크다.

다섯째, 일상의 작은 변화를 시도해야 한다. 단골 카페 대신 새로운 장소를 방문하거나, 익숙한 쇼핑몰 대신 지역 시장을 찾아보는 등의 작은 변화가 우연한 만남의 기회를 증가시킨다.

삶의 새로운 장을 여는 우연한 만남

많은 오십 대 이상의 사람들은 이 시기에 찾아온 인연을 통해 인생의 새로운 의미를 발견했다고 말한다. 은퇴 후 우연히 참여하게 된 마을 정원 가꾸기 모임에서 평생의 동반자를 만난 이도 있고, 건강상의 이유로 시작한 요가 수업에서 새로운 사업 파트너를 만난 때도 있다.

이러한 인연의 특징은 '계산된 만남'이 아니라는 점이다. 오십 대 이전의 인맥 형성이 종종 '이 사람이 나에게 어떤 도움을 줄 수 있을까?'라는 관점에서 이루어졌다면, 이제는 '이 사람과 함께 있는 것이 즐겁고 의미 있는가?'라는 질문이 더 중요해진다.

우연한 만남이 가져오는 변화는 단순한 인맥 확장을 넘어선다. 실제로 많은 창의적 협업, 혁신적 비즈니스 아이디어, 그리고 학문적 발견들이 우연한 만남에서 시작되었다. 오십 대는 이런 창의적 교차점을 만들어내기에 특히 적합한 시기다. 이미 풍부한 경험과 전문성을 갖추었으면서도 새로운 것을 배우고 도전할 수 있는 유연성을 지닌 때이기 때문이다. 많은 오십 대 이상의 사람들은 우연한 만남을 통해 새로운 취미, 직업, 심지어 인생의 새로운 장을 열게 되었다고 증언한다.

앤 리드(Anne Reid)는 영국 배우로, 오십 대 후반에 BBC 코미디 시리즈 〈디너 레이디스(Dinner Ladies)〉에서 영국의 유명한 코미디언이자 작가, 배우, 감독인 빅토리아 우드(Victoria Wood)와 캐스팅 과정에서 우연히 만나 함께 작업하며 그의 커리어에 중요한 전환점을 맞았다. 이 만남 이후 그녀는 〈라스트 탱고 인 핼리팩스(Last Tango in Halifax)〉 등 중요한 역할을 맡게 되었고, 육십 대, 칠십 대에 커리어의 전성기를 맞았다. 특히, 2003년 영화 〈마더(The Mother)〉에서의 연기는 많은 찬사를 받았다. 빅토리아 우드와의 만남으로 앤 리드의 재능은 〈디너 레이디스〉를 통해 더 많은 관객에게 알려지게 되었고, 이것이 이후 더 큰 역할로 이어졌다.

이러한 변화는 젊은 시절에도 가능하지만, 오십 대 이후에는 그 깊이와 진정성이 다르다. 젊은 시절에는 성공과 인정을 위한 변화를 추구했다면, 오십 대 이후에는 내면의 충족감과 의미를 찾는 변화를 경험하게 된다.

우연을 맞이하는 여정

우연한 인맥 형성은 결국 삶에 대한 태도의 문제다. 모든 것을 통제하고 계획하려는 습관에서 벗어나, 때로는 삶의 흐름에 자신을 맡겨보는 것이 필요하다.

나의 전담 고객들과의 인터뷰 결과, 가장 행복하고 충만한 관계망을 가진 이들의 공통점은 '계획된 완벽함'보다 '우연한 불완전함'을 받아들이는 데 있었다. 그들은 인맥 형성에 대한 조급함이나 도구적 접근 대신, 매 순간 진정성 있는 만남을 소중히 여기는 태도를 보였다.

오십의 나이는 이러한 태도를 지니기에 가장 적합한 시기다. 젊은 시절의 성취 욕구와 타인의 시선에 대한 집착에서 벗어나, 진정으로 가치 있는 관계가 무엇인지 이해할 수 있는 원숙함을 갖추었기 때문이다.

수많은 오십 대 이상의 사람 중 가장 풍요로운 인간관계를 맺은 이들은 한결같이 이렇게 말한다.

"가장 소중한 인연은 계획하지 않았던 순간에 찾아왔다."

그리고 지금, 이 순간 당신에게도 그런 기회가 열려 있다. 지금은 안이 아니라 밖을 내다볼 때다. 그리고 그 바깥세상에서 기다리고 있을 소중한 우연의 만남을 환영할 때다.

편안하고 자연스러운 인맥의 매력

마치 숨을 쉬는 것처럼 자연스럽고, 물이 흐르는 것처럼 편안한 관계가 때로는 예상치 못한 기회와 가능성을 열어준다.

어릴 적 시골 할머니 댁 뒤뜰에 있던 오래된 감나무를 기억한다. 봄이면 새싹이 돋고, 여름이면 푸른 잎을 무성하게 달고, 가을이면 황금빛 감을 맺었다. 그 감나무는 아무도 강요하지 않았는데도 매년 감을 선물했다. 할머니는 그 감을 이웃들에게 나눠주셨고, 이웃들은 각자의 방식으로 답례했다. 누군가는 직접 만든 김치를, 또 누군가는 방금 낳은 달걀을 가져왔다. 그렇게 우리 할머니 집 주변에는 자연스러운 관계의 그물망이 형성되어 있었다.

인맥이란 이런 것이 아닐까? 감나무처럼 자연스럽게 열매를 맺고, 그 열매를 나누는 과정에서 형성되는 따스한 관계 말이다. 서로에게 무엇인가를 '기대하기' 때문이 아니라, 그저 '나눔'의 기쁨과 '존중'의 마음을 바탕으로 형성된 관계 말이다.

현대 사회에서 '네트워킹'이라는 단어는 종종 목적성을 띤 전략적 행위로 인식된다. 명함을 주고받고, 상대방에게 좋은 인상을 남기기 위해 미리 준비한 대화를 이어가는 모습들이 떠오른다. 하지만 이런 계산된 만남은 종종 피로감을 남기고, 오래가지 못한다. 마치 비닐하우스에서 강제로 익힌 과일처럼 겉보기엔 그럴듯하지만, 깊은 맛과 향이 부족한 경우가 많다.

지난 주말, 어느 카페에서 우연히 만난 대학 동창과의 대화가 떠오른다. 그는 최근 대규모 네트워킹 이벤트에 참석했다가 극심한 피로감을 느꼈다고 했다. "50명이 넘는 사람들과 대화했지만, 진짜 기억에 남는 사람은 한 명도 없었어. 모두가 자신을 '팔려고' 안간힘을 쓰는 느낌이었거든." 그의 말에 깊이 공감했다. 우리는 오히려 그 카페에서의 우연한 만남을 통해 더 의미 있는 대화를 나눌 수 있었으니까.

진정한 인맥의 매력은 '자연스러움'에 있다. 계산이나 전략이 아닌 진심과 서로를 향한 관심과 그리고 함께함의 즐거움에서 비롯되는 자연스러운 관계 말이다. 이러한 관계는 강요되지 않고, 의무감으로 유지되지 않으며, 그저 서로의 존재를 인정하고 존중하는 마음에서 시작된다.

강요되지 않는 관계가 주는 특별한 힘은 바로 여기에 있다. 의도적인 노력 없이도 서로에게 활력을 주고, 영감을 주며, 때로는 예상치 못한 기회와 가능성을 열어주기도 한다. 어쩌면 우리는 너무 오랫동안 '전략적 네트워킹'의 방식에 사로잡혀 있었는지도 모른다. 이제 감나무의 지혜를 빌려, 더 자연스럽고 진정성 있는 관계 맺기의 새로운 패러다임을 함께 모색해 보는 시간을 가져보면 어떨까?

내 인생의 가장 귀중한 인연들을 되돌아보면, 그 대부분은 계획된 네트워킹 자리가 아닌 일상의 자연스러운 흐름 속에서 만난 사람들이다. 20년 전, 기차 여행 중 우연히 옆자리에 앉게 된 낯선 사람이 지금은 나의 소중한 멘토가 되었다. 의도하지 않은 순간에 맺어진 이 인연이, 내가 의도적으로 구축한 어떤 '전략적' 인맥보다도 더 깊고 의미 있는 것이 되었다.

인맥 구축이 성공의 필수 요소라는 사회적 메시지에 압도되어, 우리는 종종 '자연스러움'이라는 가장 중요한 요소를 놓치곤 한다. 미국의 심리학자 칼 로저스(Carl Rogers)가 강조한 것처럼 진정한 관계는 '조건 없는 긍정적 관심(Unconditional positive regard)'에서 비롯된다. 이는 상대방에게 어떤 조건이나 기대 없이 기본적인 존중과 관심을 보이는 태도를 의미한다. 이러한 접근은 역설적으로 가장 효과적인 인맥 구축의 방법일지도 모른다. 왜냐하면, 사람들은 자신을 진정으로 존중하고 관심을 두는 이들에게 자연스럽게 이끌리기 때문이다.

부담 없이 관계를 맺고 유지하는 비결

진정한 인맥 구축의 비결은 역설적이게 '인맥 구축'을 목표로 삼지 않는 데 있다. 대신, 우리가 진정으로 관심 있는 활동이나 주제를 중심으로 모이고, 그 안에서 자연스럽게 관계를 형성해 나가는 것이다. 이런 접근법은 '부담'을 줄여준다. 왜냐하면, 관계 자체보다 공유된 관심사나 활동에 초점이 맞춰지기 때문이다.

예를 들어, 독서 모임, 등산 클럽, 요리 교실, 자원봉사 활동 등은 같은 관심사를 가진 사람들이 자연스럽게 만나고 교류할 수 있는 훌륭한 플랫폼이 된다. 이런 환경에서는 '네트워킹'이라는 부담감 없이, 공통의 경험을 나누는 과정에서 관계가 형성된다. 그리고 이렇게 형성된 관계는 종종 더 깊고 오래 지속된다.

또한, 관계를 유지하는 데 있어 '진정성'은 무엇보다 중요하다. 상대방의 성공을 진심으로 축하하고, 어려움에 부닥쳤을 때 기꺼이 도움의 손길을 내미는 것, 그리고 필요할 때 정직한 피드백을 주는 것. 이 모든 것은 관계에 깊이와 신뢰를 더해준다. 이런 진정성은 계산될 수 없고, 연습으로 익힐 수도 없다. 그것은 우리가 타인을 얼마나 진정으로 존중하고 배려하는지에서 비롯된다.

편안하고 지속 가능한 네트워킹 방법

현대 사회에서 '네트워킹'은 종종 취업과 성공을 위한 필수 활동으로 여겨진다. 하지만 이런 도구적 관점은 오히려 진정한 관계 형성을 방해할 수 있다. 진정으로 편안하고 지속 가능한 네트워킹은 다음과 같은 원칙에 토대한다.

첫째, '주고받음'의 균형을 너무 의식하지 말자. 관계는 장부처럼 정확히 계산될 수 있는 것이 아니다. 때로는 우리가 더 많이 주기도 하고, 때로는 더 많이 받기도 한다. 이러한 자연스러운 흐름을 존중하는 것이 중요하다.

둘째, 상대방의 이야기에 진심으로 귀 기울이자. 많은 사람이 네트워킹 자리에서 자신을 홍보하는 데 급급하지만, 정작 가장 깊은 인상을 남기는 것은 좋은 '청취자'다. 심리학자 칼 로저스는 "깊이 있게 들어주는 것은 상대방에게 줄 수 있는 가장 큰 선물"이라고 말했다.

셋째, 진정성 있는 칭찬과 감사를 표현하자. 칭찬은 '기술'이 아니라 '태도'다. 상대방의 진정한 가치와 장점을 발견하고, 그것을 솔직하게 인정하는 마음이 중요하다.

넷째, 타인에게 도움을 요청하는 것을 두려워하지 말자. 흥미롭게도 심리학에서는 '벤저민 프랭클린 효과(Benjamin Franklin Effect)[7]'라는 현상이 있다. 이는 우리가 누군가에게 도움을 요청하고, 그 사람이 도움을 제공하면 오히려 그 사람이 우리에게 더 호감을 느낀다는 것이다. 도움을 주는 행위는 상대방에게 자신의 가치를 확인하는 기회를 제공하기 때문이다.

다섯째, 디지털 시대에도 직접 만남의 가치를 잊지 말자. 소셜 미디어나 메시징 앱은 관계를 유지하는 편리한 도구지만, 얼굴을 마주하고 나누는 대화와 경험의 깊이를 대체할 수는 없다. 코로나19 이후 우리는 비대면 소통의 한계를 더욱 분명하게 체감했다.

편안하고 자연스러운 인간관계 : 오십의 새로운 패러다임

오십에 접어든 내 주변 친구들의 공통된 고백은 "이제는 진짜 관계만

---

7. 벤저민 프랭클린 효과(Benjamin Franklin Effect)는 누군가에게 호의를 베풀면 오히려 그 사람이 당신을 더 좋아하게 된다는 심리학적 현상을 말한다. 이름의 유래는 벤저민 프랭클린의 자서전에서 그가 정치적 적대자의 마음을 얻기 위해 귀중한 책을 빌려달라고 부탁한 일화에서 비롯되었다. 프랭클린은 상대방이 자신에게 호의를 베푼 후 더 우호적인 태도를 보이게 되었다고 기록했다.

남기고 싶다."라는 것이다. 이것은 무엇을 의미할까? 그것은 내가 진정으로 내 모습 그대로 편안하게 있을 수 있는 관계, 서로의 실패와 약점을 포용할 수 있는 관계, 그리고 시간이 지나도 변함없이 서로를 지지하는 관계를 말한다.

오십의 패러다임은 '성공을 위한 인맥'이 아닌 '존재 자체를 위한 관계'로의 전환이다. 이 나이가 되면 직업적 정체성과 삶의 패턴이 어느 정도 안정되었다. 따라서 이제는 누군가에게 인정받거나 사회적 위치를 확보하기 위한 관계보다 진정한 교감과 정서적 지지를 나눌 수 있는 관계를 찾게 된다.

내 친구 중 한 명은 최근 이렇게 말했다. "요즘 나는 관계를 정리하고 있어. 만날 때마다 긴장되거나, 만난 후 에너지가 고갈되는 사람들과는 자연스럽게 거리를 두기로 했어." 이것은 결코 이기적인 선택이 아니다. 오히려 자신과 타인 모두에게 진정성 있는 관계를 제공하기 위한 지혜로운 결정이다.

또한, 오십의 패러다임에서는 '지금 여기'의 관계를 중시한다. 젊은 시절에는 종종 미래의 이득을 위해 현재의 관계를 도구화하는 경향이 있지만, 이제는 매 순간 관계 자체의 의미와 가치를 음미한다. 내가 사랑하는 사람들과 함께하는 저녁 식사, 오랜 친구와의 산책, 동호회에서 만난 사람들과의 진솔한 대화 — 이런 소소한 순간들이 인생의 진정한 보물임을 깨닫게 된다.

오늘부터 누군가를 만날 때 '이 사람이 나에게 어떤 도움이 될까?'라는 질문 대신, '우리는 함께 어떤 의미 있는 시간을 보낼 수 있을까?'라는 질문을 스스로에 던져보자. 그리고 그 답을 찾아가는 과정에서 편안하고 자연스러운 인간관계의 진정한 매력을 발견하게 될 것이다.

감나무의 지혜를 기억하며

다시 할머니 댁 뒤뜰의 감나무를 생각해 본다. 그 감나무는 아무것도 기대하지 않고 열매를 내어주었고, 그 자연스러운 나눔은 아름다운 관계의 그물망을 형성했다. 우리의 인간관계도 그러할 수 있지 않을까?

현대 사회의 빠른 템포와 성과 중심적 문화 속에서 우리는 종종 '관계'를 '도구'로 바라보는 오류를 범한다. 하지만 진정으로 의미 있고 지속 가능한 인맥은 목적을 위한 수단이 아닌 그 자체로 가치 있는 것임을 기억해야 한다.

편안하고 자연스러운 인간관계의 매력은 바로 이것이다. 그것은 우리에게 안식처가 되어주고, 영감을 주며, 때로는 예상치 못한 기쁨과 기회를 선사한다. 하지만 무엇보다, 그것은 우리의 삶에 따뜻한 인간미를 불어넣어 준다. 디지털화되고 분절된 세상에서 이보다 더 소중한 것이 있을까?

특히, 오십이라는 인생의 전환점에서 우리는 남은 인생에서 정말로 함께하고 싶은 사람들은 누구인지, 어떤 관계가 나를 진정으로 행복하게 하는지 생각해 보는 것은 중요한 과정이다. 그 답은 대부분 '자연스러움'과 '편안함'으로 귀결된다.

감나무처럼 조건 없이 나누고 베푸는 마음으로 관계를 맺을 때, 우리는 좀 더 풍요롭고 의미 있는 인간관계의 그물망을 자연스럽게 형성해 나갈 수 있을 것이다. 그리고 그 안에서 우리는 진정한 소속감과 연결의 기쁨을 발견하게 될 것이다. 이것이야말로 오십, 그리고 그 이후의 삶을 더욱 풍요롭게 만드는 비결이 아닐까?

오십에 꼭 만나야 할 사람, 버려야 할 사람

중국의 현자가 물었다. "학문이 무엇입니까?" 그러자 이렇게 대답했다. "사람을 아는 일이다." 또다시 질문했다. "선(善)은 무엇입니까?" 현자는 말했다. "사람을 사랑하는 일이다."

- 레프 톨스토이(Leo Tolstoy, 작가), 『살아갈 날들을 위한 공부』 중에서

'이제 절반의 인생을 살았구나.' 누군가에게는 위기로, 또 누군가에게는 새로운 시작으로 다가오는 오십이라는 나이. 그 숫자 앞에서 나는 인생의 지도를 다시 펼쳐 보았다. 여기서 어디로 가야 할지, 그리고 누구와 함께 그 길을 걸어갈지.

인생에서 가장 중요한 것은 결국 사람이다. 번듯한 직위도, 화려한 성취도, 풍족한 자산도 모두 중요하지만, 삶의 막바지에 이르러 대부분 사람이 후회하는 것은 관계에 대한 것이다. '왜 더 많은 시간을 소중한 사람들과 보내지 않았을까?' '왜 중요하지 않은 사람들에게 내 에너지를 허비했을까?'

오십은 나에게 두 번째 기회를 준다. 관계를 재정립하고, 진정으로 나를 성장시키는 사람들에게 집중하는 기회. 더는 사회적 기대나 의무감에 얽매이지 않고, 온전히 내 필요와 가치에 따라 관계를 선택할 수 있는 자유. 이것이 오십이 주는 진정한 선물이다.

오십은 특별한 나이다. 사회적 기대와 의무에서 조금 더 자유로워질 수 있는 나이다. 세월이 흐르면서 우리는 시간이 가장 소중한 자산이라는 것을 깨닫는다. 더는 의무감이나 죄책감 때문에 건강하지 않은 관계를 유지할 필요가 없다. 이제는 진정으로 당신의 성장과 행복에 이바지하는 관계에 투자할 때다.

오십에 반드시 만나야 할 사람들

당신의 거울이 되어주는 사람

인생의 이 단계에서 가장 필요한 것은 아첨이 아니라 진실이다. 당신의 생각과 행동에 정직한 피드백을 줄 수 있는 용기 있는 사람을 만나야 한다. 이런 사람은 당신이 자기기만에 빠지지 않도록 도와주며, 성장을 위한 거울 역할을 한다. 진정한 거울은 우리의 좋은 면만 비추지 않는다. 당신의 실수와 결점, 그리고 성장 가능성까지 모두 비춰주는 사람을 찾아라. 그런 관계는 때로 불편하지만, 당신의 삶을 깊고 풍요롭게 만들어 줄 것이다. 진정한 조언자는 당신이 듣고 싶어 하는 말이 아니라, 당신이 들어야 하는 말을 해준다. 때로는 그 말이 불편할 수 있지만, 장기적으로 보면 그것이 진정한 우정의 표현이다.

마음을 편안하게 해주는 사람

세상은 종종 우리에게 완벽함을 요구한다. 직장에서는 유능해야 하고, 부모로서는 헌신적이어야 하며, 배우자로서는 이해심이 깊어야 한다. 이런 끊임없는 기대 속에서 가면을 벗고 진정한 자신으로 존재할 수 있는 공간이 필요하다. 피로와 불안, 불완전함과 실패를 있는 그대로 드러낼 수 있는 사람을 찾아라. 그런 사람 앞에서는 '괜찮은 척'하지 않아도 된다. 그들은 당신의 취약함을 판단하지 않고 그저 함께 있어 주는 것만으로도 당신에게 큰 위안이 된다. 이런 관계는 당신에게 안전한 피난처를 제공한다. 세상의 폭풍 속에서 잠시 쉬어갈 수 있는 공간, 그리고 다시 일어서는 힘을 주는 관계다.

새로운 세계를 보여주는 사람

나이가 들수록 우리는 익숙한 패턴과 사고방식에 안주하기 쉽다. 같은 식당, 같은 여행지, 같은 생각의 패턴… 하지만 진정한 삶의 활력은 새로움에서 온다. 당신과 다른 배경, 경험, 관점을 가진 사람들과의 교류는 시야를 넓히고 사고의 유연성을 유지하는 데 도움이 된다. 다양한 연령층, 문화적 배경, 직업적 경험을 가진 사람들과 소통하라. 그들은 당신이 미처 보지 못했던 세상의 다른 면을 보여줄 것이다. 오십은 새로운 시작에 완벽한 나이다. 당신에게 낯선 세계, 새로운 관점, 익숙하지 않은 경험을 소개해 줄 수 있는 사람들을 찾아라. 그들은 당신의 인생에 새로운 가능성의 문을 열어줄 것이다.

여정을 함께 걸어갈 수 있는 사람

　인생의 여정에는 함께 성장하고 변화할 수 있는 동반자가 필요하다. 당신과 함께 남은 인생을 걸어갈 수 있는 사람을 찾아라. 그것이 배우자든, 친구든, 멘토든, 서로의 변화를 받아들이고 지지하며 함께 성장할 수 있는 관계는 인생의 후반전을 풍요롭게 만든다. 진정한 동행자는 당신의 변화와 성장을 지켜보며 그 과정에서 서로에게 배움을 주고받는다. 시간이 흐르면서 관계도 변화하지만, 그 핵심에는 항상 상호 존중과 지지가 있다. 당신이 지속해서 발전하고 변화하는 과정을 인정하고 응원하는 사람을 찾아라. 그들은 당신이 더 나은 버전의 자신이 되도록 격려한다.

지나온 길을 이해하는 사람

새로운 관계의 중요성을 강조했지만, 오랜 시간 당신의 역사를 함께 한 사람들의 가치 역시 무시할 수 없다. 당신의 과거를 이해하는 사람과의 관계는 특별한 안정감을 준다. 그들 앞에서는 당신의 삶을 설명할 필요가 없다. 그들은 이미 알고 있기 때문이다. 하지만 이런 관계가 가치 있으려면, 과거에 묶여 있지 않고 서로의 성장과 변화를 인정하는 관계여야 한다. 당신이 누구였는지가 아니라, 당신이 누구인지, 그리고 누가 되고자 하는지에 관심을 지니는 사람들을 소중히 하라. 그들은 당신의 성장을 격려하고 축하할 것이다. 변화 속에서도 당신의 핵심을 알아봐 주는 사람의 존재는 큰 축복이다. 그들은 당신의 뿌리와 날개를 동시에 존중한다.

오십에 과감히 정리해야 할 관계들

당신의 성장을 방해하는 사람

우리 주변에는 변화를 두려워하고, 우리의 성장을 불편해하는 사람들이 있다. 그들은 종종 "네가 왜 변해야 해?" "지금 이대로가 좋잖아."라는 말로 우리의 도전과 발전을 저지한다. 그들은 악의를 가진 것이 아닐 수 있다. 다만, 당신의 변화가 관계의 변화를 의미할 수 있다는 두려움 때문일 수 있다. 하지만 당신의 성장과 발전을 제한하는 관계는 과감히 재평가해야 한다. 오십의 당신에게는 새로운 꿈을 꿀 권리가 있다. 그 꿈을 비웃거나 과소평가하는 사람들과는 과감히 거리를 두어라.

에너지를 고갈시키는 사람

관계에는 에너지의 흐름이 있다. 어떤 만남은 당신을 충전시키고, 또 어떤 만남은 당신을 소진한다. 매번 만남 후에 피곤함과 공허함을 느낀다면 그것은 중요한 신호다. 특히, 일방적으로 요구만 하고, 당신의 필요와 한계는 존중하지 않는 관계는 장기적으로 큰 에너지 손실을 당한다. 지속해서 당신에게 도움, 시간, 감정적 지원을 요구하면서도 그에 상응하는 것을 돌려주지 않는 사람들과는 거리를 두어야 한다. 오십의 당신에게는 이런 소모적인 관계를 정리할 용기가 필요하다.

당신의 가치를 인정하지 않는 사람

자신의 가치를 알고 존중하는 것은 건강한 관계의 기본이다. 당신의 시간, 의견, 감정, 경계를 지속해서 무시하거나 경시하는 사람들과의 관계는 당신의 자존감을 갉아먹는다. 특히, 오랜 관계일수록 이런 패턴이 고착화하기 쉽다. "항상 그래왔으니까", "우리는 가족이니까"라는 명목하의 불균형이 정당화되기도 한다. 하지만 진정한 애정과 존중은 상대방의 가치를 인정하는 것에서 시작된다.

근본적인 가치관이 충돌하는 사람

젊은 시절에는 다양한 가치관의 차이를 무시하거나 타협할 수 있었을지 모른다. 하지만 오십에 이르면 자신의 핵심 가치가 무엇인지 더욱 명확해진다. 정직, 가족, 성취, 자율성, 공동체 등 당신이 중요시하는 가치와 근본적으로 충돌하는 가치관을 가진 사람과의 관계는 지속적인 갈등과 불편함의 원천이 된다. 모든 관계에서 완벽한 일치는 불가능하지만, 핵심 가치의 심각한 충돌은 관계의 질을 크게 저하한다. 당신의 핵심 가치와 지속해서 충돌하는 관계는 결국 스트레스와 불만족의 원천이 된다.

오십, 관계의 리노베이션 시작하기

오십은 관계의 대대적인 리노베이션을 시작하기에 완벽한 시기다. 이제 당신은 충분한 경험과 지혜를 갖추었고, 또한 새로운 시작을 위한 시간과 에너지도 아직 충분하다. 오십에 관계 정리하기, 선별하기, 강화하기로 리노베이션을 시작하자.

정리하기 : 공간 확보하기

모든 리노베이션은 불필요한 것들을 정리하는 것에서 시작한다. 당신의 성장을 방해하거나 에너지를 소모하는 관계들을 점검하고 과감히 정리하라. 이는 새로운 관계, 새로운 가능성을 위한 공간을 만드는 작업이다. 정리는 반드시 완전한 단절을 의미하지는 않는다. 때로는 관계의 성격을 재정의하거나, 상호작용의 빈도와 깊이를 조정하는 것만으로도 충분할 수 있다. 중요한 것은 당신의 웰빙과 성장을 우선시하는 결정을 내리는 것이다.

선별하기 : 가치 있는 관계 식별하기

모든 관계가 같은 중요성을 지닐 필요는 없다. 다양한 깊이와 목적을 가진 관계들의 균형 잡힌 포트폴리오를 구성하라. 어떤 관계는 정서적 지원을, 다른 관계는 지적 자극을, 또 다른 관계는 단순한 즐거움과 휴식을 제공할 수 있다. 당신의 가치, 목표, 관심사와 일치하는 관계를 선별하고, 그런 관계에 더 많은 시간과 에너지를 투자하라. 진정한 가치 있는 관계는 당신을 더 나은 사람으로 만들고, 당신의 삶에 의미와 목적을 더한다.

강화하기 : 핵심 관계 발전시키기

가치 있는 관계를 식별했다면, 이제 그 관계를 더욱 깊고 견고하게 발전시켜라. 의식적인 시간 투자, 열린 대화, 상호 이해의 노력을 통해 관계를 강화할 수 있다. 진정성 있는 대화, 지속적인 관심과 지지, 공동의 경험과 추억 쌓기… 이런 노력이 관계에 깊이와 의미를 더한다. 양질의 관계는 결코 우연히 생기는 것이 아니라 지속적인 관심과 투자의 결과다.

자기 자신과의 관계가 모든 관계의 중심

모든 관계 중에서 가장 중요하고 평생 지속하는 관계는 자기 자신과의 관계다. 오십에 이르러 우리는 드디어 이 진실을 마주할 준비가 되었다. 자신을 얼마나 깊이 이해하고, 수용하고, 사랑하는가에 따라 타인과의 관계의 질이 결정된다.

자기 자신과 화해하지 못한 채 타인과 건강한 관계를 맺기는 어렵다. 내면의 비판적인 목소리를 인식하고, 자신의 불완전함을 받아들이며, 자신에게 자비를 베푸는 법을 배워라. 자기 자신에게 더 친절해질수록 타인에게도 더 친절해질 수 있다.

완벽을 추구하는 나의 태도가 나를 성장시키기도 했지만, 종종 새로움의 기쁨을 빼앗기도 했다. 오십이 되어서야 나는 '충분히 좋은' 상태를 받아들이는 법, 실패를 통해 배우는 법, 나의 한계를 인정하는 법을 배웠다. 그리고 놀랍게도, 이런 자기 수용이 나를 더 자유롭고 진정성 있게 했다.

오십 이후 행복한 관계의 삶

오십. 이제 당신은 젊은 시절의 혼란과 중년의 압박에서 조금씩 벗어나 진정으로 원하는 삶과 관계를 선택할 자유와 지혜를 갖게 되었다. 당신의 삶의 질은 함께하는 사람들의 질에 크게 좌우된다. 남은 시간이 한정되어 있음을 인식한다면 그 시간을 누구와 어떻게 보낼지에 대한 선택은 더욱 중요해진다.

오십 이후의 관계는 더 깊고, 더 의미 있고, 더 만족스러울 수 있다. 이제 당신은 관계에서 무엇을 원하는지, 무엇이 당신을 행복하게 하는지 더 명확히 알고 있다. 그런 자기 이해를 바탕으로 당신은 더 의식적이고 충만한 관계를 맺을 수 있다.

늦었다고 생각할 때가 가장 빠를 때다. 지금, 오십의 당신에게 주어진 이 기회를 놓치지 말라. 관계의 정원을 다시 가꾸기 시작하라. 불필요한 관계는 정리하고, 가치 있는 관계는 강화하며, 새로운 관계에 열린 마음을 가져라. 그리고 그 모든 관계의 중심에, 자기 자신과 평화로운 관계를 놓아라.

당신의 인생 후반전이 더 풍요롭고, 더 의미 있고, 더 행복하기를 진심으로 바란다. 그 여정에서 진정한 동반자들과 함께하길 바란다.

꽃은 저마다 다른 계절에 피어난다.

매화는 늦겨울에, 벚꽃은 봄에, 연꽃은 여름에, 국화는 가을에

피어나 자신만의 아름다움을 뽐낸다.

그 어떤 꽃도 피는 시기가 늦었다고 한탄하지 않는다.

오십의 우리도 마찬가지다.

지금이 바로 우리가 가장 아름답게 피어날 때다.

제5장

오십,
새로운 전성기를
맞이하다

오십, 새로운 비전을 발견할 때

무슨 일이든 할 수 있다고 생각하는 사람이 해내는 법이다. 의심하면 의심하는 만큼밖에 못 하고, 할 수 없다고 생각하면 할 수 없다.

- 정주영(기업인)

"말년에는 당신의 존재 그 자체가 하나의 업적이 된다."

청춘의 열정, 중년의 책임감, 그리고 이제… 오십의 문턱에서 우리는 자문한다. "이제 나는 무엇을 위해 살아가야 하는가?" 인생의 반환점을 돌아서는 순간, 우리는 종종 두려움과 기대가 뒤섞인 복잡한 감정을 경험한다. 오십이라는 나이는 단순한 숫자가 아니다. 그것은 새로운 지평을 바라볼 수 있는 고지대에 도달했음을 의미한다. 지난 시간의 경험으로 다져진 눈으로 세상을 바라보면 이전에는 보이지 않던 풍경이 펼쳐진다.

여기서 중요한 것은 시선의 방향이다. 뒤를 돌아 지나온 길의 아쉬움에 머무를 것인가, 아니면 앞으로 펼쳐질 새로운 가능성을 바라볼 것인

가. 오십은 바로 이 선택의 시간이다.

열정과 현실의 균형, 삶의 깊이를 더하다.

젊은 날의 우리는 종종 무모할 만큼 열정적이었다. 불가능해 보이는 일에도 주저 없이 뛰어들었고, 실패해도 다시 일어설 수 있다는 믿음이 있었다. 그러나 시간이 흐르면서 우리는 현실의 무게를 알게 되었다. 책임감은 커졌고, 선택의 결과가 가진 깊이와 파장을 이해하게 되었다.

오십에 이르러 우리는 비로소 이 두 세계 사이의 균형점을 찾아갈 수 있다. 젊음의 무모한 열정도, 중년의 과도한 신중함도 아닌, 경험이 빚어낸 지혜로운 열정을 품게 된다. 이것이 바로 오십이 우리에게 선물하는 첫 번째 비전이다.

이 균형은 추상적인 개념은 아니다. 그것은 매일의 선택 속에서 구체화한다. 새로운 도전 앞에서 과거의 경험을 토대로 위험을 계산하되, 그 계산이 도전 자체를 막는 장벽이 되지 않도록 하는 것이다. 안정된 삶의 터전 위에서 새로운 가능성을 모색하는 것이다. 집 한 채를 완성한 목수가 더는 집을 짓지 않는 것이 아니라 그 경험을 바탕으로 더 아름다운 집을 설계하는 것과 같다.

"나는 이제 너무 늙었어."라는 말은 오십에 어울리지 않는 변명이다. 오히려 "나는 이제 알맞게 준비되었어."라고 말할 때다.

불안정에서 피어나는 역전의 기회

인생의 전반부는 대개 사회가 그려놓은 지도를 따라 움직인다. 좋은 학교, 안정된 직장, 가정 형성… 그러나 오십에 이르면 그 지도의 끝에 다다른 듯한 느낌을 받는다. 이제 무엇을 향해 나아가야 할지, 스스로 길을 만들어야 하는 불안정한 순간이 찾아온다.

이 불안정함은 위기처럼 느껴지지만, 사실은 새로운 자유의 시작이다. 더는 남들이 그려놓은 지도가 없다는 것은 이제 자신만의 지도를 그릴 수 있다는 의미이기도 하다.

오십에 경험하는 불안정은 다양한 형태로 찾아온다. 건강의 변화, 부모 부양과 자녀의 독립 사이에서 느끼는 이중 부담, 직장에서 세대 변화, 자신의 꿈과 현실 사이의 괴리… 이런 불안정한 순간들이 우리를 힘들게 하지만, 동시에 이전에는 상상하지 못했던 방향으로 삶을 전환할 수 있는 계기가 된다.

실패를 두려워하지 마라. 오십의 실패는 젊은 날의 실패와 다르다. 젊은 날의 실패가 우리의 자신감을 앗아갔다면 오십의 실패는 오히려 우리를 자유롭게 한다. 이미 많은 성공과 실패를 경험한 우리는 실패가 끝이 아니라는 것을 안다. 오히려 실패는 다른 문이 열리기 위한 필연적 과정임을 깨닫게 된다.

한 분야에서의 퇴보나 한계는 다른 분야에서의 진보와 확장으로 이어질 수 있다. 육체적 능력의 감소는 정신적 깊이의 증가로, 사회적 역할의 변화는 내면의 성장으로 이어질 수 있다. 이것이 오십에서 발견하는 두 번째 비전이다.

나만의 길을 개척하는 용기

인생의 전반부가 타인의 기대와 사회적 규범에 맞추어 달려왔다면, 오십은 진정한 자신의 목소리를 찾아 나설 때다. 이제 우리는 묻는다. "나는 무엇을 진정으로 원하는가?" 그리고 "남은 시간 동안 어떤 흔적을 남기고 싶은가?"

이 질문에 답하는 과정은 쉽지 않다. 수십 년간 타인의 기대에 맞추어 살아온 우리는 종종 자신의 진정한 열망이 무엇인지 알아차리기 어렵다. 그러나 바로 이 지점에서 오십의 특별한 강점이 빛을 발한다.

오십에 이른 우리는 다른 사람의 시선에서 더 자유로워진다. 젊은 시절에는 감당하기 어려웠던 타인의 비판이나 오해가 이제는 우리를 크게 흔들지 못한다. 이런 정신적 자유는 우리가 더 용기 있게 자신만의 길을 개척할 수 있는 토대가 된다.

'나만의 길'은 거창한 것이 아닐 수도 있다. 그것은 늘 꿈꿔왔던 작은 식당을 여는 것일 수도, 지역 커뮤니티에서 봉사활동을 시작하는 것일 수도, 혹은 그동안 미뤄두었던 악기 연주나 그림 그리기를 시작하는 것일 수도 있다. 중요한 것은 그 선택이 타인의 기대가 아닌, 자기 내면에서 우러나온 진정한 열망을 따른 것인가 하는 점이다.

오십에 새로운 길을 개척한다는 것은 완전히 새로운 것을 시작한다는 의미만은 아니다. 때로는 이미 걷고 있던 길 위에서 새로운 의미와 깊이를 발견하는 것이기도 하다. 자신이 하는 일, 만나는 사람들, 가꾸는 관계 속에서 이전에는 보지 못했던 가치와 의미를 발견하는 것, 그것 역시 중요한 '개척'이다.

깊어지는 삶, 넓어지는 시야

오십은 깊이와 넓이가 공존하는 시간이다. 한편으로는 삶의 경험이 쌓여 특정 분야에서 더 깊은 전문성과 통찰을 갖게 되고, 다른 한편으로는 다양한 경험을 통해 더 넓은 시야로 세상을 바라볼 수 있게 된다.

이 깊이와 넓이는 우리의 관계에서도 나타난다. 오랜 시간 함께한 이들과의 관계는 더 깊어지고, 동시에 새로운 만남과 연결을 통해 우리의 세계는 계속해서 확장된다. 진정한 친구의 가치를 알게 되는 시기이자, 새로운 인연의 소중함을 깨닫는 시기이기도 하다.

무엇보다 오십은 자신과의 관계가 깊어지는 시간이다. 자신의 한계와 가능성을 더 명확히 알게 되고, 그 안에서 평화를 찾아가는 과정이다. 완벽하지 않은 자신을 받아들이고, 그런데도 계속해서 성장하고자 하는 의지를 유지하는 균형점을 찾아가는 여정이다.

새로운 지평을 향해

인생은 끊임없는 변화의 연속이다. 그중에서도 오십이라는 시기는 특별한 의미를 지닌다. 충분히 살아왔고 많은 것을 경험할 수 있는 시간과 지혜는 깊어졌지만, 여전히 배울 것이 많은 시간, 그것이 바로 오십이다.

많은 이들이 오십에 접어들며 상실과 한계를 먼저 느낀다. 체력의 감소, 외모의 변화, 사회적 입지의 변화… 그러나 이러한 상실에만 집중한다면, 우리는 오십이 선물하는 더 큰 가능성을 놓치게 된다.

질문을 바꿔보자. "나는 무엇을 잃었는가?"가 아니라 "지금 나는 어떤 새로운 눈을 가지게 되었는가?"라고. 오십의 눈으로 바라보는 세상은 이전과 다르다. 그 시선 속에는 더 깊은 이해와 포용, 그리고 균형이 담겨 있다.

오십에서 발견하는 새로운 비전은 우리 각자의 삶 속에서 다른 모습으로 나타날 것이다. 그러나 그 비전들은 공통으로 우리를 더 깊고, 더 의미 있고, 더 진정성 있는 삶으로 인도할 것이다.

오십의 문턱에 서서 두려워하지 말고, 그 문을 열어보자. 그 너머에는 우리가 상상했던 것보다 더 넓고 아름다운 풍경이 펼쳐져 있을 것이다. 인생의 가장 풍요롭고 의미 있는 장은 아직 쓰이지 않았다. 그리고 그 장을 쓸 펜은 바로 우리의 손에 있다.

오십 이후 혁명적으로 재정의해야 할 5가지

인생의 진정한 가치는 지금 우리가 어디에 있는지가 아니라, 우리가 어떤 방향으로 가고 있는지에 달려있다.

- 올리버 웬들 홈스(Oliver Wendell Holmes, 작가)

우리는 두 번 태어난다. 한 번은 우리가 이 세상에 태어나는 순간이고, 다른 한 번은 그 세상이 왜 존재하는지 이해하는 순간이다. 많은 사람에게 이 두 번째 탄생은 오십에 일어난다. 그때 우리는 우리가 얼마나 많은 시간을 낭비했는지, 그리고 남은 시간이 얼마나 소중한지 깨닫게 된다.

오십이라는 나이는 단순한 숫자가 아닌 깊은 성찰과 재발견의 문턱이다. 우리는 이 순간을 두려워하거나 부정할 필요가 없다. 오히려 이 전환점을 환영하고, 그동안 당연하게 받아들였던 삶의 여러 개념을 새롭게 정의할 기회로 삼아야 한다. 성공, 자기 배려, 일, 나이 듦 속의 젊음, 그리고 베풂 — 이 다섯 가지 개념은 우리 삶의 바탕을 이루는 기둥과도 같다.

이러한 재정의 과정을 거치지 않고 오십의 전성기를 맞이하기는 힘들다. 이는 단순한 변화가 아닌, 진정한 의미의 혁명이다. 지금부터는 오십에 접어들 때 우리가 새롭게 재정의해야 할 다섯 가지에 대해 살펴보고자 한다.

'성공'에 대한 혁명적 재정의

성공이란, 자기가 태어나기 전보다 조금이라도 세상을 더 행복하고 살기 좋은 곳으로 만들어 놓고 떠나는 것이다. 자신이 한때 존재했음으로써 단 한 사람이라도 좀 더 편안히 숨 쉴 수 있다면, 그것이 바로 진정으로 성공한 삶이다. - 랄프 왈도 에머슨(Ralph Waldo Emerson, 사상가)

오십의 문턱에 서면 우리는 두 개의 거울을 마주한다. 하나는 사회가 내게 들이대는 거울이고, 다른 하나는 내 영혼이 비추는 거울이다. 그동안 우리는 첫 번째 거울만 바라보며 살아왔다. 높은 지위, 풍요로운 재산, 화려한 명함, 자녀의 빛나는 성취 — 이것들이 성공의 증거라 믿으면서 말이다.

하지만 오십에 이르러 문득 두 번째 거울을 보게 된다. 그곳에 비친 모습은 어떠한가? "이것이 진정 내가 원했던 삶인가?" "나는 지금 행복한

가?" "내 삶은 의미가 있는가?" 이 질문들 앞에서 우리는 지금까지 좇아온 성공의 개념이 얼마나 좁고 한정적이었는지 깨닫는다.

성공이라는 신화의 탄생과 붕괴

성공의 개념은 시대와 함께 변해왔다. 현대적 의미의 성공은 — 물질적 풍요와 사회적 지위 중심의 — 산업혁명 이후에야 등장한 비교적 최근의 개념이다.

이 성공 신화는 20세기를 지배했다. 더 큰 집, 더 좋은 차, 더 높은 연봉, 더 화려한 이력서, 이것들이 성공의 증표로 여겨졌다. 그리고 우리는 이 신화를 삶의 진리로 받아들였다.

하지만 21세기에 접어들며 이 신화는 균열을 보이기 시작했다. 물질적 풍요가 행복을 보장하지 않는다는 연구 결과들이 쏟아졌고, 오십의 나이에 이르러 우리는 이 신화의 허구성을 가장 뼈저리게 체감한다.

젊은 시절 우리에게 시간은 위로 향하는 사다리였다. "지금 열심히 일하면 나중에 행복해질 거야."라는 약속이 우리를 지탱했다.

오십에 이르러 우리는 시간의 지평을 바꾸게 된다. 더는 먼 미래의 행복을 위해 현재를 희생하지 않는다. 대신 '지금 여기'의 순간을 충만하게 경험하는 법을 배운다. 아침 햇살, 따뜻한 차 한 잔, 사랑하는 이들과의 대화, 좋아하는 책 한 권, 이런 소소한 일상이 삶의 중심이 된다.

시간은 더 이상 오르는 사다리가 아니라, 흐르는 강이 된다. 그리고 우리는 그 강물에 몸을 맡기고, 매 순간의 흐름을 온전히 느끼며 살아가게 된다.

새로운 성공의 기준들

오십 이후, 성공의 의미는 근본적으로 변화한다. 이제 성공은 더는 외부의 인정이나 물질적 성취로 측정되지 않는다. 대신, 내면에서 우러나오는 새로운 기준들이 그 자리를 대신한다.

진정한 성공은 자신이 진정으로 열망하는 것을 명확히 인식하고, 그 방향으로 꾸준히 나아가는 진정성에서 시작된다. 타인의 시선이나 사회적 압력에 휘둘리지 않고, 스스로 선택한 가치관에 따라 삶을 꾸려나가는 자율성도 중요한 성공의 척도가 된다. 또한, 표면적인 인맥보다는 깊이 있고 의미 있는 관계를 구축하는 것이 참된 성공의 모습이다. 수많은 지인보다 진심으로 교감할 수 있는 소수의 관계가 삶의 질을 더욱 풍요롭게 만든다. 자신의 존재가 세상에 어떤 방식으로든 이바지하고 있다고 느끼는 의미의 발견 또한 중요하다. 이는 거창한 업적이 아니더라도, 자신의 존재가 다른 이들의 삶에 긍정적인 영향을 미친다는 인식에서 비롯된다. 마지막으로, 과거의 후회나 미래에 대한 불안에 사로잡히지 않고 현재에 온전히 집중하는 현존의 능력은 오십 이후 삶의 질을 결정짓는 핵심 요소다.

성공이란 자신이 좋아하는 일을 하고, 자신이 사랑하는 사람들과 함께하며, 다른 이들에게 이바지하는 것이다. 이러한 새로운 성공의 기준들은 타인과의 비교나 객관적 측정이 불가능하다. 그것은 오직 자기 내면에서만 느껴지는 깊은 만족감과 충만함으로 증명된다. 진정한 성공이란 사회적 지위나 물질적 풍요가 아닌, 자신의 영혼이 내리는 판단에 따라 결정되는 것이다.

오십은 인생의 전반부에서 얻은 지혜와 경험을 바탕으로, 보다 진정성 있고 의미 있는 삶으로 나아가는 출발점이다. 이 여정에는 정해진 지도가 없다. 남들이 그려놓은 성공의 경로를 따르는 대신, 이제 우리는 자신만의 지도를 그려나가야 한다. 그 과정은 때로 두렵고 불확실할 수 있다. 하지만 그 안에는 이전에는 결코 경험하지 못했던 자유와 가능성이 숨어 있다.

'일'에 대한 혁명적 재정의

> 당신이 즐겁지 않게 빵을 굽는다면, 그것은 쓴 빵이 될 것이다. 일은 생계 수단이 아니라 당신이 세상에 남기는 사랑의 표현이어야 한다.
> - 칼릴 지브란(Kahlil Gibran, 작가), 『예언자(The Prophet)』 중에서

우리 사회는 오랫동안 오십을 '일'에서 물러나기 시작하는 시기로 규정해 왔다. 그러나 이제 우리는 질문해야 한다. 진정한 '일'이란 무엇인가?

직업은 생계를 유지하기 위한 활동이지만, '일'은 세상에 대한 기여다. 이 구분은 오십 이후의 삶을 재정의하는 데 핵심이다. 산업혁명 이후 우리는 '일'을 시간당 임금으로 환산되는 노동으로 축소했다. 인간의 가치는 생산성으로 측정되었고, 나이 들어감은 그 생산성의 감소로 해석되었다.

그러나 오십에 이른 당신에게 물어보자. "당신은 진정으로 원했던 '일'을 했는가?" 많은 이들이 생계의 압박 속에서 자신의 열정을 뒤로 미루며 살아왔다. 오십은 이제 그 열정을 되찾을 시간이다.

젊은 시절에는 생계를 위해 '잘하는 것'과 '대가를 받는 것'에 초점을 맞출 수밖에 없는 경우가 많다. 하지만 오십 이후에는 이러한 압박에서 어

느 정도 자유로워져, '사랑하는 것'과 '세상에 이바지하는 것'에 더 에너지를 쏟을 수 있게 된다. 오십 이후의 '일'은 경제적 보상보다 자신의 사랑과 세상의 필요에 더 집중할 수 있는 축복받은 시기다.

독일 철학자 한나 아렌트(Hannah Arendt)가 구분한 '노동'과 '행위'의 차이를 생각해 보자. 노동이 생존을 위한 것이라면, 행위는 인간의 고유성을 드러내는 것이다. 오십 이후의 '일'은 노동의 굴레에서 벗어나 진정한 행위로 나아갈 수 있는 여정이다.

오십 이후의 삶에서 '일'은 더는 시간의 구속에 자유롭다. 9시부터 6시까지의 경직된 틀을 넘어, 자신만의 리듬으로 창조적 에너지를 발산할 수 있는 자유가 생긴다. 이는 '일'과 '여가' 사이의 인위적 경계를 허문다. 당신이 진정으로 사랑하는 '일'은 그 자체로 여가가 되기 때문이다.

인생의 전반기가 성공을 향한 경주였다면, 후반기는 의미를 향한 여정이 될 수 있다. 프랑스의 소설가 알베르 카뮈(Albert Camus)는 "인생의 의미를 찾는 투쟁 자체가 인생에 충분한 의미를 부여한다."라고 강조했다. 오십 이후의 '일'은 바로 이 의미를 찾는 여정이다.

오십. 이제 당신은 충분한 경험, 지혜, 그리고 자기 이해를 갖추었다. 이제야말로 진정한 '일'을 시작할 때다. 그것은 단순한 생계 수단이 아닌,

자아실현의 도구이자 세상을 위한 선물이 될 것이다.

'자기 배려'에 대한 혁명적 재정의

<u>빈 컵에서는 물을 따를 수 없다. 자신을 채워야 타인에게 줄 수 있다.</u>

반평생을 살아오면서 우리는 수많은 역할을 맡아왔다. 누군가의 자녀, 부모, 배우자, 직장인, 친구. 그 모든 역할 속에서 우리는 타인의 기대에 부응하기 위해 최선을 다했다. 그 과정에서 자기 자신은 어느새 뒷전이 되었다. 자신을 돌보는 시간은 언제나 '나중에', '여유가 생기면'으로 미뤄왔다. 하지만 오십이라는 나이에 이르러 우리는 '나중'이 결코 저절로 오지 않는다는 것을 깨닫는다.

자기 배려란 무엇일까? 그것은 결코 이기심이나 자기중심적인 태도가 아니다. 진정한 자기 배려는 자신의 목소리에 귀 기울이고, 자신의 필요를 존중하며, 자신의 한계를 인정하는 것이다. 그것은 삶의 균형을 찾는 여정이며, 내면의 충만함을 키우는 과정이다.

오십 이전의 삶이 주로 '밖'을 향해 있었다면, 오십 이후의 삶은 '안'을 들여다보는 시간이다. 지금까지 우리는 성공, 인정, 성취와 같은 외적 가치를 좇아왔다. 하지만 이제는 의미, 평화, 기쁨과 같은 내적 가치에 눈을 돌릴 때다. 이것이 자기 배려의 시작이다.

많은 사람이 자기 배려를 실천하는 데 어려움을 느낀다. 특히, 우리 사회에서는 자기 배려가 사치나 이기심으로 오해받기 쉽다. "나 자신을 위한 시간을 갖는다."라는 말은 때로 죄책감을 동반한다. 그러나 이런 인식은 바뀌어야 한다. 자기 배려는 사치가 아닌 필수다.

물과 같은 자기 배려의 지혜

물을 생각해 보자. 물은 낮은 곳으로 흐르고 모든 것을 적시지만, 그 자체로 마르지 않는다. 우리의 자기 배려도 이와 같아야 한다. 타인에게 끊임없이 주기만 하다 보면 우리는 마르고 고갈된다. 빈 컵에서는 어떤 물도 따를 수 없듯이, 고갈된 자아에서는 어떤 배려도 나올 수 없다.

우리가 자기 자신을 진정으로 배려할 때, 우리는 더 큰 사랑과 이해를 지니고 타인을 대할 수 있다. 이것이 자기 배려의 아름다운 역설이다. 자신을 돌볼 때 비로소 타인도 진정으로 돌볼 수 있게 된다. "내가 행복해야 타인을 행복하게 할 수 있다."라는 말은 단순하지만, 깊은 진리를 담고 있다.

자기 배려는 거창한 것이 아니다. 그것은 일상 속 작은 실천에서 시작된다. 아침에 일어나 잠시 창밖을 바라보며 하루를 설계하는 것, 점심시간에 혼자 걷는 시간을 갖는 것, 퇴근 후 차 한 잔의 여유를 즐기는 것. 이런 작은 습관들이 모여 우리의 내면을 채우고 삶의 균형을 가져온다.

자기 배려는 또한 '아니오'라고 말할 줄 아는 용기다. 모든 요청과 기대에 응할 필요는 없다. 자신의 한계를 인정하고, 때로는 거절할 줄 아는 것도 중요한 자기 배려다.

자기 배려의 기쁨

이제 우리는 타인의 시선과 기대에서 조금 더 자유로워질 수 있다. 그동안 미뤄두었던 꿈을 향해 한 걸음 내디딜 수 있는 소중한 시간이다. 오십 이후의 자기 배려는 삶의 지혜를 바탕으로 한다. 실패와 성공, 기쁨과 슬픔을 모두 경험한 우리는 이제 무엇이 진정으로 중요한지 알게 되었다. 그것은 바로 균형 잡힌 삶, 내면의 평화, 그리고 진정한 관계다. 이 모든 것은 자기 배려에서 시작된다.

자기 배려를 실천할 때 우리는 놀라운 변화를 경험한다. 몸은 더 건강해지고, 마음은 더 평온해지며, 관계는 더 깊어진다. 우리는 덜 짜증 내고, 더 인내하며, 더 깊이 공감할 수 있게 된다. 이것이 자기 배려가 가져다주는 기쁨이다.

자기 배려를 통해 우리는 인생의 작은 기쁨에 더 민감해진다. 아침 햇볕의 따스함, 비 내리는 날의 정취, 좋아하는 음악의 선율, 오래된 친구와의 대화. 이런 소소한 기쁨들이 모여 우리의 삶을 풍요롭게 한다.

오십 이후의 삶은 그 어느 때보다 자유롭고 충만할 수 있다. 그 시작은 바로 자기 자신에 대한 진정한 배려에서 비롯된다. 자기 배려는 이기심이 아니라 지혜다. 그것은 자신과 타인 모두를 위한 최고의 선택이다.

자기 배려는 지금 이 순간부터 시작할 수 있다. 오늘 하루, 자신을 위한 작은 시간을 만들어보자. 좋아하는 책 한 페이지를 읽거나, 맛있는 차 한 잔을 마시거나, 잠시 눈을 감고 깊은숨을 들이마시는 것만으로도 충분하다.

오십, 이제 우리는 자신을 배려할 권리가 있다. 그것은 세월이 준 선물이자, 우리가 스스로에게 줄 수 있는 가장 소중한 선물이다. 자기 배려는 선택이 아닌 필수다. 왜냐하면, 이제 우리는 내가 행복할 때 비로소 세상도 함께 행복해진다는 것을 알기 때문이다.

'나이 듦 속의 젊음'에 대한 혁명적 재정의

나이가 한계일 수는 없다. '이 나이에' 하고 자신의 한계를 정하는 순간, 우리의 나머지 인생은 단지 죽음을 기다리는 대기 시간이 되고 만다.
- 이시형(의사), 『공부하는 독종이 살아남는다』 중에서

우리는 나이 듦을 두려워하지만, 그것은 마치 절벽에 다가가는 것을 두려워하는 것과 같다. 그러나 가까이 가보면 그곳에는 새로운 경치가 펼쳐진다. 우리는 언제부터 나이 듦을 상실의 과정으로만 여기게 되었을까? 언제부터 오십이라는 숫자가 두려움의 대상이 되었을까? 나이 듦은 예술이다. 그리고 그것을 마스터한 사람들은 인생의 진정한 걸작을 창조해 낸다.

인류학자 애슐리 몬터규(Ashley Montagu)는 우리가 호기심, 자발성, 상상력, 웃음, 명랑함과 같은 젊음의 특성을 간직하거나 회복한다면 성인이 되어서도 성공적인 삶을 살 수 있고 성공적으로 성장할 수 있다고 주장한다. 그의 말은 나이 듦에 대한 우리의 인식을 근본적으로 뒤흔든다. 진정한 젊음이란 생물학적 나이가 아니라, 세상을 바라보는 우리의 태도와 관련이 있는 것이다.

동양의 전통에서는 오십을 '지천명(知天命)'의 나이, 즉 하늘의 뜻을 알

게 되는 시기로 여겼다. 서양에서도 중년기는 '인생의 정오'로 표현되며, 더 깊은 자아 이해와 의미 추구의 시간으로 인식해 왔다. 문화와 시대를 초월하여, 나이 듦은 단순한 쇠퇴가 아닌 변화와 성숙의 과정으로 이해해 왔다.

그런데도 현대 사회는 젊음을 숭배하며 나이 듦에 대한 두려움을 조장해왔다. 미디어는 주름 없는 피부, 탄력 있는 몸매만을 이상화하며, 우리로 하여금 시간의 흐름과 끊임없이 싸우도록 부추긴다. 그러나 이러한 관점은 나이 듦의 본질을 완전히 왜곡한다.

실제로 개방적인 마음, 즐거움, 웃음, 흥분, 장난기, 호기심, 새로운 아이디어에 대한 시험, 독창성 등과 같은 젊음의 속성들은 인간의 성공적인 적응에 이바지해 왔다. 이런 특성들은 특정 나이에만 국한되지 않으며, 오히려 모든 생애 단계에서 유지하고 발전시켜야 할 가치들이다.

분명, 나이가 들면서 우리는 많은 변화를 경험한다. 몸은 예전처럼 빠르게 회복되지 않고, 기억력은 때로 우리를 배신하며, 체력은 서서히 감소한다. 이러한 변화를 부정하는 것은 현실을 외면하는 일이다. 그러나 이 변화들이 반드시 손실만을 의미하지는 않는다.

나이와 상관없이 우리의 뇌는 새로운 연결을 형성하고 학습할 수 있는 능력을 지닌다. 비록 인지 처리 속도는 다소 느려질 수 있지만, 경험이 축적된 뇌는 패턴을 더 효율적으로 인식하고, 복잡한 문제를 더 지혜롭게 해결할 수 있다.

심리학자 칼 융(Carl Jung)은 인생의 후반부를 '영혼의 오후(Afternoon of life)'라고 표현했다. 그에 따르면, 인생의 전반부가 사회적 성취와 외적 성공에 집중했다면, 후반부는 의미와 목적, 내적 성장을 탐색하는 시기다. 오십은 바로 이 특별한 전환점에 서 있는 나이다.

나이 듦의 과정에는 분명 상실도 존재한다. 우리는 젊은 시절의 탄력 있는 피부, 무한한 체력, 때로는 사랑하는 사람들을 잃기도 한다. 이러한 상실을 인정하고 그에 따른 슬픔을 경험하는 것은 자연스러운 일이다. 그러나 동시에 우리는 많은 것을 얻기도 한다.

오십의 나이는 젊은 시절의 충동성 대신 균형 잡힌 판단력을, 막연한 불안 대신 자기 확신을, 끝없는 비교 대신 자기 수용을 선물한다. 우리는 더 이상 남의 기대에 부응하기 위해 살지 않으며, 진정으로 중요한 것이 무엇인지 알게 된다. 이것이야말로 값진 획득이 아닐까.

그렇다면 어떻게 나이 듦의 과정 안에서 젊음의 본질적 특성을 유지할 수 있을까?

첫째, 호기심을 잃지 않는 것이다. 세상은 끊임없이 변화하며, 배울 것들로 가득 차 있다. 새로운 취미를 발견하거나, 오랫동안 미뤄왔던 학습에 도전하는 것은 인지적 유연성을 유지하는 가장 효과적인 방법이다.

둘째, 관계의 깊이와 다양성을 추구하는 것이다. 서로 다른 세대, 다른 배경을 가진 사람들과의 교류는 우리의 시야를 넓히고, 고정관념에서 벗어나게 한다. 특히 젊은 세대와의 소통은 새로운 관점과 에너지를 얻는 기회가 된다.

셋째, 몸과 마음의 균형을 유지하는 것이다. 규칙적인 운동, 충분한 휴식, 균형 잡힌 식단은 단순히 건강만이 아니라 정서적 웰빙에도 지대한 영향을 미친다. 몸을 돌보는 것은 곧 마음을 돌보는 일이다.

마지막으로, 삶의 의미와 목적을 지속해서 탐색하는 것이다. 의미 있는 일에 참여하고, 자신의 경험과 지혜를 다른 이들과 나누는 것은 나이 듦에 깊은 만족감을 더한다. 이는 단순히 바쁘게 사는 것이 아니라, 자신의 가치와 열정에 부합하는 활동에 몰입하는 것을 의미한다.

오십 이후 전성기를 맞이한 사람들은 더 건강하고 더 적극적인 라이프 스타일을 계발함으로써 젊음을 되찾고 있다. 몬터규의 말처럼 "우리의 목표는 점점 젊어지고 가능한 한 오래 살다가 젊게 죽는 것"이다. 이는 외면적 젊음이 아닌 내면적 활력을 유지하며 살아가는 것을 의미한다.

결국, 자신이 나이를 먹어간다는 사실을 인식하고 받아들이는 한편, 젊은 시절 가졌던 특성들을 오십의 자아상 속에 통합시켜야 한다. 오십은 우리 인생의 끝이 아닌, 더 깊고 풍요로운 장이 시작되는 시점이다. 이 시기는 젊음의 열정과 나이 든 지혜가 아름답게 공존하는 특별한 때이다.

나이 듦은 두려워할 대상이 아니라 축하하고 환영해야 할 인생의 자연스러운 과정이다. 마음과 정신의 영원한 청춘을 간직한 채, 우리는 나이 듦의 여정을 풍요롭고 의미 있게 만들어갈 수 있다. 오십은 끝이 아닌 새로운 시작, 쇠퇴가 아닌 지속적 성장의 과정이다.

'베풂'에 대한 혁명적 재정의

그날 나는 누군가에게 미소 짓기만 해도 베푸는 사람이 될 수 있다는 것을 배웠다. 그 후 세월이 흐르면서 따뜻한 말 한마디, 지지 의사 표시 하나가 누군가에게 고마운 선물이 될 수 있다는 것을 알았다.
- 마야 엔젤루(Maya Angelou, 시인)

테레사 수녀는 베풂의 가치는 그것을 받는 사람의 필요가 아니라 주는 사람의 사랑에 의해 측정된다고 강조했다.

나이 오십에 이르면 자기 영향력을 남에게 주는 것이 모으는 것보다 중요해진다. 이 시점에서 많은 사람이 그동안의 '성공'을 재평가하고, 삶의 진정한 가치를 찾아 헤맨다. 여기서 우리가 놓치고 있던 진실이 있다. 진정한 충만함은 '가짐'이 아닌 '베풂'에서 비롯된다는 것을.

자연은 끊임없이 베푸는 법을 보여준다. 나무는 그림자를 내어주고, 열매를 맺으며, 낙엽으로 다시 땅을 비옥하게 한다. 강물은 머무르지 않고 흐르며 생명을 키운다. 햇빛은 조건 없이 모든 곳을 비춘다. 이 모든 순환의 과정에서 '잃는 것'은 없다. 오직 '변화'와 '확장'만이 있을 뿐이다. 자연의 이치는 '베풂'이 얼마나 자연스러운 삶의 방식인지 보여준다.

오랫동안 우리는 베풂을 '희생'이나 '손실'로 오해했다. 내 것을 내어주는 고통스러운 포기의 행위로 여겼다. 하지만 이는 베풂의 본질을 완전히 잘못 이해한 것이다. 베풂은 자아의 축소가 아닌 확장이며, 잃는 것이 아닌 충만해지는 과정이다.

이 나이에 우리는 충분히 경험했고, 충분히 얻었다. 젊은 시절의 불안과 갈증은 어느 정도 해소되었다. 이제는 그 경험과 지혜를 나눌 때다. 심리학자 에릭 에릭슨이 말한 '생산성'의 단계는 바로 이 지점을 가리킨다. 단순히 물질적 생산이 아닌, 다음 세대를 위한 관심과 배려, 세상을 위한 기여의 시기인 것이다.

"세상을 바꾸려면 나 자신부터 바꿔라." 베풂 역시 원대한 계획이 아닌 일상의 작은 실천에서 시작된다. 버스에서 자리를 양보하는 작은 배려, 동료의 고민에 기꺼이 귀 기울이는 시간, 가족에게 온전히 집중하는 저녁 식사. 이런 일상의 작은 베풂이 모여 우리의 삶과 사회를 변화시킨다.

특히 바쁜 현대 사회에서 '시간'을 내어주는 것은 가장 귀한 베풂이다. 누군가의 이야기를 끝까지 들어주는 것, 도움이 필요한 이에게 내 시간을 할애하는 것. 이런 시간의 나눔은 돈으로 계산할 수 없는 가치를 지닌다.

모든 사람의 삶의 여정은 다르다. 오십에 이르기까지 승승장구한 이도 있고, 수많은 좌절과 실패를 겪은 이도 있다. 하지만 그 모든 경험 자체가 베풀 수 있는 소중한 자산이다. 성공의 경험만큼이나 실패의 경험도, 기쁨의 순간만큼이나 아픔을 극복한 과정도 다른 이에게 나눌 수 있는 값진 지혜다.

"주는 것이 받는 것보다 복이 있다."라는 말은 단순한 격언이 아니다. 베풂의 신비로운 법칙이다. 나눌수록 우리 안의 무언가가 채워지는 경험을 해본 사람은 안다. 이것이 단순한 감정적 위안이 아님을.

아픈 친구를 위로하고 돌아오는 길, 봉사활동을 마치고 집으로 향하는 발걸음, 어려운 이웃과 나눔을 실천한 후의 저녁 식사. 이런 순간들이 왜 유독 풍요롭게 느껴지는지 생각해 본 적 있는가? 베풂은 우리의 존재감을 확장하고, 삶의 의미를 더해주기 때문이다.

인생의 전반전이 '성취'의 시간이었다면, 후반전은 '의미'의 시간이 되어야 한다. 오십이란 나이는 이 의미 있는 후반전을 시작하기에 완벽한 시점이다.

우리는 결국 빈손으로 이 세상을 떠나게 된다. 중요한 것은 얼마나 가졌느냐가 아니라, 얼마나 의미 있게 나누었느냐다. 베풂을 통해 우리는 유한한 삶 속에서 무한한 가치를 창조할 수 있다.

베풂은 결코 자신을 비우는 행위가 아니다. 오히려 자신을 채우는, 그리고 자신을 넘어서는 행위다. 오십에 우리가 발견하는 것은 바로 이 역설적 진실이다. 내어줄수록 우리는 더 풍요로워진다. 나눌수록 우리 삶은 더 충만해진다. 베풂이야말로 인생의 후반전을 빛나게 할 혁명적 재정의다.

오십 이후 꽃 피는 사람들의 특징

세상의 어떤 것도 끈기를 대신할 수는 없다. 재능도 별것 없다. 아무리 재능이 있어도 성공하지 못한 남자들이 세상에 많다. 천재도 별것 없다. 천재들이 실력을 보상받지 못하는 경우가 부지기수다. 교육도 별것 없다. 세상에는 교육받은 부랑자들로 넘쳐난다. 하지만 끈기와 결단력은 전능한 힘을 가졌다.

— 맥도날드 임원실 책상 위 문구

인생이란 참 묘한 여정이다. 우리는 종종 서두르라는 이야기를 듣는다. 빨리 공부하고, 빨리 취업하고, 빨리 성공해야 한다고. 하지만 모든 꽃이 같은 계절에 피지는 않는다. 어떤 꽃은 봄에, 어떤 꽃은 가을에 피어난다. 인생도 마찬가지다. 마케팅컨설턴트 헨리 올리버(Henry Oliver)가 연구한 '대기만성형 인간'들은 오십 대 이후에 비로소 자신의 전성기를 맞이한다. 그들의 이야기에는 우리 모두를 위한 깊은 위로와 희망이 담겨 있다.

느리지만 깊게, 늦지만 아름답게

인생에서 늦게 꽃을 피우는 사람들이 있다. 그들은 주변 사람들이 이십 대, 삼십 대에 빛나는 동안 자신만의 시간을 천천히 쌓아간다. 때로는 주변의 시선이 무겁게 느껴질 때도 있을 것이다. "아직도 그 자리야?", "이제 좀 안정된 길을 찾아야 하지 않아?" 하지만 대기만성형 인간들은 그런 질문에 흔들리지 않고 자신만의 길을 간다.

그들의 인생은 직선으로 그려지지 않는다. 구불구불한 길을 따라 자신만의 보물을 찾아가는 여정에 가깝다. 때로는 막다른 골목에 부딪히기도 하고, 때로는 길을 완전히 잃어버리기도 한다. 하지만 그 모든 순간이 헛되지 않다. 그 모든 경험이 쌓이고 쌓여 마침내 오십 대 이후, 자신만의 독특한 빛을 발하게 된다.

대기만성의 여정

헨리 올리버가 발견한 중요한 통찰 중 하나는 대기만성형 인간들이 두 단계의 뚜렷한 여정을 거친다는 것이다.

첫 번째 단계에서 그들은 계획되지 않은 진로를 택한다. 길고 구불구불한 길, 기본적으로 관습적인 성공의 길을 따르지 않는다. 그들에게는 남들이 가는 길보다 자신의 호기심이 이끄는 방향이 더 중요하다. 특정 목표를 향해 직진하기보다 알 수 없는 것, 예상치 못한 것, 언급되지 않은 것에 더 관심을 기울인다.

이 시기에 그들은 겉으로 보기에 방황하는 것처럼 보일 수 있다. 하지만 그들의 내면에서는 중요한 일이 일어나고 있다. 다양한 경험을 통해 자신만의 독특한 관점을 형성하고, 남들과는 다른 시각으로 세상을 바라보는 능력을 키워 가는 것이다.

두 번째 단계에서 그들은 자신에게 꼭 맞는 자리를 찾는다. 이것은 하루아침에 일어나지 않는다. 어떤 사람은 우연한 기회를 통해, 어떤 사람은 끊임없는 탐색 끝에, 또 어떤 사람은 세상이 변화하면서 갑자기 자신의 재능이 필요한 순간이 왔을 때 그 자리를 발견한다.

헨리 올리버의 말처럼 "기회는 준비된 자를 선호한다." 그들이 첫 번째 단계에서 쌓아온 모든 경험과 통찰, 실패와 도전이 바로 그 '준비'였던 것이다. 그리고 마침내 그들의 시간이 온다.

늦게 피는 꽃의 3가지 향기

오십 대 이후에 전성기를 맞이하는 사람들에게서는 세 가지 특별한 특성이 발견된다.

창의적인 시선으로 세상을 바라본다.

대기만성형 인간들은 틀에 갇힌 사고를 거부한다. 그들은 남들이 당연하게 여기는 것에 의문을 품고, 익숙한 것을 낯설게 바라보는 능력이 있다. 이런 창의성은 나이가 들수록 더 깊어진다. 젊은 시절에는 기존의 방식을 따르려고 노력했을지 모르지만, 시간이 지나면서 그들은 자신만의 관점을 믿고 따르는 법을 배운다.

그들이 주목하는 아이디어는 유행하는 것이나 모두가 따르는 것이 아니다. 그들은 자신의 마음을 진정으로 흔드는 아이디어, 밤잠을 설치게 만드는 생각에 집중한다. 그리고 그것을 자신만의 방식으로 발전시킨다. 이런 접근이 오십 대 이후의 혁신적인 성과로 이어진다.

실패에도 굴하지 않는 끈기를 지녔다.

성공의 가장 큰 비결은 어쩌면 가장 단순한 것인지도 모른다. 바로 끈기다. 대기만성형 인간들은 이 말을 몸소 증명한다. 그들은 이십 대, 삼십 대, 사십 대에 실패와 좌절을 경험했을 것이다. 주변에서는 "이제, 그만 현실적으로 살아라."라는 조언을 들었을지도 모른다. 하지만 그들은 포기하지 않았다. 실패를 두려워하지 않고, 오히려 그것을 배움의 기회로 받아들였다. 그리고 조금씩, 한 걸음씩 전진했다.

그들에게 실패는 종착점이 아니라 새로운 시작점이었다. 이런 끈기와 회복력이 오십 대 이후 성공을 가능하게 한 근본적인 힘이다.

자기의 일에 진정으로 진지하다.

세 번째 특징은 진지함이다. 이는 단순히 엄숙하거나 심각하다는 의미가 아니다. 자신이 하는 일에 온전히 몰입하고, 그것을 중요하게 여기며, 끊임없이 더 나아지기 위해 노력한다는 뜻이다.

대기만성형 인간들은 일시적인 유행이나 빠른 성공에 현혹되지 않는다. 그들은 내면의 소리에 귀 기울이며, 진정으로 의미 있다고 생각하는 일에 자신의 시간과 에너지를 투자한다. 이런 진지한 태도가 시간이 지남에 따라 깊이 있는 전문성과 통찰력으로 발전한다.

그들은 단순히 인정받기 위해 일하지 않는다. 자신이 하는 일 자체에 의미를 부여하고, 그 과정을 소중히 여긴다. 이런 태도가 오십 대 이후에 비로소 세상에 인정받게 되는 것이다.

지금 여기, 자신의 시간을 믿는 용기

우리 사회는 빠른 성공과 화려한 성취를 칭송한다. 이십 대에 성공한 젊은 창업가, 삼십 대에 정상에 오른 전문가들의 이야기가 뉴스의 헤드라인을 장식한다. 그런 소식을 접할 때마다 자신의 속도를 의심하게 되는 건 자연스러운 일이다.

하지만 인생은 남들과의 경주가 아니다. 저마다의 리듬과 속도가 있다. 대기만성형 인간들의 이야기는 우리에게 자신의 시간을 믿을 용기를 준다. 가장 빛나는 순간은 언제든 찾아올 수 있다. 때로는 가장 늦게 피는 꽃이 가장 깊은 향기를 품고 있다.

그들의 구불구불한 여정은 직선적인 성공보다 더 풍부한 경험과 깊은 통찰을 선사했다. 그리고 그것이 오십 대 이후의 값진 성취로 이어졌다. 위기를 기회로 전환하는 능력, 창의적 사고, 흔들리지 않는 끈기, 자기의 일에 대한 진지한 태도, 이것이 오십 이후 꽃 피는 사람들의 비밀이다.

당신이 지금 자신의 속도를 의심하고 있다면, 잠시 멈추고 생각해 보자. 지금 겪고 있는 모든 경험과 도전, 심지어 실패까지도 언젠가 당신을 빛나게 할 재료가 될 수 있다. 남들보다 느리게 가고 있다고 해서 그것이 잘못된 길은 아니다. 당신만의 시간을 믿고, 창의성과 끈기, 그리고 진지함을 잃지 않는다면, 당신의 가장 아름다운 꽃은 반드시 피어날 것이다.

인생의 봄이 지나갔다고 해서 꽃을 피울 기회가 사라진 것은 아니다. 때로는 여름, 가을, 심지어 겨울에 피는 꽃이 더 아름답고 강하다. 지금, 이 순간, 자신의 시간을 믿고 한 걸음씩 나아가자. 당신의 전성기는 아직 오지 않았을지도 모른다. 그러나 그것은 결코, 오지 않을 것이라는 의미가 아니다. 오히려 더 풍요롭고 깊은 시간이 당신을 기다리고 있을지도 모른다.

오십에 찬란한 전성기를 맞이한 사람들의 성공 스토리

- 레이 크록(Ray Kroc) 맥도날드 창업자, 52세에 프랜차이즈 창업
- 마사 스튜어트(Martha Stewart) 회장, 오십 대에 미디어 제국을 건설
- 줄리아 차일드(Julia Child) 셰프, 오십 대 이후 눈부신 전성기

"당신은 이미 늦었다." 세상은 이렇게 속삭인다. 하지만 진정한 성공 스토리는 시계를 무시한 사람들의 것이다.

52세의 레이 크록(Ray Kroc). 프랜차이즈를 창업하면서 세계 최대 패스트푸드 제국의 첫 삽을 떴다. 그의 손에는 실패한 세월이 남긴 굳은살이 있었다. 그 굳은살이 맥도날드를 일구었다.

오십 대의 마사 스튜어트(Martha Stewart). 모두가 불가능하다고 말할 때 그녀는 자신의 이름으로 미디어 제국을 건설했다. 그녀의 무기는 젊음이 아닌, 평생 갈고닦은 안목과 통찰력이었다.

50세가 되어서야 첫 요리책을 출간한 줄리아 차일드(Julia Child). 그녀의 늦은 시작은 미국 요리 문화의 혁명이 되었다. 그녀에게 나이는 약점이 아닌 무기였다.

이들이 증명한다. 오십에 시작해도 너무 이르다고. 쌓아온 경험, 실패의 교훈, 그리고 흔들리지 않는 자기 확신이 우리의 황금기를 만든다. 당신의 시간은 아직 오지 않은 것이 아니라, 바로 지금 찾아왔다.

레이 크록(Ray Kroc) 맥도날드 창업자 : 52세에 프랜차이즈 창업

나는 50대에 사업을 시작했고, 60대에 성장시켰으며, 70대에 성공을 거두었다. - 레이 크록

인생에는 정해진 시간표가 없다. 이것이 레이 크록의 삶이 우리에게 가르쳐주는 가장 근본적인 진리다. 52세, 대부분 사람이 안정을 추구하고 은퇴를 계획하는 나이에 그는 인생의 가장 위대한 모험을 시작했다. 그리고 그 모험은 현대 비즈니스 역사에 지울 수 없는 발자취를 남겼다.

우연이 만든 운명적 만남

1954년, 믹서기 판매원으로 일하던 레이 크록은 남부 캘리포니아의 샌버너디노에 있는 작은 햄버거 가게를 방문했다. 평범한 영업 방문이었지만 그의 호기심을 자극하는 특이한 점이 있었다. 한 가게에서 무려 8대의 믹서기를 사용하고 있었던 거다. 대부분 레스토랑이 1~2대의 믹서기만 필요로 할 때, 이곳은 왜 그렇게 많은 기계가 필요했을까?

그 호기심이 현대 외식 산업을 완전히 변화시키는 첫걸음이 되었다. 크록은 맥도날드 형제가 개발한 '스피디 서비스 시스템'에 깊은 감명을 받았다. 메뉴를 단순화하고, 주문과 제공 과정을 표준화하며, 셀프서비스 방식을 도입한 이 시스템은 당시로는 혁명적인 접근법이었다.

"당신 나이에 프랜차이즈 창업이라고요?"

아내와 친구들의 이런 우려 섞인 질문에도 크록은 확신에 찬 발걸음을 내디뎠다. 1955년 4월 15일, 시카고 디플레인스에 맥도날드 1호점을 열었을 때, 그는 단순히 한 레스토랑을 여는 것이 아니라 자기 인생 50년간의 축적된 모든 경험과 통찰력을 쏟아붓는 새로운 장을 시작한 것이다.

50년 실패, 성공의 밑거름

크록의 52년은 겉보기에 특별한 것 없는 인생이었다. 그는 15세에 중학교를 중퇴하고 적십자 구급차 운전병으로 제1차 세계대전에 참전했다. 전쟁이 끝난 후에는 재즈 피아노 연주자로 살며 여러 밴드와 라디오 방송국에서 일했다. 음악 경력이 끝난 후에는 플로리다의 부동산 붐에 뛰어들었지만, 1929년 대공황으로 모든 것을 잃었다.

이후 그는 종이컵 영업사원으로 일하다가 1940년대에 멀티믹서기 판매원이 되었다. 하지만 오십 대에 접어들 때까지 그는 큰 성공을 이루지 못했다. 오히려 당뇨병과 담낭 질환, 관절염 등 건강 문제로도 고통받고 있었다.

그러나 이 모든 실패와 좌절은 크록에게 귀중한 경험이 되었다. 특히 외식업계의 수많은 레스토랑을 방문한 경험은 그에게 업계의 실태와 문제점을 누구보다 정확히 파악할 수 있는 통찰력을 제공했다.

그는 외식 산업의 두 가지 핵심 문제를 명확히 파악했다. 임대료 상승으로 인한 수익성 악화와 일관된 품질 관리의 어려움이었다. 대부분 사람은 이런 문제를 당연한 것으로 받아들였다. 하지만 크록의 머릿속에서는 다른 생각이 떠올랐다.

'만일 천정부지로 치솟는 부동산 가격이 비용이 아니라 자산이 된다면 어떨까?'

이 단순한 질문이 맥도날드의 핵심 경쟁력이 된 '부동산 기반 수익 모델'의 시작이었다. 크록은 맥도날드 매장을 위한 부동산을 직접 확보하고 이를 가맹점에 임대하는 방식을 선택했다. 이는 단순한 프랜차이즈 사업을 부동산 기반 기업으로 변모시키는 혁신적인 전환이었다.

시대를 읽는 크록의 안목

위대한 혁신가들은 항상 시대의 흐름을 한발 앞서 읽는다. 크록은 전후 미국 사회의 급격한 변화를 정확히 예측했다. 베이비붐 세대의 성장, 교외화 현상, 자동차 문화의 확산, 이 모든 요소가 새로운 비즈니스 기회를 창출할 것임을 그는 간파했다.

1945년부터 1960년까지 미국의 주거용 부동산은 연 9% 이상 상승했고, 자동차 보급 확대로 도로변 상업 부동산 가치도 함께 치솟았다. 대부분 사람은 이러한 부동산 가격 상승을 레스토랑 사업의 위험 요소로 보았지만, 크록은 이를 핵심 비즈니스 모델로 전환했다.

당시 경쟁 프랜차이즈 기업들이 단순히 가맹 수수료 수익모델만을 유지하고 있을 때, 크록은 이미 한발 앞서 생각하고 있었다. 그는 단순히 햄버거를 파는 것이 아니라, 미국 사회의 변화를 사업 모델에 통합했다. 교외화 현상, 자동차 문화의 확산, 베이비붐 세대의 성장, 이 모든 변화를 비즈니스 기회로 변환했다.

육십 대의 도전, 칠십 대의 영광

크록의 맥도날드 경영 초기는 결코, 순탄하지 않았다. 맥도날드 형제와의 계약 이후, 그는 매장을 확장하기 위한 자금 조달에 어려움을 겪었다. 은행들은 고령의 신규 사업가에게 쉽게 돈을 빌려주지 않았다. 가정주택을 담보로 대출을 받고, 심지어 건강 보험 증서까지 담보로 맡기며 사업을 확장해 나갔다.

육십 대에 들어서면서 크록은 더욱 과감한 경영 결정을 내렸다. 1961년, 그는 270만 달러에 맥도날드 형제로부터 회사의 권리를 완전히 사들였다. 당시 그의 나이 59세였다. 많은 이들이 이 결정을 비판했지만, 크록은 자신의 판단을 신뢰했다.

그의 비전은 정확했다. 육십 대 중반이 되자 맥도날드는 빠르게 성장하기 시작했다. 1965년에는 나스닥에 상장되었고, 1966년에는 뉴욕 증권거래소에 진출했다. 69세의 나이에 크록은 마침내 억만장자가 되었다.

하지만 가장 놀라운 것은 기업의 경영자로서 레이 크록의 최전성기가 놀랍게도 칠십 대에 찾아왔다는 점이다. 그는 맥도날드의 글로벌 확장을 주도했고, 1967년에는 첫 국제 매장을 캐나다에 오픈했다. 이어서 일본, 호주, 유럽 등으로 빠르게 확장했다.

특히, 크록의 리더십 스타일은 그의 나이와 경험에서 비롯된 특별한 강점을 보여준다. 그는 세부 사항에 깊은 관심을 기울였다. 칠십 대의 나이에도 불구하고, 그는 맥도날드 매장을 직접 방문해 바닥이 깨끗한지, 화장실이 청결한지, 직원들이 미소를 짓고 있는지 세세하게 점검했다. 한번은 시카고의 한 맥도날드 매장을 방문했다가 주차장에 쓰레기가 있는 것을 발견하고 직접 쓰레기를 줍기 시작했다고 한다. 그의 이런 모습은 모든 직원에게 강력한 본보기가 되었다.

1977년, 75세의 나이에 맥도날드는 전 세계 4천 개 이상의 매장을 보유한 글로벌 외식 체인으로 성장했다. 그가 고안한 '부동산 기반 수익모델'은 맥도날드 성장의 핵심 동력이 되었다. 또한, 그의 경영 철학인 '품질, 서비스, 청결, 가치'는 맥도날드의 핵심 가치가 되었다. 이러한 원칙은 단순히 사업적 전략이 아니라, 크록이 50년 이상의 인생을 통해 배운 지혜의 결정체였다.

크록은 나이가 들수록 오히려 더 과감한 비전을 지녔다. 그는 글로벌 확장에 대한 열정이 대단했다. 72세였던 1974년, 그는 일본 도쿄에 맥도날드 매장을 열기 위해 직접 방문했다. 당시 많은 미국 기업들이 일본 시장 진출에 실패했지만, 크록은 현지 문화를 존중하면서도 맥도날드의 핵심 가치를 지키는 전략으로 성공했다.

그의 회고록 『Grinding It Out: The Making of McDonald's』는 74세에 출간되었다. 이 책에서 그는 "나는 오십 대에 사업을 시작했고, 육십 대에 성장시켰으며, 칠십 대에 성공을 거두었다."라고 썼다. 이 문장은 노년의 가능성에 대한 강력한 선언이다.

크록이 남긴 또 다른 중요한 유산은 로날드 맥도날드 하우스 자선재단의 설립이다. 1974년 필라델피아에서 첫 번째 로날드 맥도날드 하우스가 개관되었는데, 이는 필라델피아 이글스 선수 프레드 힐의 딸, 킴이 백혈병 치료를 받으면서 멀리서 온 가족들의 숙박 문제에서 시작되었다. 맥도날드가 지원하는 이 자선 사업은 중병을 앓는 아이들의 가족들에게 병원 근처의 임시 거처를 제공하며, 현재 전 세계적으로 수백 개의 로날드 맥도날드 하우스를 운영하며 매년 수많은 가족에게 도움을 주고 있다.

크록은 노년에도 계속해서 배우고 성장했다. 그는 칠십 대에 골프를 배우기 시작했고, 매일 아침 연습했다. 또한, 피아노 연주를 다시 시작해 매일 시간을 내어 연습했다. 그는 "나이는 단지 숫자에 불과하다. 중요한 것은 자신이 느끼는 방식이다."라는 말을 자주 했다고 한다.

늦은 시작, 영원한 유산

레이 크록의 이야기는 나이 듦에 대한 우리 사회의 관념에 강력한 도전장을 던진다. 현대 사회에서 나이는 종종 약점으로 인식된다. 특히, 비즈니스 세계에서 오십 대 이상의 나이는 혁신과 도전의 걸림돌로 여겨진다.

하지만 크록은 자신의 나이와 경험이 오히려 혁신과 성공의 원동력이 될 수 있음을 증명했다. 그의 52년은 단점이 아니라 강점이었다. 세일즈맨으로서 살아낸 긴 세월 덕분에 그는 당시 부동산 시장의 흐름을 장기적인 안목에서 읽어낼 수 있었다.

우리 사회에는 '나이 듦'에 대한 부정적 인식이 팽배해 있다. 하지만 레이 크록의 사례는 나이가 주는 긍정적 가치를 재평가하게 한다. 인생의 후반부는 쇠퇴기가 아니라, 오히려 축적된 경험과 지혜를 바탕으로 한 새로운 도약의 시기가 될 수 있다.

레이 크록의 이야기가 우리 시대에 주는 가장 큰 메시지는 '지금 시작해도 늦지 않다.'라는 희망의 메시지다. 이 메시지는 특히 중년 이상의 사람들에게 강력한 영감을 준다.

현대 사회에서는 이십 대, 삼십 대에 성공해야 한다는 압박이 크다. '젊은 혁신가'의 신화가 우리 사회를 지배하고 있다. 하지만 레이 크록은 인생의 황금기가 언제든 찾아올 수 있음을 증명했다.

크록의 마지막 수년은 건강 문제로 힘들었지만, 그는 끝까지 사업에 대한 열정을 잃지 않았다. 1984년, 그는 81세의 나이로 세상을 떠났지만, 그의 유산은 오늘날까지도 황금색 아치 형태로 전 세계 곳곳에서 빛나고 있다. 그것은 단순한 기업의 로고가 아니라, 늦은 나이에 시작한 꿈이 이룰 수 있는 위대한 성취의 상징이다.

레이 크록은 자신의 철학을 이렇게 요약했다. "내가 성공할 수 있었던 이유는 절대 포기하지 않았기 때문이다. 나는 결코 늦었다고 생각하지 않았다." 이 말은 그의 삶을 완벽하게 요약한다. 그는 52세에 인생의 새로운 장을 시작했고, 그 결과 현대 비즈니스 역사에 불멸의 발자취를 남겼다.

우리도 자신의 나이나 과거의 실패에 얽매이지 말고, 지금, 이 순간 새로운 도전을 시작할 수 있다. 레이 크록이 보여준 것처럼, 인생의 가장 위대한 성취는 아직 오지 않았을지도 모른다. 중요한 것은 시작하는 나이가 아니라 시작하겠다는 결심이다.

오늘, 당신의 황금색 아치를 세울 시간이다.

마사 스튜어트(Martha Stewart) 회장 : 오십 대에 미디어 제국을 건설

나의 모토는 '시작하고 배우라'이다. 이는 무엇이 효과가 있고 없는지 알아내는 가장 좋은 방법은 그냥 시도해 보는 것이라는 의미다.

- 마사 스튜어트

"오십 대면 이제 은퇴를 준비할 나이야." "새로운 도전은 젊었을 때나 가능한 일이지." 우리는 이런 말을 너무 자주 듣는다. 하지만 마사 스튜어트의 이야기는 이런 통념을 완전히 뒤집는다. 그녀에게 오십 대는 끝이 아닌 진정한 시작이었다.

1941년 미국 뉴저지에서 태어난 마사는 여섯 자녀 중 둘째로, 어린 시절부터 요리와 정원 가꾸기에 재능을 보였다. 버나드 칼리지에서 역사와 건축학을 공부하는 동안 모델 일을 하며 학비를 벌었고, 월스트리트 증권중개인 앤드류 스튜어트와 결혼했다. 이런 그녀의 삶에서 '미국을 대표하는 사업가'의 모습은 찾아보기 어려웠다.

그런 마사가 35세에 케이터링 비즈니스(Catering business)를 시작했다. 완벽주의적 성향과 창의적인 감각으로 뉴욕 상류층 사이에서 인기를 얻었고, 1982년 41세에 첫 요리책 『엔터테이닝(Entertaining)』을 출간해 베스트셀러 작가가 되었다. 이 정도만 해도 꽤 성공한 삶이라고 할 수 있다.

그러나 마사의 진짜 성공 스토리는 1990년, 그녀가 50세가 되던 해에 시작되었다. 그해 『마사 스튜어트 리빙(Martha Stewart Living)』 잡지를 창간하며 단순한 요리 전문가에서 라이프스타일 브랜드로 도약한 것이다. 자신의 이름을 걸고 시작한 이 잡지는 출간 즉시 대성공을 거두었다.

"사람들은 내게 '당신 나이에 새로운 잡지를 시작하는 건 무모하다'라고 했어요. 하지만 저는 제 경험과 지식을 더 많은 사람과 나눌 준비가 되어 있었죠." 마사의 이 말처럼, 그녀는 50년 동안 쌓아온 지혜와 안목이 오히려 자신의 가장 큰 무기가 될 수 있다고 믿었다.

오십 대 이후의 폭발적인 성장

잡지의 성공에 힘입어 마사는 1993년 TV쇼 〈마사 스튜어트 리빙(Martha Stewart Living)〉을 시작했다. 더 많은 사람이 마사의 라이프스타일 철학과 노하우를 접하게 되었고, 그녀는 미국 가정의 아이콘으로 자리 잡았다.

56세가 되던 1997년, 그녀는 단호한 결정을 내렸다. 자신의 모든 사업을 통합한 '마사 스튜어트 옴니미디어(Martha Stewart Living Omnimedia)'를 설립한 것이다. 이 회사는 잡지, TV 프로그램, 상품 라인 등 마사의 모든 비즈니스를 아우르는 미디어 제국이었다.

가장 놀라운 성과는 1999년, 58세에 이루어졌다. 마사는 자신의 회사를 뉴욕 증권거래소에 상장시켰고, 상장 첫날 주가가 급등하며 회사 가치는 16억 달러에 이르렀다. 이로써 그녀는 미국 최초의 셀프메이드 여성 억만장자가 되었다.

마사 스튜어트의 사업적 성공은 우연이 아닌 그녀만의 뚜렷한 원칙들이 만들어낸 결과였다. 무엇보다 그녀는 자신이 진정으로 사랑하고 전문성을 갖춘 분야에 집중했다. 요리, 원예, 홈 데코레이션과 같은 분야에서 그녀는 단순한 지식이 아닌 깊은 이해와 노하우를 가지고 있었다. 이런 전문성은 팬들의 신뢰를 얻는 기반이 되었다.

마사의 또 다른 강점은 진정성이었다. 그녀가 대중에게 선보인 모든 콘텐츠는 그녀 자신의 실제 경험에서 비롯되었다. TV에서 요리를 가르칠 때도, 책에서 정원 가꾸기 팁을 소개할 때도, 그것은 그녀가 직접 해보고 터득한 내용이었다. 이런 진정성이 그녀의 브랜드에 신뢰와 권위를 더했다. "좋은 것은 좋다(It's a good thing)."라는 그녀의 유명한 말처럼, 마사는 모든 것에 최고 수준의 품질을 요구했다. 완벽주의적 성향으로 알려진 그녀는 자신의 이름이 들어간 모든 제품과 콘텐츠에 타협 없는 기준을 적용했다. 이 높은 기준이 마사 스튜어트 브랜드를 프리미엄 라이프스타일 브랜드로 자리매김하게 했다.

더불어 그녀는 가정 관리를 단순한 '집안일'이 아닌 가치 있는 예술이자 기술로 바라보는 독특한 비전을 지니고 있었다. 이런 관점은 당시로는 혁신적이었고, 많은 여성이 일상적으로 하는 활동에 새로운 의미와 가치를 부여했다. 마지막으로, 그녀는 시대의 변화에 맞춰 끊임없이 자신의 브랜드를 진화시키는 뛰어난 적응력을 보여줬다. 디지털 시대가 도래했을 때도 마사는 웹사이트, 소셜 미디어, 온라인 쇼핑 플랫폼 등을 통해 자신의 브랜드를 성공적으로 확장했다.

63세, 모든 것을 잃고도 다시 시작한 용기

성공의 절정에 있던 마사에게 위기가 찾아왔다. 2001년, 그녀는 주식 내부거래 혐의로 조사를 받기 시작했다. 법적 싸움 끝에 2004년, 63세의 나이에 그녀는 5개월간 수감 생활을 하게 되었다.

많은 사람이 "이제 마사 스튜어트의 시대는 끝났다."라고 선언했다. 대부분 사람이라면 63세에 이런 위기를 맞아 조용히 은퇴하는 길을 택했을 것이다. 하지만 마사는 달랐다. 감옥에서 나왔을 때, 두 가지 선택이 있었다. 숨거나, 아니면 더 강하게 돌아오거나. 그녀는 후자를 선택했다.

그녀는 출소 직후 〈어프렌티스 : 마사 스튜어트(The Apprentice: Martha Stewart)〉 프로그램을 진행하며 TV에 복귀했다. 2005년, 64세에는 자신의 경험을 바탕으로 한 『마사의 룰(Martha's Rules)』이라는 비즈니스 가이드북을 출간했다. 이 책에서 그녀는 실패와 좌절을 이겨내는 법, 위기 속에서 기회를 찾는 법에 대해 솔직하게 이야기했다.

63세에 수감 생활이라는 큰 위기를 맞았던 마사가 다시 일어설 수 있었던 비결도 주목할 만하다. 그녀는 무엇보다 정직한 자기 성찰의 힘을 보여주었다. 법정에서 자신의 잘못을 인정했고, 이 경험에서 배우려는 겸손한 자세를 가졌다. 그녀는 수감 기간을 자기 성찰과 미래를 위한 계획을 세우는 기회로 삼았다. 그녀에게 수감 기간은 감옥 대학(Prison university)이었던 거다.

또한, 마사는 놀라운 회복 탄력성을 보여주었다. 대중의 비난과 사업적 손실 앞에서도 그녀는 무너지지 않고 어려움을 정면으로 마주했다. 수감 생활로 인한 낙인을 두려워하는 대신, 그녀는 이 경험을 공개적으로 이야기하며 자신의 취약성을 인정했다. 이러한 솔직함이 오히려 대중의 공감을 얻었다.

무엇보다 마사는 위기 속에서 자신을 재발명하는 놀라운 능력을 보여주었다. 출소 후 그녀는 과거의 영광을 그대로 되찾으려 하기보다 새로운 시장과 관객을 찾아 자신의 브랜드를 재정립했다. 〈어프렌티스 : 마사 스튜어트〉 프로그램, 젊은 세대를 겨냥한 새로운 제품 라인, 자신의 경험을 솔직하게 담은 책 등을 통해 그녀는 실패를 새로운 시작의 기회로 바꾸었다. 이런 재발명 능력이 마사를 단순한 사업가가 아닌 시대를 초월한 아이콘으로 만든 핵심 요소였다.

현재진행형 성공, 팔십 대의 새로운 도전

현재 팔십 대에 접어든 마사 스튜어트는 여전히 현역이다. 2022년 스포츠 일러스트레이티드 수영복 표지 모델로 발탁되어 화제를 모았고, 스눕독[1] 과 함께한 광고도 큰 인기를 끌었다. 또한, 새로운 비즈니스 영역에 꾸준히 도전하고 있다.

---

1. 스눕독(Snoop Dogg)은 미국의 유명한 래퍼이자 배우, 미디어 인물이다. 본명은 캘빈 코델 브로더스 주니어(Calvin Cordozar Broadus Jr.)이며, 1971년 10월 20일에 태어났다. 그는 1990년대 초 닥터 드레(Dr. Dre)와 함께 활동하며 서부 해안 힙합(West Coast hip hop)과 G-펑크(G-funk) 스타일의 선두주자로 떠올랐다. 대표곡으로는 "Drop It Like It's Hot", "Gin and Juice", "Who Am I (What's My Name?)" 등이 있다. 음악 외에도 영화와 TV 프로그램에 다수 출연했다. 또한, 요리 프로그램, 와인 사업, 스포츠 리그 등 다양한 사업 분야에도 진출했다. 최근에는 마사 스튜어트(Martha Stewart)와 함께하는 TV 프로그램으로도 인기를 얻었으며, 독특한 캐릭터와 지속적인 변신으로 수십 년간 대중문화에서 영향력 있는 인물로 자리매김하고 있다.

특히 주목할 만한 점은 디지털 시대에 완벽하게 적응한 그녀의 모습이다. 인스타그램에서 400만 명 이상의 팔로워를 보유한 마사는 젊은 세대와도 활발히 소통하며, 세대를 뛰어넘는 영향력을 보여주고 있다.

"나이는 그저 숫자에 불과해요. 중요한 것은 호기심과 배우려는 의지를 잃지 않는 거죠. 저는 매일 새로운 것을 배우고 있어요."

마사 스튜어트는 나이 든다는 것이 무엇을 의미하는지에 대한 우리의 고정관념을 계속해서 깨뜨리고 있다. 그녀는 십 대부터 구십 대까지 모든 연령층과 소통하며, 나이가 우리의 가능성을 제한하지 않는다는 것을 몸소 보여준다.

마사 스튜어트에게 배울 수 있는 50+의 인생

마사 스튜어트의 이야기가 우리에게 주는 가장 큰 교훈은 오십 대, 육십 대, 심지어 그 이후에도 새로운 시작과 성공을 할 수 있다는 것이다.

마사 스튜어트의 삶에서 우리는 오십 대 이후의 성공을 위한 값진 교훈들을 발견할 수 있다. 무엇보다 그녀는 평생 쌓아온 자신의 인생 경험을 강력한 비즈니스 자산으로 활용하는 방법을 보여주었다. 50년 동안 쌓아온 요리, 원예, 인테리어에 대한 지식과 노하우는 그녀만의 독보적인 경쟁력이 되었다. 마사는 오십 대가 되어 인내심이 생겼고, 디테일에 더 집중할 수 있었다. 그게 오히려 더 나은 결과를 가져왔다. 이처럼 나이가 주는 인내심과 깊이는 이십 대가 결코 가질 수 없는 소중한 자산이다.

두 번째로, 마사는 두려움을 넘어서는 용기를 보여주었다. 50세에 새로운 잡지를 창간하고 미디어 기업을 설립하겠다고 했을 때, 많은 사람이 회의적인 시선을 보냈다. "당신 나이에 그런 모험은 너무 위험해."라는 말을 자주 들었지만, 마사는 이런 말에 귀 기울이지 않았다. 그녀는 새로운 도전 앞에서 두려움보다 호기심이 더 컸다. 나이가 들었다는 이유로 새로운 도전을 피하지 않는 그녀의 태도는 우리 모두에게 큰 영감을 준다.

세 번째 교훈은 진정한 열정을 따르는 것의 중요성이다. 마사는 오십 대에 들어서야 비로소 자신이 진정으로 사랑하는 일에 온전히 몰입할 수 있었다. 인생의 후반부는 타인의 기대나 사회적 압박에서 벗어나 자신의 진정한 열정을 찾고 그것에 집중할 수 있는 소중한 시간이 될 수 있다.

네 번째로, 마사는 실패를 두려워하지 않는 태도를 보여주었다. 63세에 수감 생활을 하게 되었을 때, 많은 이들은 그녀의 커리어가 끝났다고 생각했다. 하지만 마사에게 이 위기는 끝이 아닌 새로운 시작이었다. 실패는 끝이 아니라 전환점이다. 중요한 건 그 후에 어떻게 대응하느냐에 달렸다. 인생에서 실패는 누구에게나 찾아올 수 있지만, 그것이 우리를 정의하지는 않는다. 중요한 것은 실패 후에 다시 일어서는 용기와 지혜다.

마지막으로, 마사는 변화를 두려워하지 않고 적극적으로 받아들이는 적응력을 보여주었다. 그녀는 디지털 혁명이 일어났을 때도, 소셜 미디어가 등장했을 때도 주저하지 않고 새로운 플랫폼과 기술을 배우고 활용했다. 팔십 대의 나이에도 그녀는 인스타그램에서 수백만 명의 팔로워와 소통하며 끊임없이 새로운 트렌드를 받아들이고 있다. 이런 그녀의 적응력은 빠르게 변화하는 현대 사회에서 성공하기 위한 필수적인 자질임을 보여준다. 나이가 들었다고 해서 배움을 멈추거나 변화를 거부하는 것이 아니라, 오히려 더 열린 마음으로 새로운 것을 받아들이는 태도가 중요하다.

마사 스튜어트의 이야기는 오십 대 이후의 삶이 쇠퇴가 아닌 새로운 성장과 성취의 시간이 될 수 있음을 보여준다. 그녀처럼 우리도 나이를 한계가 아닌 기회로 바라볼 수 있다.

오늘날 우리는 이전 세대보다 더 오래, 더 건강하게 살고 있다. 오십 대는 더는 인생의 황혼기가 아니다. 오히려 자신을 더 깊이 이해하고, 경험과 지혜를 갖추며, 진정으로 원하는 것을 추구할 수 있는 황금기의 시작일 수 있다.

마사 스튜어트처럼 당신도 오십 대, 육십 대, 칠십 대, 심지어 그 이후에도 새로운 시작을 할 수 있다. 당신의 나이는 한계가 아니라 강점이다. 수십 년간 쌓아온 지혜, 인맥, 경험은 당신만의 독특한 경쟁력이 될 수 있다. 누군가 당신에게 '너무 늦었다.'라고 말한다면, 그건 그들의 한계일 뿐, 당신의 한계는 아니다.

마사 스튜어트의 이야기는 나이, 성별, 과거의 실패가 우리의 가능성을 제한하지 않는다는 살아있는 증거다. 그녀처럼 우리도 인생의 어느 시점에서든 새로운 시작과 성공을 이룰 수 있다.

당신의 두 번째 인생은 지금부터 시작된다. 마사 스튜어트가 보여준 것처럼, 당신의 가장 빛나는 순간은 아직 오지 않았을지도 모른다.

줄리아 차일드(Julia Child) 셰프 : 오십 대 이후 눈부신 전성기

인생에서 가장 중요한 것은 용기다. 용기란 두려움이 없는 것이 아니라, 두려움에도 불구하고 앞으로 나아가는 것이다. 인생은 끝없는 배움의 과정이다. 나는 '은퇴'라는 개념을 믿지 않는다. - 줄리아 차일드

"너무 늦었다고 생각한 적이 있나요?" 줄리아 차일드는 인터뷰에서 이

런 질문을 자주 받았다. 그녀의 대답은 언제나 같았다. "늦었다고? 오히려 정확히 제때였어요."

1963년 2월 11일, 보스턴의 작은 공영방송국 스튜디오, 51세의 줄리아 차일드가 처음으로 카메라 앞에 섰다. 188cm의 키에 특유의 높은 목소리로, 그녀는 <프렌치 셰프(The French Chef)>의 첫 방송을 시작했다. "여러분, 안녕하세요! 오늘은 비프 부르기뇽(Boeuf Bourguignon) 레시피를 만들 거예요!" 이 순간이 미국 요리 문화의 역사를 영원히 바꿔놓았다. 더 중요한 것은, 이 순간이 "인생의 전성기는 언제인가?"라는 오래된 질문에 새로운 대답을 제시했다는 점이다.

줄리아 차일드의 이야기는 단순한 요리사의 성공담이 아니다. 그것은 용기와 열정, 끈기와 유머, 그리고 진정성의 힘을 보여주는 인간 드라마다. 그녀의 여정은 오십 대에 새로운 시작을 꿈꾸는 모든 이들에게 희망과 영감의 원천이 된다.

늦은 출발, 놀라운 여정

줄리아는 1912년 캘리포니아 패서디나에서 태어났다. 그녀의 초기 삶은 특별한 것 없는 상류층 여성의 삶이었다. 스미스 칼리지에서 역사를 전공한 후, 그녀는 뉴욕에서 광고 카피라이터로 일했다. 2차 세계대전 중에는 전략사무국(OSS)에서 근무했고, 그곳에서 외교관 폴 차일드를 만나 1946년 결혼했다.

폴의 직업 때문에 그들은 1948년 프랑스 파리로 이주했다. 당시 줄리아의 나이 36세. 대부분 사람에게 이 나이는 이미 삶의 방향이 확립된 때다. 그러나 줄리아에게 파리는 새로운 세계의 문을 열어주었다. 첫 프랑스 식사에서 그녀는 '맛의 계시'를 경험했다. 그녀는 후에 이 순간을 이렇게 회상했다. "나는 내 인생에서 가장 흥미로운 식사를 했다… 그것은 영혼을 일깨우는 계시였다."

37세에 줄리아는 파리의 명문 요리학교 르 꼬르동 블루에 등록했다. 유일한 미국인 여성으로서, 그녀는 처음에 많은 어려움을 겪었다. 키가 크고 서툴렀으며, 프랑스어도 서툴렀다. 그러나 줄리아는 포기하지 않았다. 그녀는 매일 5시간씩 요리 기술을 연마했고, 밤에는 프랑스어 공부에 매진했다.

그녀의 첫 번째 요리책 『프랑스 요리의 기술(Mastering the Art of French Cooking)』은 10년의 노력 끝에 1961년 출간되었다. 그녀의 나이 49세 때였다. 책은 즉시 베스트셀러가 되었고, 이듬해인 50세에 그녀는 공영방송 WGBH의 문학 프로그램에 요리책 저자로 출연했다. 간단한 오믈렛 시연을 했을 뿐인데, 시청자 반응이 폭발적이었다. 이것이 〈프렌치 셰프(The French Chef)〉의 시작이었다.

열정과 진정성은 줄리아의 마법

줄리아 차일드의 성공 비결은 무엇이었을까? 그녀만의 독특한 매력은 어디서 왔을까?

첫째, 줄리아는 요리에 대한 순수한 열정과 기쁨을 가지고 있었다. 그녀는 진심으로 요리를 사랑했고, 그 사랑이 화면을 통해 전달되었다. "요리는 즐거워야 해요!" 그녀의 자주 하던 말은 단순한 슬로건이 아니라 삶의 철학이었다.

둘째, 줄리아는 진정성을 가지고 있었다. TV에서 그녀는 완벽을 추구하지 않았다. 오믈렛을 뒤집다 실패하거나 생선을 바닥에 떨어뜨리는 실수를 해도, 그녀는 당황하지 않고 유머로 넘겼다. "항상 대담하게! 특히 요리할 때는 더욱 그래야 해요."라는 그녀의 조언은 요리뿐만 아니라 인생에 대한 지혜였다.

셋째, 줄리아는 깊은 전문성을 갖추고 있었다. 그녀의 자연스러운 모습 뒤에는 철저한 준비와 연구가 있었다. 그녀는 하나의 레시피를 완성하기 위해 수십 번의 테스트를 거쳤다. 『프랑스 요리의 기술』에서 비프 부르기뇽 [2] 레시피는 그녀가 200번 이상 실험한 끝에 완성된 것이었다.

마지막으로, 줄리아는 "너무 늦었다."라는 생각을 하지 않았다. 그녀의 오십 대와 육십 대, 심지어 칠십 대와 팔십 대까지도 계속해서 새로운 프로젝트를 시작했다. 1978년 66세에 두 번째 TV 시리즈 〈줄리아와 함께하는 요리(Julia Child & Company)〉를 시작했고, 73세에는 『주방의 방법(The Way To Cook)』이라는 혁신적인 요리책을 출간했다. 83세에는 또 다른 TV 시리즈 〈줄리아의 주방에서 요리하기(Cooking with Master Chefs: In Julia's Kitchen)〉를 진행했다.

줄리아 차일드의 삶은 오늘날 우리에게 무엇을 가르치는가? 오십 대 이후의 인생에 대해 그녀는 어떤 통찰을 제공하는가?

첫째, 열정을 발견하는 데는 시간이 걸린다. 줄리아는 37세가 되어서

---

2. 비프 부르기뇽(Boeuf Bourguignon)은 프랑스 부르고뉴 지방의 대표적 향토 요리로, 소고기를 적포도주에 오랜 시간 조리하여 진한 풍미를 내는 스튜 요리다. 17세기 농민들의 음식으로 시작되었으나, 20세기 중반 줄리아 차일드가 그녀의 저서 『프랑스 요리의 기술(Mastering the Art of French Cooking)』에서 소개한 후 세계적으로 알려졌다. 전통적으로 부르고뉴 지방의 품종인 샤롤레(Charolais) 소고기와 현지 와인인 부르고뉴 와인을 사용한다. 소고기와 함께 베이컨, 당근, 양파, 버섯, 허브 등을 넣어 천천히 조리하며, 일반적으로 이틀에 걸쳐 만들어 깊은 맛을 낸다. 프랑스 가정에서는 특별한 날이나 손님 접대용 요리로 자주 등장한다.

야 요리에 대한 열정을 발견했다. 우리 모두에게는 자신만의 타이밍이 있다. 다른 사람의 시간표에 자신을 맞추려 하지 마라.

둘째, 실패는 성장의 필수 요소다. 줄리아는 실패를 두려워하지 않았다. 그녀는 요리학교에서 초반에 낙제 위기에 처했고, 첫 요리책은 출판사에 여러 번 거절당했다. 그러나 그녀는 이러한 좌절을 배움의 기회로 삼았다.

셋째, 진정성은 강력한 힘이다. 줄리아는 TV에서 자신을 꾸미거나 감추려 하지 않았다. 그녀의 독특한 목소리, 큰 체구, 때로는 어색한 행동까지도 그대로 보여주었다. 이러한 솔직함이 그녀를 더욱 매력적으로 만들었다.

넷째, 지지하는 관계가 중요하다. 줄리아의 성공은 그녀 혼자만의 것이 아니었다. 남편 폴의 지지, 공동 저자들과의 협력, 그리고 그녀를 응원하는 팬들의 네트워크가 모두 중요한 역할을 했다.

다섯째, 기쁨과 유머를 잃지 마라. 줄리아의 가장 큰 매력은 그녀가 진심으로 요리를 즐겼다는 점이다. 그녀의 웃음과 유머는 요리를 더욱 즐겁고 접근하기 쉬운 것으로 만들었다.

요리를 넘은 문화적 혁명가

줄리아 차일드의 영향력은 요리 기술을 가르치는 것을 훨씬 넘어섰다. 그녀는 미국의 음식 문화와 여성의 역할에 대한 인식을 근본적으로 바꾸었다.

1960년대 미국에서 "좋은" 음식은 빠르고 편리한 것이었다. 전후 시대의 미국은 캔 수프, 냉동식품, 인스턴트 푸딩을 "현대적" 삶의 상징으로 받아들였다. 줄리아는 이런 트렌드에 정면으로 도전했다. 그녀는 신선한 재료의 중요성, 음식 준비에 투자하는 시간의 가치, 그리고 식사를 통한 소통과 즐거움을 강조했다.

또한, 줄리아는 여성의 역할에 대한 전통적인 관념에 도전했다. 그녀는 주부로서의 요리가 아니라, 전문가로서의 요리를 보여주었다. 그녀는 요리를 의무가 아닌 창의적 표현과 즐거움의 원천으로 재정의했다. 이것은 베티 프리단(Betty Friedan)의 『여성의 신비(The Feminine Mystique)』[3] 가 출간되고 여성 해방 운동이 시작되던 시기에, 여성의 새

---

3. 베티 프리단(Betty Friedan)의 『여성의 신비(The Feminine Mystique)』는 1963년에 출간되었으며, 현대 페미니즘 운동의 중요한 촉매제 역할을 했다. 이 책은 미국 중산층 여성들의 불만과 좌절을 "이름 없는 문제(the problem that has no name)"라고 정의하며, 당시 사회가 여성들에게 부여한 가정주부의 역할에 의문을 제기했다. 프리단의 책은 여성들이 가

로운 가능성을 보여주는 중요한 메시지였다.

나아가 줄리아는 나이 듦에 대한 인식을 바꾸었다. 오십 대 여성이 새로운 커리어를 시작하고 전국적인 유명인이 되는 것은 당시로는 매우 이례적인 일이었다. 그녀는 젊음 중심 문화에 도전하며 오십 대, 육십 대, 심지어 팔십 대에도 여전히 배우고, 성장하고, 이바지할 수 있다는 것을 증명했다.

줄리아의 유산, 늘 대담하게

2004년, 91세의 나이로 줄리아 차일드가 세상을 떠났을 때, 그녀는 단순한 요리사가 아닌 미국의 문화적 아이콘으로 추모받았다. 그녀의 주방은 스미소니언 박물관에 전시되었고, 그녀의 삶은 책, 영화, TV 시리즈로 재현되었다.

줄리아의 진정한 유산은 특정 요리법이나 기술을 넘어선다. 그것은 삶에 대한 태도, 열정을 추구하는 용기, 실패에도 불구하고 계속 시도하

정 밖에서 의미 있는 경력과 교육을 추구할 권리가 있다는 메시지를 전달했고, 1960년대와 1970년대의 여성해방운동(Women's Liberation Movement)이 본격적으로 시작되는 데 큰 영향을 미쳤다. 이 시기는 여성들이 직업, 교육, 법적 권리 등 다양한 영역에서 평등을 요구하며 사회적 변화를 추구했던 중요한 역사적 시점이었다.

는 끈기, 그리고 진정성과 유머로 세상을 대하는 방식이다.

무엇보다 줄리아는 우리에게 '늘 대담하게(Always be bold)' 살라고 가르쳤다. 그녀의 삶은 나이, 경험 부족, 또는 사회적 기대가 우리의 꿈을 제한해서는 안 된다는 강력한 증거다.

오십 대 이후의 인생을 고민하는 모든 이들에게, 줄리아 차일드의 이야기는 희망과 가능성의 등대가 된다. 그녀는 우리에게 상기시킨다. 인생에서 가장 맛있는 요리는 아직 만들어지지 않았을지도 모른다는 것을.

"인생에 너무 늦는 때란 없다. 당신이 진정으로 원하는 것을 찾았다면, 그것을 추구하라. 두려움 때문에 뒤로 물러서지 마라. 가장 중요한 것은 열정과 용기다."

매일 밥을 먹는다.

그리고 매일 사람들을 만난다.

입맛이 있든 없든 때가 되면 밥을 먹고,

원하든 원하지 않든 만날 사람들을 만나는 것.

그런데 문득 돌아보니

그토록 평범한 일상이

여간 비범한 게 아니었다.

인생의 쓴맛 단맛이 그 속에 늘 다 있었다.

- 함영, 『곰탕에 꽃 한 송이』 중에서

제6장

오십의 사는 맛, 사는 멋

"사랑해, 미안해, 고마워"를 매일 입에 달고 다녀라.

오십에 "사랑해, 미안해, 고마워" 세 마디를 가슴에 새기면, 행복은 반드시 찾아온다. 나는 행복을 100% 보장한다.

인생을 마감하며 죽을 때 무슨 말을 할 것 같은가? 나는 대학교 3학년 때 아버님이 돌아가셨다. 아버님이 돌아가실 때 나에게 속삭이던 말을 평생 기억하고 있다. 아직도 귀에 쟁쟁하다. 잊어버리려고 해도 잊어버릴 수가 없다. 인생을 살아가면서 힘들고 지칠 때, 넘어지고 쓰러지고 싶을 때, 포기하고 싶을 때 아버님이 나에게 한 말이 위로되고 힘이 된다.

그 말이 무엇인지 아는가? 죽을 때 사람들이 어떤 말을 가장 많이 하나? "사랑해, 미안해, 고마워." 놀랍게도 이 세 가지 말을 가장 많이 한다고 한다.

"행복은 삶의 의미이고 목적이며, 인간존재의 목표이고, 이유이다."라는 아리스토텔레스의 말처럼, 우리는 모두 행복을 추구한다. 이 세상에 불행을 원하는 사람은 없다. 수많은 젊은이가 행복하기 위해서 이성을 사귀고 심지어 결혼까지 한다. 행복하기 위해서 쫄쫄이 굶으면서 해외여행을 떠난다.

하지만 도스토옙스키(Dostoevskii)는 "인간이 불행한 것은 자기가 행복하다는 것을 모르기 때문이다. 이유는 단지 그뿐이다. 이걸 깨닫는 자는 단번에 행복해진다."라고 말했다. 행복은 멀리 있지 않다. 행복은 우리의 일상에서, 매일의 작은 말 한마디에서 시작된다.

세 마디 말이 바꾸는 인생

"사랑해"의 힘

"사랑해."라는 말은 단순히 연인 사이의 말이 아니다. 부모에게, 자녀에게, 친구에게, 심지어 나 자신에게도 필요한 말이다.

아침에 거울을 볼 때마다 "나는 나를 사랑해."라고 말해보자. 자기 사랑에서 시작하여 타인을 향한 사랑으로 확장될 때, 우리 삶의 질은 놀랍게 변화한다.

출근하는 배우자에게 "사랑해."라고 말해보자. 등교하는 아이에게 "너를 사랑한다."라고 말해보자. 오랜만에 부모님께 전화해서 "사랑해요."라고 말해보자. "사랑해."라는 말은 말하는 사람과 듣는 사람 모두를 따뜻하게 만든다. 이 말을 할 때마다 우리 몸에서는 옥시토신이라는 호르몬이 분비되어 스트레스가 줄어들고 안정감이 높아진다.

"미안해"의 용기

"미안해."라는 말은 약함의 표현이 아니라 강함의 표현이다. 자기 잘못을 인정하고 사과할 수 있는 용기는 진정한 강인함에서 나온다.

동료의 의견을 무시했을 때 "미안해, 네 말이 맞았어."라고 말해보자. 약속에 늦었을 때 "미안해, 내가 시간 관리를 못 했네."라고 말해보자. 배우자와 다툰 후에 "미안해, 내가 너무 감정적이었어."라고 말해보자.

작은 실수에도 진심 어린 사과를 할 줄 아는 사람은 관계의 회복력을 높이고, 더 깊은 신뢰를 쌓을 수 있다. "미안해."라는 말 한마디가 수년간의 갈등을 해소하고, 끊어진 관계를 회복시키는 기적을 만들어낸다.

"고마워"의 마법

"고마워."라는 말은 하기 가장 쉽지만, 효과는 가장 큰 말이다. 이 말은 받는 사람뿐만 아니라 하는 사람의 마음도 풍요롭게 만든다.

커피를 건네주는 바리스타에게 "고마워요."라고 말해보자. 버스 기사님께 내릴 때 "감사합니다."라고 말해보자. 동료가 도움을 줬을 때 "네 도움이 정말 고마워."라고 말해보자.

매일 밤, 잠들기 전 오늘 하루 감사할 일 세 가지를 떠올려보자. 감사의 습관은 우리 마음의 근육을 키워 주고, 더 많은 감사할 일들을 발견하게 해준다.

하버드 대학과 UC Davis(University of California, Davis)에서 진행한, 감사 표현이 정신적, 신체적 웰빙에 미치는 긍정적 영향을 과학적으로 입증한 연구에 따르면, 매일 감사의 말을 표현하는 사람들은 그렇지 않은 사람들보다 15% 더 낙관적이고, 10% 더 적은 신체적 증상을 경험하며, 25% 더 높은 에너지 수준을 보인다고 한다.

세 마디 말이 만드는 변화

매일 "사랑해, 미안해, 고마워."라는 세 마디를 사용하면 우리 삶은 놀라운 변화를 경험하게 된다. 이 세 마디는 우리의 관계를 근본적으로 변화시킨다. "사랑해."라는 말을 통해 우리는 서로의 마음을 확인하고 정서적 유대를 강화한다. 배우자에게, 자녀에게, 부모님에게 "사랑해."라고 말할 때마다 그 관계는 더 깊어지고 단단해진다.

심리학자 존 가트맨(John M. Gottman)의 시애틀 '러브 랩(Love Lab)'에서 수천 쌍의 커플을 20년 이상 관찰한 장기 연구를 보면 정기적으로 사랑을 표현하는 가족은 그렇지 않은 가족보다 갈등 해결 능력이 30% 더 높은것으로 나타났다.

"미안해."라는 말은 갈등을 해소하고 관계의 상처를 치유한다. 자기 잘못을 인정하는 용기를 가진 사람 주변에는 자연스럽게 사람들이 모인다. 사과의 말을 아끼지 않는 리더는 팀원들로부터 더 큰 신뢰와 존경을 받는다. 실제로 직장 내에서 실수를 인정하고 사과할 줄 아는 관리자가 이끄는 팀은 생산성이 25% 더 높다는 연구 결과도 있다.

"고마워."라는 말은 우리의 마음을 풍요롭게 만든다. 감사의 표현은 말하는 사람과 듣는 사람 모두에게 긍정적인 영향을 미친다. 매일 감사 일기를 쓰는 사람들은 스트레스 호르몬인 코르티솔 수치가 23% 낮아지고, 행복 호르몬인 세로토닌과 도파민 수치는 증가한다. 이는 우울증 위험을 낮추고, 면역력을 높이며, 심장 건강에도 좋은 영향을 미친다.

이 세 마디 말을 통해 우리의 뇌는 긍정적인 방향으로 재구성된다. 신경과학에서는 '뇌 가소성'이라는 개념을 통해 반복적인 생각과 행동이 뇌의 구조를 실제로 변화시킨다는 것을 보여준다. "사랑해, 미안해, 고마워."라는 말을 매일 사용하면, 우리의 뇌는 점차 사랑, 용서, 감사의 패턴으로 재구성된다.

이런 변화는 단순히 개인의 변화에 그치지 않는다. 한 사람이 변하면 그 주변 사람들도 영향을 받는다. 마치 호수에 던진 돌에 퍼져나가는 파동처럼, 당신의 작은 말 한마디가 주변 사람들에게 전파되어 더 넓은 세계에 긍정적인 변화를 불러온다. 이것이 바로 세 마디 말이 가진 진정한 힘이다.

결국 "사랑해, 미안해, 고마워."라는 세 마디는 우리를 더 행복한 사람으로 만든다. 행복은 외부의 조건이 아닌 내면의 상태에서 오기 때문이다. 사랑하고, 용서하고, 감사하는 삶을 살 때, 우리는 어떤 상황에서도 행복을 경험할 수 있다. 이것이 바로 세 마디가 만드는 가장 큰 변화이다.

오늘부터 시작하라.

오십에 새로운 사람들과 어울리고 이들에게 관심을 가지고, 열정적으로 서로 돕고, 아끼고, "사랑해, 미안해, 고마워."를 매일 말해라. 죽을 때 이야기하지 말고 오십부터 매일 "사랑해, 미안해, 고마워."를 입에 달고 다녀라.

아니, 오십까지 기다릴 필요도 없다. 지금 당장 시작해도 늦지 않다.

- 오늘 저녁, 가족 식탁에서 "함께해서 정말 고마워."라고 말해보자.
- 내일 아침, 출근길에 배우자에게 "당신을 사랑해."라고 말해보자.
- 다음 주, 오래된 오해가 있는 친구에게 "그때 내가 미안했어."라고 말해보자.
- 매일 밤 잠들기 전, 거울 속 자신에게 "오늘도 수고했어, 고마워."라고 말해보자.

이 세 마디 말의 힘은 말 자체가 아니라 그 말에 담긴 진심과 꾸준함에서 나온다. 형식적인 습관이 아닌, 마음에서 우러나오는 진실한 표현이어야 한다.

인생은 릴레이다. 우리는 서로에게 바통을 전달하며 함께 달려간다. "사랑해, 미안해, 고마워."라는 세 마디는 그 바통을 전달하는 가장 아름다운 방식이다.

매일 조금씩 실천하다 보면 어느새 당신의 인생은 더 풍요롭고 행복해져 있을 것이다. 그리고 마지막 순간이 왔을 때, 당신은 후회 없이 "사랑했어, 미안했어, 고마웠어."라고 말할 수 있을 것이다.

그러면 반드시 행복해진다. 내가 행복을 100% 보장한다.

몸은 주업, 일은 부업

건강이 없으면 지혜가 드러날 수 없고, 예술이 드러날 수 없고, 힘을 발휘할 수 없고, 부는 쓸모가 없고, 이성은 무력하다.

- 헤로필루스(Herophilus, 고대 그리스 의학자)

어느 날 갑자기 찾아온 요통은 내게 인생의 중요한 교훈을 가르쳐주었다. 30년 가까이 회사에 몸과 마음을 바쳐온 오십 대의 나에게, 몸은 마침내 '이제는 그만'이라고 말했다. 병원에서는 MRI를 찍고 디스크라는 진단을 내렸지만, 그것은 단순한 의학적 소견이 아니었다. 그것은 내 삶의 방향 전환을 요구하는 강력한 신호였다.

수십 년 동안 나는 '일'을 '삶'으로 착각했다. 승진과 성과를 위해 몸은 뒷전이었다. 그러나 오십 대에 접어든 지금, 진실은 명백해졌다. 아무리 뛰어난 경력과 성취를 쌓아도, 그것을 누릴 건강한 몸이 없다면 무슨 의미가 있을까?

재활치료사가 했던 말이 계속 머릿속에 맴돌았다. "몸을 바꾸면 길이 보입니다." 처음에는 그저 재활에 관한 조언으로 들렸지만, 깊이 생각해 보니 그것은 인생의 철학이었다. 몸과 마음은 하나다. 몸이 바로 서야 일도, 관계도, 꿈도 바로 설 수 있다.

우리 오십 대는 특별한 세대다. 치열한 경쟁 속에서 가족을 부양하며 한국 경제의 성장을 이끌어왔다. '빨리빨리' 문화 속에서 결과를 내기 위해 자신의 몸을 혹사하는 것이 미덕처럼 여겨지던 시대를 살아왔다. 그 결과 많은 동료가 과로와 스트레스로 건강을 잃었다. 이제는 패러다임의 전환이 필요하다. '몸은 주업, 일은 부업'이라는 발상의 전환 말이다.

오십 대, 몸이 먼저다.

처음 요가 매트 위에 서서 단순한 동작조차 힘겨워했을 때, 나는 내 몸이 얼마나 굳어 있는지 실감했다. 평생 책상에 앉아 일만 하다 보니 온몸의 근육은 위축되고 관절은 굳어 있었다. 그러나 한 달, 두 달 꾸준히 이어가니 변화가 찾아왔다. 단순히 유연성이 좋아진 것만이 아니었다. 만성적인 어깨 통증이 줄어들고, 숙면을 할 수 있게 되었으며, 오후의 나른함도 많이 감소했다.

오십 대의 운동은 이십 대처럼 화려하거나 극적인 성과를 기대하는 것이 아니다. 그것은 천천히, 그러나 꾸준히 내 몸을 되찾아가는 여정이다. 관절을 부드럽게 하고, 근력을 조금씩 키우며, 균형감각을 향상하는 것이다. 이런 작은 변화들이 모여 일상의 질을 크게 향상한다.

"하지만 그런 운동할 시간이 어디 있어?"라고 묻는 목소리가 들린다. 바로 여기에 중요한 관점의 전환이 필요하다. 운동은 시간을 '빼앗는' 것이 아니라, 오히려 더 질 높은 시간을 '선물하는' 것이다. 30분의 움직임은 남은 하루를 더 선명하고, 집중력 있고, 활력이 넘치게 만든다.

우리 몸은 평생 살아갈 집이다. 최고급 호텔에서 하룻밤 묵기 위해 큰돈을 기꺼이 지급하면서, 왜 평생 머물 내 몸의 집을 돌보는 데는 인색해지는가? 매일 청소하고 관리하지 않는 집이 어떻게 되는지 상상해 보라. 천장에서는 물이 새고, 벽에는 균열이 생기고, 바닥은 삐걱거린다. 우리 몸도 마찬가지다. 꾸준한 관리와 투자 없이는 편안하고 안전한 거주지가 될 수 없다.

만약 지금까지 몸을 챙기지 않았다 해도 늦지 않았다. 오십 대는 오히려 자신을 돌볼 시간적, 경제적 여유가 조금씩 생기는 시기다. 자녀들은 독립해 가고, 가장 큰 부양책임에서 조금씩 자유로워지는 때다. 이제는 내 몸에 투자할 차례다.

내 몸의 CEO가 되어라.

　현대 의학의 발전에도 불구하고, 우리는 건강에 대한 책임을 너무 쉽게 의료 전문가들에게 넘기는 경향이 있다. 물론 전문가의 도움은 중요하지만, 자기 몸을 가장 잘 아는 사람은 바로 자기 자신이어야 한다.

　오십 대가 되면 다양한 건강 이슈들이 찾아온다. 고혈압, 당뇨, 고지혈증과 같은 만성질환의 위험도 커진다. 그러나 이런 문제들은 대부분 생활 습관과 밀접하게 연관되어 있다. 약물치료도 중요하지만, 근본적인 해결책은 내 손에 있다.

　실제로 나는 높은 콜레스테롤 수치로 약물치료를 권유받았지만, 식이조절과 규칙적인 운동을 통해 약 없이도 정상 수치를 회복할 수 있었다. 내 몸이 특정 음식에 어떻게 반응하는지, 어떤 활동 후에 에너지가 상승하는지 꼼꼼히 기록하며 패턴을 발견했다. 그리고 그 패턴에 맞춰 생활 습관을 조정했더니, 검진 결과에서도 놀라운 변화가 나타났다.

　오십 대의 몸은 마치 수십 년을 달려온 자동차와 같다. 이제 정기적인 점검과 관리가 그 어느 때보다 중요해진다. 정기적인 건강검진은 물론, 일상에서 자기 관찰도 중요하다. 아침에 일어났을 때의 몸 상태, 식사 후의 반응, 활동 후의 피로도… 이런 세세한 신호들에 귀 기울이는 습관이 건강한 노후의 기반이 된다.

또한, 오십 대는 특히 근육 유지가 중요한 시기다. 삼십 대 이후부터 매년 근육량이 약 1%씩 감소하는데, 오십 대부터는 그 속도가 빨라진다. 근육은 단순히 외모의 문제가 아니다. 그것은 대사 활동, 면역 기능, 골밀도 유지에 핵심적인 역할을 한다. 근력 운동은 노년기 독립적인 생활을 위한 가장 중요한 투자다.

근력 운동이라고 해서 무거운 웨이트를 들어 올리는 것만을 의미하지는 않는다. 탄력 밴드를 이용한 간단한 운동, 체중을 이용한 스쿼트나 팔굽혀펴기, 수영이나 등산 같은 활동도 충분한 근력 자극이 될 수 있다. 중요한 것은 꾸준함이다.

지속 가능한 건강의 지혜, 중용을 찾아라.

오십 대의 건강관리에서 가장 중요한 것은 지속 가능성이다. 무리한 다이어트나 극단적인 운동법은 오히려 건강을 해칠 수 있다. 완벽한 건강 루틴을 찾기보다는, 자신의 현실과 상황에 맞는 지속 가능한 습관을 찾는 것이 중요하다.

실제로 나는 '완벽한 운동'을 찾아 헤매다가 수없이 실패했다. 한 달 동안 매일 1시간씩 헬스장을 가겠다는 원대한 계획은 일주일을 넘기지 못했다. 그러다 '하루 10분의 아침 스트레칭'이라는 작은 목표로 시작해 보니, 그것이 점차 15분, 20분으로 자연스럽게 늘어났다. 중요한 건 시작이었다.

운동을 지속하는 비결은 복잡하지 않다. 첫째, 즐거움을 찾아라. 고통스럽고 지루한 운동은 오래 하기 어렵다. 둘째, 작게 시작하라. 하루 5분의 스트레칭부터 시작해도 좋다. 셋째, 일상에 통합하라. 특별한 시간을 내기보다 일상에서 신체 활동을 늘리는 방법을 찾아라.

건강한 식습관도 마찬가지다. 극단적인 식이 제한은 오래 하기 어렵다. 대신 작은 변화부터 시작하자. 백미 대신 현미를 선택하기, 설탕 음료 대신 물이나 차 마시기, 간식으로 과일이나 견과류 선택하기 등의 작은 습관들이 모여 큰 변화를 만든다.

현대 사회는 끊임없는 자극과 새로움을 추구한다. 그러나 역설적으로, 건강한 삶은 어느 정도의 '단순함'과 '규칙성'을 필요로 한다. 규칙적인 수면 패턴, 일정한 식사 시간, 계획된 운동 루틴 등 예측할 수 있는 리듬은 우리 몸의 생체 시계를 안정시키고 장기적 건강에 이바지한다.

인생의 다른 영역에서처럼, 건강에서도 '중용'이 핵심이다. 극단으로 치우치지 않고 지속 가능한 중간 길을 찾는 것, 이것이 노자가 말한 '도(道)'의 원리이자, 동양 철학에서 강조해 온 지혜다.

오십 대의 건강한 몸이 선사하는 예상 밖의 선물들

운동의 효과는 단순히 체력 향상에 그치지 않는다. 특히 오십 대에 찾아오는 호르몬 변화와 스트레스에 맞서, 규칙적인 운동은 놀라운 정서적 안정을 가져다준다. 작은 스트레스에도 쉽게 화를 내던 내가, 운동을 시작한 후로는 훨씬 더 여유롭게 상황을 대할 수 있게 되었다.

오십 대는 흔히 '허리띠가 두꺼워지는' 시기라고 한다. 그러나 이는 불가피한 것이 아니다. 규칙적인 신체 활동은 대사 기능을 개선하여 체중 관리를 돕고, 더 중요하게는 체성분 구성(근육과 지방의 비율)을 개선한다. 체중계의 숫자보다 더 중요한 것은 몸의 구성과 기능이다.

건강한 신체는 또한 오십 대의 중요한 과제인 스트레스 관리에도 큰 도움이 된다. 자녀의 독립, 부모님의 건강 문제, 직장에서의 변화… 이 시기에 마주하는 다양한 스트레스 요인들에 맞서, 운동은 강력한 방패가 된다. 운동 중 분비되는 엔도르핀은 자연의 항우울제라 불리며, 전반적인 기분 개선에 도움을 준다.

또한, 오십 대는 수면의 질이 변화하는 시기이기도 하다. 깊은 수면 단계가 줄어들고, 밤중에 깨는 빈도가 증가하는 경향이 있다. 규칙적인 운동은 이러한 변화에 대응하여 수면의 질을 개선하는 데 효과적이다. 단, 취침 직전의 격렬한 운동은 오히려 수면을 방해할 수 있으니, 저녁 식사 직후나 오후에 적당한 강도의 운동을 하는 것이 좋다.

건강한 몸은 궁극적으로 자유를 선사한다. 신체적 제약 없이 원하는 활동을 즐기고, 에너지 넘치는 일상을 영위하며, 노년기까지 독립적인 생활을 유지할 수 있는 자유 말이다. 주변을 둘러보라. 건강한 노년을 보내는 사람들의 공통점은 무엇인가? 그들은 오래전부터 꾸준히 자기 몸을 돌봐왔다. 특별한 비결이 아니라, 일상 속 작은 선택들이 쌓여 건강한 노후를 만든 것이다.

오십 대는 노화를 늦추는 것이 아니라, 어떻게 더 건강하게 나이 들어갈 것인가를 고민해야 할 때다. 문제는 나이가 아니라 신체적 기능이다. 같은 나이라도 신체 기능의 차이는 엄청나다. 꾸준한 운동과 건강한 식습관을 통해 '기능적 나이'를 낮추는 것이 가능하다.

'몸이 주업'인 삶으로의 전환

'몸은 주업, 일은 부업'은 오십 대가 마주해야 할 중요한 패러다임 전환을 의미한다. 지금까지 우리는 '일'을 삶의 중심에 두고, 성공과 성취를 최우선으로 여겨왔다. 그 과정에서 '몸'은 그저 일을 수행하기 위한 도구로 전락했다.

그러나 오십 대는 인생의 중요한 전환점이다. 지금까지의 성공과 성취를 바탕으로, 남은 인생을 어떻게 더 풍요롭고 의미 있게 살 것인가를 고민해야 할 때다. 그리고 그 풍요로운 삶의 기반은 건강한 몸에서 시작된다.

"하지만 현실적으로 가능할까?" 이런 의문이 들 수 있다. 여전히 일해야 하고, 가족을 부양해야 하는 현실. 그런데도 몸을 주업으로 삼는 삶은 가능하다. 그것은 시간의 문제가 아니라 우선순위의 문제다.

몸을 주업으로 삼는다는 것은 무엇을 의미할까? 그것은 매일 아침 몸의 상태를 확인하고, 그에 알맞게 하루 일정을 조정하는 것이다. 피곤하고 에너지가 떨어졌다면, 무리하게 일을 밀어붙이기보다 충분한 휴식을 취하는 것이다. 정기적으로 몸을 움직이고, 건강한 음식을 선택하며, 충분한 수면을 하는 것을 삶의 최우선 과제로 삼는 것이다.

일을 부업으로 본다는 것은 일의 가치를 폄훼하는 것이 아니다. 오히려 일을 더 효율적이고 지속 가능하게 수행하기 위한 전략이다. 건강한 몸과 정신은 더 나은 업무 성과, 더 창의적인 문제 해결, 더 효과적인 의사소통을 가능케 한다. 몸을 우선시함으로써 역설적으로 일에서도 더 나은 결과를 얻을 수 있다.

100+ 시대에 오십 대는 앞으로 지금까지 산 만큼 살아가야 할 우리에게, 몸은 그 여정을 함께할 가장 중요한 동반자다. 당신의 몸에 투자한 시간과 노력이 돌아와 노년의 삶의 질을 결정할 것이다.

건강은 단순히 질병의 부재가 아니다. 그것은 신체적, 정신적, 사회적으로 완전한 웰빙 상태를 의미한다. '몸은 주업, 일은 부업'이라는 관점으로 삶을 재구성할 때, 우리는 더 충만하고 의미 있는 인생을 살아갈 수 있을 것이다.

당신의 가장 중요한 프로젝트는 다름 아닌 바로 당신 자신의 몸이다. 오늘부터 그 프로젝트에 최우선 순위를 두어보자. 몸이 주업이 되고 일이 부업이 될 때, 당신은 진정한 의미의 성공과 행복을 경험하게 될 것이다.

오십에 시작한 공부가 가장 재미있다.

소크라테스는 독약이 준비되고 있는 동안 피리로 음악 한 소절을 연습하고 있었다. "대체 지금 그게 무슨 소용이오?" 누군가 이렇게 묻자, 소크라테스는 다음과 같이 답했다. "그래도 죽기 전에 음악 한 소절은 배우지 않겠는가?"

- 이탈로 칼비노(Italo Calvino, 작가), 『왜 고전을 읽는가』 중에서

나이가 들어도 배움을 멈추지 않는 사람들이 점점 늘어나고 있는 시대다. "이제 와서 무슨 공부야."라는 말은 자신을 가두는 감옥의 열쇠다. 공부하지 않기로 한 그 순간부터 우리의 정신은 서서히 늙어간다. 반면, 새로운 배움에 도전하는 순간, 우리는 시간을 거스르는 마법을 경험하게 된다. 호기심과 열정으로 가득 찬 눈빛은 나이를 초월한다.

나는 쉰 살에 처음으로 글쓰기를 배우기 시작했다. 처음에는 '내가 과연 할 수 있을까?'라는 의심이 끊임없이 따라다녔다. 하지만 한 문장, 한 단락씩 익혀갈수록 잊고 있던 성취감을 다시 맛보게 되었다. 그리고 문

득 깨달았다. 오십에 시작한 공부가 스무 살 때보다 더 깊은 기쁨을 준다는 것을.

다시 배우기는 동기부여에 최고

"배움에는 끝이 없지만, 시작하기에 늦을 때도 없다." 이 말은 오십 대 학습자들 사이에서 특히 공감을 얻는다. 인생의 절반을 살아오며 우리는 많은 것을 경험한다. 성공과 실패, 기쁨과 슬픔이 켜켜이 쌓여 우리만의 인생 지도를 그려낸다. 오십에 시작하는 공부는 단순한 지식 습득이 아닌, 자신의 경험을 재해석하고 재구성하는 과정이다.

젊은 시절의 공부가 미래를 위한 준비였다면, 오십의 공부는 더 깊은 의미를 지닌다. 그것은 자신을 위한, 순수한 배움의 기쁨을 위한 여정이다. 요리, 악기, 외국어, 심지어 대학 공부까지, 그 어떤 분야도 늦은 것이 없다.

중년에 접어든 우리에게 가장 필요한 것은 바로 '다시 시작할 수 있다'라는 믿음이다. 이 믿음은 인생의 다른 영역에까지 긍정적인 파급효과를 가져온다. 새로운 언어를 배울 수 있다면 새로운 직업에 도전할 수도 있지 않을까? 낯선 악기를 다룰 수 있다면 오랫동안 미뤄둔 꿈도 이룰 수 있지 않을까?

청년 시절의 학습과 오십의 학습에는 결정적인 차이가 있다. 바로 '경험'이라는 풍부한 자산이다. 젊은 날의 우리는 백지상태에서 지식을 쌓아갔지만, 이제 우리에게는 그 지식을 연결하고 통합할 수 있는 경험의 그물망이 있다.

역사를 배울 때, 우리는 단순히 사건과 연도를 암기하는 것이 아니라 인간의 본성과 사회의 패턴을 더 깊이 이해하게 된다. 왜냐하면, 우리 자신이 작은 역사의 한 부분을 살아왔기 때문이다. 외국어를 배울 때는 언어가 담고 있는 문화적 맥락과 뉘앙스를 더 섬세하게 파악할 수 있다. 인생을 살아오며 쌓은 소통의 경험이 있기 때문이다.

지난해 만난 절친 고객 박혜경(가명) 씨는 53세에 심리학을 공부하기 시작했다. 30년간의 직장 생활과 가정에서 경험이 교과서의 이론을 생생하게 이해하는 데 큰 도움이 되었다고 한다. 그녀의 말에 따르면, "이십 대였다면 그저 외웠을 내용들이 이제는 가슴으로 이해돼요. 내 인생의 조각들이 학문을 통해 의미를 찾는 느낌이에요."

한국교육개발원의 평생교육 실태조사(2023)에 따르면, 50세 이상 성인 중 정기적으로 학습 활동에 참여하는 사람들의 삶의 만족도가 그렇지 않은 이들보다 유의미하게 높게 나타났다. 학습은 성취감, 자기 효능감, 그리고 사회적 연결을 제공하며 이는 중년의 삶의 질을 크게 향상한다.

디지털 시대의 오십 대 학습, 무한한 가능성

과거 오십 대의 학습은 주로 지역 문화센터나 평생교육원에 한정되었지만, 이제는 전 세계 최고의 강사들에게 배울 수 있는 시대가 되었다.

무크(MOOC, 오픈형 온라인 학습 과정) [1] 플랫폼의 등장은 오십 대 학습자에게 특히 의미가 크다. 커리어와 가정의 책임으로 인해 정규 교육 기관에 다닐 시간이 없는 중년 학습자들에게 온라인 학습은 완벽한 대안이 되고 있다. 코세라, 에드엑스, 유데미와 같은 글로벌 플랫폼은 물론, 국내의 클래스101, 인프런 등 다양한 플랫폼이 고품질 교육 콘텐츠를 제공한다.

---

1. 무크(MOOC)는 'Massive Open Online Course'의 약자로, 불특정 다수를 대상으로 하는 대규모(Massive), 누구나 수강할 수 있는 개방형(Open), 웹 기반의(Online) 교육 과정(Course)을 의미한다. 2008년부터 발전하기 시작한 이 교육 플랫폼은 2012년 스탠퍼드, MIT, 하버드 등 세계 유수 대학들이 참여하면서 글로벌 교육 혁신으로 주목받기 시작했으며, 시공간적 제약 없이 양질의 교육 콘텐츠에 접근할 수 있다는 장점이 있다. 현재는 직업 기술 교육과 평생 학습을 위한 중요한 도구로 자리 잡고 있다.

디지털 학습의 진입장벽을 극복한 54세 임희정(가명) 씨는 "처음엔 온라인 강의가 낯설었지만, 이제는 매일 밤 세계 각국의 요리를 유튜브로 배우고 있어요. 특히 재생 속도를 조절하거나 반복해서 볼 수 있다는 점이 오십 대 학습자에게 큰 장점입니다."라고 말했다.

학습 앱의 발전도 주목할 만하다. 듀오링고(언어) [2], 루미노시티(두뇌 훈련) [3], 심플리 피아노(음악) [4] 등 다양한 앱은 게임화(Gamification) 요소를 통해 학습의 재미를 극대화한다. 머신러닝을 활용해 개인별 학습 패턴을 분석하고 맞춤형 콘텐츠를 제공하는 앱도 증가하고 있다.

디지털 도구 활용에 어려움을 느끼는 중년 학습자를 위한 자원도 늘고 있다. 서울시 50플러스재단은 '디지털 학습 도우미' 프로그램을 통해 온라인 학습 플랫폼 사용법부터 화상 회의 참여 방법까지 무료로, 단계별로 교육하고 있다.

---

2. 듀오링고(Duolingo)는 2011년 출시된 언어 학습 앱으로, 40개 이상의 언어 과정을 무료로 제공한다. 짧은 레슨, 경험치 시스템, 리그 경쟁 등 게임적 요소로 사용자의 학습 동기를 유지하는 것이 특징이다.
3. 루미노시티(Lumosity)는 인지 과학자들이 개발한 두뇌 훈련 앱으로, 기억력, 주의력, 문제 해결 능력 등을 향상하기 위한 다양한 게임을 제공한다.
4. 심플리 피아노(Simply Piano)는 조이튠스(JoyTunes)가 개발한 피아노 학습 앱으로, 초보자부터 중급자까지 단계별 피아노 연주법을 배울 수 있다. 실시간 피드백 시스템을 통해 정확한 연주를 유도하고, 인기곡 라이브러리를 통해 학습 동기를 부여한다.

학습을 통한 새로운 관계와 소속감

"오십 대에 시작한 댄스 수업이 내 인생에 새 친구들을 선물했어요." 살사 댄스를 배우는 56세 이미란(가명) 씨의 말이다. 오십 대 이후의 학습은 지식 획득 이상의 가치가 있다. 그것은 새로운 인간관계와 소속감을 제공한다. 비슷한 관심사를 가진 사람들과의 만남은 학습 동기를 강화하고, 외로움을 줄이며, 삶의 질을 향상한다.

커뮤니티 센터에서 목공을 배우는 52세 한근희(가명) 씨는 "처음엔 나무로 작품 만드는 법을 배우러 갔는데, 지금은 평생 친구들을 만났어요. 함께 전시회도 가고, 서로의 작품에 피드백도 주고받죠. 이런 관계가 내 삶을 더 풍요롭게 만들었어요."라고 전했다.

온라인 학습 커뮤니티도 중요한 역할을 한다. 코로나19 이후 활성화된 화상 회의 플랫폼을 통해 전 세계 사람들과 함께 배울 기회가 생겼다. 온라인 독서 모임에 참여하는 55세 정영미(가명) 씨는 "서울에 있는 내가 제주, 부산, 심지어 해외에 사는 사람들과 같은 책을 읽고 토론합니다. 이런 다양한 관점이 내 사고의 폭을 넓혀주고 있죠."라고 말했다.

통계청의 사회조사(2022년)에 따르면, 오십 대 이상 성인 중 사회활동에 적극적으로 참여하는 이들의 생활 만족도가 그렇지 않은 이들보다 높게 나타났다. 학습은 이러한 사회활동 참여의 중요한 통로 역할을 한다.

오십 대 학습의 글로벌 트렌드

이는 우리나라만의 현상이 아니다. 유럽연합(EU)의 조사에 따르면, 2021년 기준 50~64세 성인의 평생학습 참여율은 북유럽 국가들에서 특히 높았다. 덴마크(20.6%), 스웨덴(19.2%), 핀란드(17.4%)는 중년층의 학습 참여가 활발한 국가들이다.

OECD의 '성인역량조사(PIAAC) [5]' 결과에 따르면, 오십 대 이상 학습자들의 학습 동기는 젊은 세대와 다르게 나타났다. 젊은 세대가 주로 취업과 경력 향상을 위해 학습한다면, 오십 대 이상은 개인적 성취와 삶의 질 향상을 목적으로 하는 경우가 많았다.

일본의 경우, '인생 100년 시대'를 대비한 중장년층 재교육 프로그램이 정부 주도로 확대되고 있다. 도쿄 대학교의 '시니어 아카데미'는 오십 대 이상을 위한 특화된 프로그램을 운영하며, 매년 지원자가 증가하고 있다.

---

5. PIAAC : Programme for the International Assessment of Adult Competencies

미국에서는 '앙코르 커리어(Encore Career)[6]'라는 개념이 오십 대 이상의 학습과 새로운 직업 경로를 연결하는 중요한 흐름으로 자리 잡았다. 하버드 대학의 '어드밴스드 리더십 이니셔티브' 프로그램은 오십 대 이상의 전문가들이 사회 공헌 활동으로 전환하는 것을 지원하고 있다.

공부하지 않는 사람은 한순간에 늙는다.

"인생에서 가장 후회되는 것은 내가 한 일이 아니라, 하지 못한 일이다." 미국의 작가 마크 트웨인(Mark Twain)의 이 말은 오십 대 학습자들에게 특히 의미가 깊다.

"공부하기에 너무 늦었다."라는 말은 결코 사실이 아니다. 오히려 오십 대는 학습의 황금기가 될 수 있다. 풍부한 인생 경험, 더 명확해진 목표 의식, 그리고 자신을 위한 시간을 투자할 수 있는 여유가 이 시기의 학습을 더욱 의미 있고 효과적으로 만든다.

학습은 새로운 관계를 형성하며, 인생의 새로운 국면을 준비하는 데

---

6. 앙코르 커리어(Encore Career) 개념은 실제로 미국에서 오십 대 이상의 경력 전환을 설명하는 용어로 사용된다.

도움을 준다. 무엇보다, 배움의 과정 자체가 주는 기쁨과 성취감은 삶의 질을 크게 향상한다.

오늘 당신이 배우고 싶은 것은 무엇인가? 외국어, 악기, 요리, 프로그래밍… 무엇이든 좋다. 중요한 것은 '시작'이다. 첫걸음을 내딛는 순간, 당신의 새로운 여정이 시작된다.

오십에 시작한 공부가 제일 재미있다. 그리고 그 재미는 지식의 습득을 넘어, 자신을 재발견하고, 새로운 관계를 형성하며, 인생의 새로운 장을 여는 모든 과정에 있다.

나는 오십부터 재미있게 살기로 했다.

난 3살이기도 하고, 5살이기도 하고, 37살이기도 하고, 50살이기도 해. 어린애가 되는 것이 적절할 때는 어린애인 게 즐거워. 또 현명한 어른이 되는 것이 적절할 때는 현명한 어른인 것이 기쁘네. 어떤 나이든 될 수 있다는 것을 생각해 보라고!

- 미치 앨봄(Mitchell D. Albom, 작가), 『모리와 함께한 화요일』 중에서

"나이 들어 보세요. 재미있어요." 백발의 노신사가 오십 대에게 건넨 이 말은 처음에는 단순한 위로처럼 들렸다. 그러나 세월이 흐르며 이 말에 담긴 깊은 지혜를 이해하게 됐다.

나이 든다는 것은 누구에게나 좋은 일만은 아니다. 하지만 누구에게나 오는 것이기에 이 또한 받아들여야 할, 생의 궤적이다. 중요한 것은 나이 들어 좋은 점을 찾는 것이 아니라, 나이 들면서 좋은 일과 즐거운 일을 스스로 만들어가는 마음가짐이다.

어제와 오늘 사이에 큰 경계가 없듯이, 49세와 50세 사이에도 본질적인 차이는 없다. 우리는 갑자기 오십이 되어 달라지는 것이 아니라, 매일의 선택과 경험을 통해 조금씩 변화해 왔다. 그런데도 오십이란 숫자는 우리에게 특별한 의미를 준다. 그것은 아마도 인생의 절반 이상을 살았다는 깨달음, 남은 시간이 더 소중해진다는 인식 때문일 것이다.

젊은 날의 나는 무엇이든 재미를 택하려고 애썼다. 재미없는 것은 피하고, 흥미로운 것만 찾아다녔다. 그러다 서른이 되고, 마흔이 되면서 '재미'는 뒷전으로 밀려났다. 명예, 책임, 성취, 안정… 이런 단어들이 내 삶을 지배하게 됐다. 재미는 점차 사치스러운 것, 나중에 찾을 것으로 여겨졌다.

오십이 되던 해, 나는 결심했다. 이제부터는 명예보다는 즐거움을, 책임보다는 재미를 택하며 살기로. 젊은 시절의 나는 재미를 위해 책임을 회피했다면, 이제는 책임 속에서 재미를 찾는 법을 배웠다. 이것이 오십부터의 '재미있게 견디기'의 시작이다.

영국의 철학자이며 노벨문학상 수상자인 버트런드 러셀(Bertrand Russell)은 "재미의 세계가 넓으면 넓어질수록 행복의 기회가 많아지며, 운명의 지배를 덜 당하게 된다."라고 강조했다. 젊어서의 재미만 생각한다면 오십 이후는 불행하기만 할 것이다. 하지만 재미의 개념을 확장하면 완전히 새로운 세계가 열린다.

오십이 넘으면서 '받아들임'에서 오는 평화를 알게 됐다. 젊었을 때는 늘 무언가를 바꾸려 하고, 더 나은 상황을 만들려 애썼다. 하지만 이제는 있는 그대로의 현실을 받아들이고 그 안에서 기쁨을 찾는 지혜를 배웠다. 이 받아들임이 가져다주는 평온함은 젊은 시절에는 결코 경험할 수 없었던 특별한 재미다.

또한, '더 많이'가 아닌 '더 깊이'에 관심을 두게 됐다. 새로운 것을 시작하는 대신, 이미 내가 가진 것들에서 더 큰 기쁨을 찾아내는 법을 배웠다. 젊었을 때는 항상 무언가 더 필요하다고 생각했다. 더 좋은 직장, 더 넓은 집, 더 멋진 차… 하지만 오십이 되니 깨달았다. 진정한 재미는 '더'에 있지 않았다.

오십 이후의 재미는 '선택의 자유'에서 온다. 젊었을 때는 사회적 기대와 책임 때문에 선택의 폭이 제한됐다. 하지만 이제는 내게 진정으로 중요한 것이 무엇인지 분명해졌고, 그에 따라 시간과 에너지를 어디에 쏟을지 더 자유롭게 결정할 수 있게 됐다. 이 자유는 의외로 가벼운 것이 아니라 깊은 책임감을 동반한다. 스스로 선택한 삶에 대한 책임이기에 더 무겁지만, 동시에 더 기쁘게 감당할 수 있는 것이다.

또한, 오십이 넘으면 '무엇을 하느냐'보다 '누구와 함께하느냐'가 더 중요해진다. 오랜 시간 함께하며 깊은 교감을 나눌 수 있는 관계, 편안하게 침묵을 공유할 수 있는 사람들과의 시간이 더욱 소중해진다. 이런 관계는 단순한 즐거움을 넘어 삶에 깊은 만족감을 준다.

어느 날 아침, 습관처럼 마시던 커피 한 잔의 향기가 유난히 풍요롭게 느껴졌다. 그저 차분히 앉아 커피를 마시며 창밖으로 보이는 계절의 변화를 관찰하는 것만으로도 아주 행복했다. 젊었을 때는 한 번도 느끼지 못했던 감동이었다. 그때 깨달았다. 재미는 새로운 것을 찾는 게 아니라, 익숙한 것을 새로운 눈으로 바라보는 능력이라는 것을 말이다.

'재미있게 견디기'를 넘어 이제는 '의미 있게 즐기기'의 단계로 나아가고 있다. 단순한 즐거움을 넘어 내 경험과 지혜를 다른 이들과 나누는 기쁨을 발견했다. 이것은 나만의 재미를 넘어서 타인에게도 가치를 전달하는, 더 풍요로운 형태의 재미다.

더 이상 억울해하거나 외로움을 탓하지 않는다. 뭐가 그리 억울한가? 왜 외롭다고 말하면서 아무것도 하지 않는가? 내 마음속에는 지금도 철들지 않는 소년이 있다. 그 소년이 원하는 재미를 찾아주는 것, 그것이 나이 들어가는 진정한 즐거움이다.

백발 노신사의 말이 이제는 온전히 이해된다. "나이 들어 보세요, 재미있어요." 단순한 위로가 아니라 깊은 진실이었다. 나이 듦이 주는 지혜로 비로소 진짜 재미를 발견할 수 있으니까. 바로 지금, 자신에게 맞는 재미를 찾는 것이 진정 '나이답게' 늙어가는 일이다.

나는 오십부터 재미있게 살기로 했다. 그리고 그 선택이 내 삶을 완전히 바꿔놓았다. 내가 가진 것만으로도 즐거움을 느끼는 일, 그것이 진짜 재미다.

나를 위해 살 수 있는 마지막 골든타임

남을 돕기 전에 자신의 산소마스크를 먼저 착용하라. 자기 자신을 돌보는 것은 이기적인 행동이 아니다. 그것은 당신이 다른 사람들을 돌볼 수 있는 능력을 보존하는 것이다.
- 제니퍼 애쉬턴(Jennifer Ashton, 작가), 『셀프 케어 솔루션(The Self-Care Solution)』 중에서

아침에 눈을 뜨는 순간부터 잠자리에 들기까지, 우리의 하루는 타인을 향한 시간들로 채워진다. 회사에서는 상사와 동료를 위해, 가정에서는 배우자와 자녀를 위해, 그리고 사회 속에서는 끊임없이 다른 이들의 기대와 요구에 부응하기 위해 시간을 쓴다. 그 과정에서 가장 중요한 '나'라는 존재는 어느새 희미해지고, 때로는 완전히 잊히기도 한다.

골든타임. 의학적으로는 환자의 생명을 구할 수 있는 결정적 시간을 의미하지만, 우리 삶에서 골든타임은 자신의 영혼을 구원하는 시간이다. 그것은 밤의 고요 속에서 찾아올 수도 있고, 아침 일찍 모두가 잠든

시간일 수도 있으며, 혹은 바쁜 일상 속에서 의도적으로 만들어낸 작은 틈새일 수도 있다. 중요한 것은 그 시간이 온전히 '나'를 위한 것이어야 한다는 점이다.

고대 그리스인들은 이러한 시간을 '스콜레(Scholē, 여가, 한가함, 자유시간)[7]'라 불렀다. 이는 단순한 여가가 아닌, 자유로운 사유와 성찰을 위한 시간으로, 진정한 지혜는 이런 순간들 속에서 피어난다고 믿었다. 현대 심리학 역시 자기 자신과 깊은 만남이 정신적 건강과 균형에 필수적임을 증명하고 있다. 그러나 아이러니하게도, '생산성'과 '효율성'이라는 현대 사회의 강박 속에서 우리는 이 가장 중요한 시간을 자주 희생시킨다.

우리의 삶은 마치 시간의 바다 위에 떠 있는 작은 배와 같다. 조류와 바람에 휩쓸려 정처 없이 떠돌지 않으려면, 때로는 노를 젓고, 때로는 돛을 올리며 자신만의 방향을 찾아야 한다. 골든타임은 바로 그 방향을 재설정하는 귀중한 순간이다.

---

[7]. 스콜레(Scholē)는 고대 그리스어로 '여가' 또는 '한가함'을 의미하는 단어로, 단순한 무위(無爲)의 상태가 아닌 자유로운 사유와 철학적 탐구를 위한 시간을 뜻한다. 아리스토텔레스는 『니코마코스 윤리학』에서 스콜레를 인간 삶의 궁극적 목적으로 간주했으며, 이는 물질적 필요에서 벗어나 자유롭게 사색하고 지적 활동에 몰입할 수 있는 상태를 의미했다. 현대 영어의 'school(학교)'이라는 단어가 이 스콜레에서 파생되었다는 점은 주목할 만하다. 이는 진정한 교육과 지혜의 획득이 강제나 의무가 아닌, 자유로운 사유의 시간 속에서 이루어진다는 고대 그리스인들의 철학을 반영한다.

'나 자신을 위한 시간? 그런 여유가 어디 있어?' 많은 이들이 이렇게 말한다. 하지만 역설적으로, 나를 위한 시간이 없는 삶은 결국 아무에게도 의미 있는 시간을 줄 수 없게 된다. 세상의 모든 양초가 다른 이들을 위해 자신을 태우지만, 완전히 소진된 양초는 더 이상 빛을 줄 수 없다. 나를 위한 골든타임은 이기적인 행위가 아니라 지속 가능한 삶과 관계를 위한 필수적인 투자다.

실제로 나는 중년이 될 때까지 '나'를 잊고 살았다. 아이들을 키우고, 경력을 쌓고, 부모님을 모시는 일에 나의 모든 에너지를 쏟아부었다. 그러다 어느 날 거울을 보니, 그곳에 비친 얼굴은 낯선 사람의 것이었다. "이게 정말 내가 원했던 삶인가?"라는 질문 앞에서 나는 무너져 내렸다. 그때부터 나는 하루에 단 30분이라도 온전히 나를 위한 시간을 가지기로 결심했다. 처음에는 어색했고, 심지어 죄책감도 들었다. 하지만 점차 그 시간은 내 삶의 중심축이 되었다. 이 작은 변화가 내 삶의 질을 완전히 바꿔놓았다.

어쩌면 우리에게 주어진 시간은 생각보다 짧을지도 모른다. 오늘이 마지막 골든타임일 수도 있다. 내일은 또 다른 약속과 의무가 우리를 기다리고 있을 테니. 하지만 적어도 오늘만큼은, 이 귀중한 순간을 온전히 자신에게 선물해 보자. 자신을 돌보는 작은 시간이 모여 우리 삶 전체의 질을 높이는 큰 변화가 될 수 있다.

가끔은 죄책감이 밀려온다. '더 생산적인 일을 해야 하는 것 아닐까?' '내일을 위해 더 일찍 자야 하는 것 아닐까?' 하지만 곧 깨닫는다. 이 시간이야말로 가장 생산적인 시간이라는 것을. 내 영혼에 양분을 공급하는, 무엇과도 바꿀 수 없는 소중한 시간이라는 것을.

골든타임은 결국 시간의 양이 아닌 질에 관한 문제다. 15분의 깊은 명상이 몇 시간의 무의미한 스크롤보다 훨씬 더 가치 있는 것처럼, 중요한 것은 얼마나 오래 자신에게 시간을 주느냐가 아니라, 그 시간 동안 얼마나 온전히 '나'와 함께하느냐이다.

지금, 이 순간, 당신은 누구를 위해 시간을 쓰고 있는가? 혹시 가장 중요한 사람 — 바로 당신 자신 — 을 위한 시간은 충분히 확보하고 있는가? 만약 그렇지 않다면, 지금이 바로 그 마지막 골든타임을 찾아낼 때다. 당신의 영혼이 말하는 소리에 귀 기울여 보라. 그것은 아마도 이렇게 속삭일 것이다. "이제는 나를 위한 시간이 필요해."

성공보다는 존경받는 오십이 되라.

존경받는다는 것은 사랑받는 것보다 더 큰 성취다.

- 빅토르 위고(Victor Hugo, 작가)

우리 사회는 성공을 지나치게 좁게 정의한다. 화려한 이력서, 높은 직함, 풍족한 통장 잔액, 넓은 인맥. 이런 것들이 성공의 지표로 여겨진다. 이런 외적 성취를 위해 우리는 건강, 가족과의 시간, 자신의 원칙과 가치마저 기꺼이 희생한다. 그러나 과연 이것이 우리가 진정으로 원하는 삶일까? 생의 마지막 순간에 이러한 성공의 증표들이 우리에게 참된 만족을 줄 수 있을까?

IMF 시절, 내 친구 한 명은 회사에서 중요한 프로젝트를 담당하고 있었다. 경제 위기 속에서 그 프로젝트가 실패로 끝나자 많은 이들이 그를 비난했다. 그때 그의 상사가 전체 회의에서 이렇게 말했다. "지금과 같은 위기 상황에서는 도전하는 사람만이 실패할 가능성이 있다. 도전하지 않는 사람은 실패조차 할 수 없다. 우리는 도전을 멈추지 않을 것이다."

그 상사는 회사에서 특별히 두각을 나타내는 사람은 아니었다. 오히려 때로는 자신의 승진 기회를 양보하면서까지 팀원들을 보호했다. 20년이 지난 지금, 그 회사 사람들은 당시 CEO의 이름은 기억하지 못해도 그 상사의 이름과 그가 보여준 리더십은 생생히 기억한다. 그는 권위가 아닌 지혜와 공감으로 사람들의 삶에 가치를 더했기 때문이다.

우리는 종종 거대한 성취만을 가치 있게 여긴다. 하지만 일상의 작은 순간들이 모여 한 사람의 인생을 만든다. 존경받는 사람들은 바로 이 작은 순간들 속에서 진정성을 잃지 않는다. 그들은 눈앞의 이익보다 옳은 일을 선택하고, 화려한 말보다 진실한 행동을 보여주며, 자신의 성공보다 타인의 성장을 돕는다. 이런 선택들이 모여 한 사람의 캐릭터가 되고, 그 캐릭터가 바로 존경의 토대가 된다.

철학자 아리스토텔레스(Aristoteles)는 인간의 궁극적 목표를 '행복'이라고 보았다. 그러나 이는 단순한 쾌락이 아닌, 덕성을 갖추고 그에 따라 행동하는 것을 의미했다. 존경은 바로 이러한 덕성의 결과물이다. 정직, 용기, 겸손, 지혜, 관용. 이런 가치들은 시간이 지나도 색이 바래지지 않는다. 오히려 세월이 흐를수록 더욱 깊은 빛을 발한다.

우리는 오십이 되면 자연스럽게 삶의 의미를 되돌아보게 된다. 단순한 물질적 성취를 넘어 '나는 어떤 삶을 살아왔는가?' '나는 세상에 어떤 기여를 했는가?라는 질문을 던지게 된다. 이때 우리가 남긴 영향력은 명함의 직함이나 재산 목록이 아닌, 우리가 만난 사람들의 마음속에 새겨진 기억과 영향력으로 측정된다.

성공과 존경이 항상 별개의 길인 것은 아니다. 세상을 바꾸는 혁신적인 성취를 이루면서도 깊은 존경을 받는 이들이 있다. 하지만 그들이 존경받는 이유는 그 성취 자체가 아니라, 그 과정에서 보여준 진정성과 가치 때문이다. 마하트마 간디(Mahatma Gandhi)는 인도의 독립을 이끌었지만, 그가 전 세계적으로 존경받는 이유는 그의 비폭력 철학과 인간 존엄성에 대한 헌신 때문이다. 넬슨 만델라(Nelson Mandela)는 남아프리카의 대통령이 되었지만, 그가 세계적인 존경을 받는 이유는 그의 지위가 아닌 정의와 화해를 위한 그의 평생의 노력 덕분이다.

우리 주변에서도 이런 깨달음의 순간들을 발견할 수 있다. 음악 프로듀서이자 가수인 박진영은 최근 한 유튜브 인터뷰에서 자신의 내면 여정을 솔직하게 나눴다. 그는 음악적 성취와 사업적 성공을 이루었음에도 마음 한편에 설명할 수 없는 공허함이 자리했다고 털어놓았다. 오랜 시간 자신의 내면을 들여다본 끝에, 그는 단순한 '성공'이 아닌 '존경'이 진정한 충만함을 가져다준다는 것을 발견했다고 한다. 그의 이야기는 많은 이들에게 공감을 불러일으켰다. 세상의 기준으로는 '성공'했지만 여전히 채워지지 않는 빈자리를 느끼는 현대인들의 모습이 그대로 투영되어 있기 때문이다.

성공은 종종 우연과 운의 영향을 받는다. 태어난 환경, 시대적 상황, 심지어 건강까지도 우리가 통제할 수 없는 요소들이다. 그러나 존경은 다르다. 존경은 우리의 선택, 우리의 태도, 우리의 일관된 행동을 통해 쌓인다. 우리가 가진 것이 아니라 우리가 행동하는 방식을 통해 얻어진다. 따라서 존경받는 삶은 누구에게나 열려 있다.

"성공보다는 존경받는 오십이 되라."는 말은 성공을 부정하는 것이 아니다. 진정한 성공이란 단순한 외적 성취를 넘어, 타인의 삶에 긍정적인 영향을 미치고, 자신의 가치에 충실하며, 그 과정에서 자신과 주변 사람들에게 의미 있는 존재가 되는 것이다.

이러한 존경받는 오십을 위한 여정은 절대 늦지 않았다. 지금까지의 삶이 어떠했든, 오늘부터 우리는 새로운 선택을 할 수 있다. 더 정직하게, 더 용기 있게, 더 겸손하게, 더 지혜롭게, 더 관대하게 살기로 결심할 수 있다. 우리의 일상에서 만나는 모든 사람에게 존중과 관심을 보여줄 수 있다. 이런 작은 변화들이 모여 우리의 존재 방식을 바꾸고, 결국 우리가 남기는 유산을 결정한다.

오십에 이르렀을 때, 우리 모두가 던지게 될 질문이 있다. '나는 어떤 사람으로 기억될 것인가?" 그 대답이 단순히 '성공한 사람'이 아닌, '존경 받는 사람'이 되길 바란다. 성공은 시간이 지나면 희미해질 수 있지만, 존경은 세대를 넘어 이어지기 때문이다.

결국, 진정으로 풍요로운 삶이란 이룬 성취의 크기가 아닌, 우리가 다른 이들의 삶에 얼마나 깊은 영향을 미쳤는지로 측정된다. 오십이 되었을 때, 당신의 직함이나 재산이 아닌, 당신의 품성과 영향력 덕분에 존경받는 사람이 되어라. 그것이 인생의 진정한 성공이다.

우연의 행복

삶의 가장 아름다운 순간들은 그것이 우연히 찾아왔을 때다. 미리 계획된 행복은 항상 그 기대만큼 달콤하지 않다.

- 엘리자베스 길버트(Elizabeth Gilbert, 작가), 『먹고 기도하고 사랑하라』 중에서

나는 오십 이후부터는 여행을 갈 때 호텔 등을 특별히 예약하지 않고 여행을 간다. 젊었을 때는 철저하게 계획을 세워 어디서 잘지, 무엇을 볼지, 어디서 식사할지까지 모두 정해놓곤 했다. 하지만 나이가 들면서 깨달은 것이 있다. 계획 없이 떠난 여행이 오히려 더 만족스럽다는 사실이다. 작은 마을의 숨겨진 숙소를 발견하고, 관광객들이 모르는 현지인 맛집에 들어가고, 예정에 없던, 지도에도 없는 골목길을 걷다가 마주친 특별한 풍경들. 이런 우연의 행복을 맞이하는 것이 여행의 진정한 묘미가 아닐까?

이것이 바로 '우연의 행복'이다. 계획하지 않았고, 의도하지 않았지만, 불현듯 찾아와 마음을 따뜻하게 채우는 순간들.

우리는 종종 큰 성취나 특별한 이벤트에서 행복을 찾으려 한다. 승진, 여행, 결혼과 같은 '인생의 큰 사건'들이 우리에게 지속적인 행복을 가져다줄 것이라 믿는다. 하지만 오랜 세월을 살아오며 깨달은 진실이 있다. 진정한 행복은 이런 큰 사건들 사이의 작은 순간들, 예상치 못한 곳에서 찾아오는 소소한 기쁨 속에 더 자주 숨어 있다는 것이다.

우연이 주는 선물

세렌디피티(Serendipity)란 찾고 있지 않던 것을 우연히 발견하는 행운을 뜻한다. 이 아름다운 단어는 18세기 영국 작가 호레이스 월폴(Horace Walpole)이 1754년 페르시아 동화 「세 왕자의 세렌딥」에서 영감을 받아 만들었다. 세렌딥(현재의 스리랑카) 왕자들이 여행 중에 의도치 않게 중요한 발견을 하게 된다는 이야기에서 유래됐다.

인류 역사를 돌아보면, 가장 중요한 발견 중 많은 것이 우연의 선물이었다. 알렉산더 플레밍(Alexander Fleming) [8] 은 휴가를 다녀온 후 실험

---

8. 알렉산더 플레밍(Alexander Fleming)은 1928년에 우연히 페니실린을 발견했다. 그는 휴가를 다녀온 후 실험실에 내버려둔 포도상구균(Staphylococcus) 배양접시를 살펴보다가 곰팡이(Penicillium notatum)가 자란 부분 주변으로 세균이 자라지 않은 것을 발견했다. 이 우연한 관찰을 통해 그는, 이 곰팡이가 세균을 죽이는 물질을 생산한다는 사실을 깨달

실에 내버려둔 배양접시에서 우연히 페니실린을 발견했고, 아이작 뉴턴 (Isaac Newton)은 사과가 떨어지는 단순한 광경에서 중력의 법칙을 착안했다. 이런 우연한 발견들이 인류의 삶을 변화시켰다.

하지만 우연의 행복은 역사적 발견이나 위대한 발명에만 있는 것이 아니다. 그것은 우리 일상의 작은 틈새에서도 끊임없이 피어난다.

행운과 우연을 끌어들이는 감사의 습관

감사는 단순한 예의가 아니라 강력한 마음의 태도다. 심리학자 로버트 에먼스(Robert Emmons)의 연구에 따르면, 정기적으로 감사 (Gratitude)를 표현하는 사람들은 더 행복하고, 더 건강하며, 스트레스와 우울감이 적다고 한다.

감사는 우리가 이미 가진 것에 집중하게 만든다. 그리고 놀랍게도, 가진 것에 감사할수록 더 많은 것이 우리 삶에 흘러 들어오는 경향이 있다.

았고, 이 물질을 '페니실린'이라고 명명했다. 이것은 현대 항생제의 시대를 열게 된 중요한 발견이었다. 플레밍의 발견은 과학 역사에서 가장 유명한 세렌디피티(Serendipity, 우연한 행운의 발견) 사례 중 하나로 꼽힌다.

이것은 마법이 아니라 심리적 원리다. 감사하는 마음은 긍정적인 필터를 만들어, 더 많은 긍정적 경험을 인식하게 해준다.

또한 감사는 인간관계를 풍요롭게 만든다. 감사를 표현하는 사람 주변에는 자연스럽게 사람들이 모인다. 그리고 다양한 사람들과의 연결은 우연한 행운과 기회의 창구가 된다.

내 오랜 친구 중 한 명은 매일 아침 가장 먼저 하는 일이 '감사 카톡 보내기'다. 매일 다른 사람에게 짧은 감사 메시지를 보내는 것이다. "지난번 조언 고마웠어." "네가 추천해 준 책 정말 좋더라." "지난 모임에서 네 이야기가 큰 힘이 됐어." 같은 간단한 톡이다. 그의 삶에는 늘 예상치 못한 기회와 행운이 가득하다. 우연일까? 아마도 아닐 것이다.

나이 들수록 찾아오는 우연의 지혜

젊은 시절에는 모든 것을 계획하고 통제하려 했다. 5년 계획, 10년 계획을 세우고, 그대로 이루려 애썼다. 하지만 50년의 삶을 살아오며 깨달은 것이 있다. 인생의 가장 소중한 순간들은 대개 계획하지 않았던 곳에서 찾아왔다는 사실이다.

예상치 못한 만남이 평생의 동반자가 되었고, 우연히 접한 책 한 권이 직업의 방향을 바꿔놓았다. 실수로 들어간 낯선 골목에서 가장 좋아하는 카페를 발견했고, 갑작스러운 병이 오히려 삶의 우선순위를 재정립하는 계기가 되었다.

나이가 들수록 깨닫는 것은, 삶의 불확실성이 두려움의 대상이 아니라 가능성의 원천이 될 수 있다는 점이다. 모든 것이 계획대로 될 때보다, 예상치 못한 변화와 우연이 찾아왔을 때 오히려 더 풍요로운 경험을 하게 되는 경우가 많다.

이제 나는 계획과 우연 사이의 균형을 중요하게 생각한다. 방향은 정하되, 구체적인 길은 열어두는 것. 목표는 세우되, 그곳에 도달하는 여정의 우연한 만남을 환영하는 것. 이것이 내가 발견한 행복의 비결이다.

우연이 만드는 삶의 아름다움

우연의 행복을 더 자주 경험하기 위해서는 마음의 공간이 필요하다. 생각과 일정으로 가득 찬 마음에는 새로운 것이 들어올 자리가 없다. 비움으로써 채워지는 역설, 이것이 우연의 행복이 우리에게 가르쳐주는 삶의 지혜다.

어린아이 같은 호기심과 경이로움을 잃지 않는 것도 중요하다. 소크라테스의 말처럼 "내가 아는 것은 내가 모른다는 사실뿐이다." 이런 겸손한 자세가 우리의 마음을 열고, 우연의 행복을 맞이할 준비를 갖추게 한다.

구름 사이로 비치는 한 줄기 햇살, 오래된 책 사이에서 발견한 메모, 길가에 핀 들꽃의 향기. 이런 소소한 순간들이 모여 우리 삶을 풍요롭게 한다. 우연의 행복은 삶이 우리에게 건네는 작은 선물이자, 우리가 삶에 건네는 감사의 답장이다.

삶의 여정에서 계획과 노력은 물론 중요하다. 하지만 그 사이사이를 채우는 우연의 색채가 삶을 더욱 아름답게 만든다. 마치 음악에서 계획된 음표 사이의 즉흥 연주가 곡에 생명력을 불어넣는 것처럼, 우연의 순간들은 우리 삶에 특별한 리듬과 울림을 더한다.

마지막으로 나는 이렇게 말하고 싶다. 행복은 도착점이 아니라 여정이다. 그리고 그 여정의 가장 빛나는 순간들은 종종 계획에 없던, 예상치 못했던 곳에서 찾아온다. 우연의 행복을 맞이할 준비가 되어 있을 때, 우리는 비로소 삶의 진정한 풍요로움을 경험하게 된다.

"행복은 준비된 마음의 문을 두드린다." 그 문을 열어두는 것, 그것이 우연의 행복을 발견하는 첫걸음이자 삶의 가장 큰 지혜일 것이다.

몰입할 수 있는 현재를 만들어라.

몰입의 상태에서는 우리의 모든 능력이 최대로 발휘된다. 그때 우리는 가장 창의적이고, 가장 생산적이며, 가장 행복하다.

- 스티븐 코틀러(Steven Kotler, 작가), 『멘탈이 무기다』 중에서

어릴 적 숲속에서 개미를 관찰하며 시간 가는 줄 모르던 그 순간을 기억하는가? 혹은 좋아하는 책에 푹 빠져 밤을 새운 그날을, 혹은 좋아하는 일에 완전히 집중하여 주변의 모든 것이 사라진 듯한 경험을 말이다. 그것이 바로 '몰입'이다.

몰입은 단순한 집중 이상의 것이다. 심리학자 미하이 칙센트미하이(Mihaly Csikszentmihalyi)가 정의한 '플로우(Flow)'라는 개념으로, 우리가 어떤 활동에 완전히 빠져들어 시간, 공간, 심지어 자아까지도 잊어버리는 상태를 말한다. 그 순간 우리는 완전한 행복을 경험한다.

"가장 행복한 사람은 돈이 많거나, 권력이 있거나, 외모가 뛰어난 사람

이 아니라, 몰입할 수 있는 활동을 발견한 사람이다."

이 말은 단순한 격언이 아니다. 현대 심리학의 연구 결과, 몰입의 상태에서 우리 뇌는 도파민, 세로토닌, 엔도르핀 등 행복과 관련된 신경전달 물질을 분비한다. 우리가 무언가에 완전히 몰입할 때, 우리는 생물학적으로도 행복해지는 것이다.

그러나 현대 사회는 우리의 몰입을 방해한다. 스마트폰의 알림, 끊임없는 이메일, 소셜 미디어의 유혹… 이런 것들이 우리의 주의를 분산시키고, 깊은 몰입의 경험을 방해한다. 하지만 몰입은 행복의 열쇠다. 그렇다면 우리는 어떻게 몰입할 수 있는 현재를 만들 수 있을까?

오십, 그리고 몰입의 새로운 가능성

오십 대에 접어들면 젊은 시절과는 다른 형태의 몰입을 경험할 수 있다. 젊었을 때는 빠른 속도와 강한 자극에서 몰입을 찾았다면, 이제는 좀 더 깊고 차분한 활동에서 더 큰 만족과 몰입을 느끼게 된다. 독서, 정원 가꾸기, 요리, 예술 활동, 심지어 손주들과 놀이에서도 깊은 몰입의 순간을 경험할 수 있다.

또한, 오십 대는 과거의 경험을 통합하고 의미를 찾는 시기이기도 하다. 자신의 인생 이야기를 글로 쓰거나, 오랫동안 미뤄둔 취미에 도전하거나, 지역사회에 봉사하는 활동에서 새로운 형태의 몰입을 발견할 수 있다. 이런 활동들은 단순한 시간 보내기가 아니라, 삶의 의미를 더 깊이 이해하고 내면의 성장을 이루는 기회가 된다.

무엇보다 오십 대에는 '해야 한다'라는 의무감보다 '하고 싶다'라는 내적 동기에서 출발하는 활동에 더 많은 시간을 할애할 수 있다. 이런 자발적 선택에서 비롯된 활동은 더 깊은 몰입과 만족을 가져다준다.

몰입은 특별한 사람들만의 전유물이 아니다. 우리 모두 일상 속에서 몰입의 순간을 찾고 만들어낼 수 있다.

첫째, 자신이 진정으로 즐기는 활동을 찾아라. 시간 가는 줄 모르게 하는 일, 하면 할수록 더 하고 싶어지는 일이 무엇인지 생각해보라. 그것이 그림 그리기든, 글쓰기든, 요리든, 운동이든 상관없다. 중요한 것은 그 활동이 자신에게 의미 있고 도전적이면서도 능력 안에 있어야 한다는 점이다.

둘째, 디지털 디톡스 시간을 만들어라. 하루에 단 30분이라도 모든 전자기기를 끄고, 자신만의 시간을 가져보라. 이 시간은 명상하거나, 책을 읽거나, 또는 그저 창밖을 바라보는 시간일 수도 있다. 중요한 것은 외부의 방해 없이 자기 내면과 만나는 시간을 갖는 것이다.

셋째, 단일 작업에 집중하라. 멀티태스킹은 효율적으로 보이지만, 실제로는 우리의 집중력을 분산시키고 몰입을 방해한다. 한 번에 한 가지 일에만 집중하는 습관을 들이면, 더 깊은 몰입 상태에 도달할 수 있다.

넷째, 작은 도전을 설정하라. 몰입은 우리의 능력과 도전이 균형을 이룰 때 가장 잘 일어난다. 너무 쉬운 일은 지루함을, 너무 어려운 일은 불안을 가져온다. 자신의 능력보다 조금 더 어려운 도전을 설정하면, 몰입의 상태에 더 쉽게 들어갈 수 있다.

다섯째, 일상의 작은 순간에도 주의를 기울여라. 아침에 마시는 커피 한 잔, 출퇴근길에 보는 풍경, 가족과 나누는 대화… 이런 작은 순간들에도 완전히 집중하면, 일상에서도 몰입의 기쁨을 경험할 수 있다.

나만의 몰입, 나만의 현재를 만들기 위하여

몰입할 수 있는 현재를 만드는 것은 단순한 행복의 문제가 아니다. 그것은 우리가 어떻게 살아갈 것인가에 대한 근본적인 질문과 연결되어 있다. 끊임없이 과거를 후회하거나 미래를 걱정하며 살 것인가, 아니면 지금, 이 순간에 완전히 깨어 있을 것인가?

몰입은 선물처럼 찾아오기도 하지만, 우리가 의식적으로 만들어낼 수도 있다. 오늘부터 작은 변화를 시작해,보라. 하루에 단 10분이라도 자신이 좋아하는 일에 온전히 집중하는 시간을 가져보라. 스마트폰을 멀리하고, 세상의 소음을 차단하고, 오로지 지금, 이 순간에만 존재해 보라.

그리고 기억하라. 완벽하게 몰입하지 못해도 괜찮다. 몰입은 연습이 필요하다. 처음에는 쉽지 않을 수 있지만, 계속 시도하다 보면 점점 더 쉬워질 것이다.

나이가 들수록 시간은 더 빨리 흘러가는 것처럼 느껴진다. 하지만 몰입의 순간들은 시간을 확장하는 마법 같은 힘이 있다. 몰입을 통해 우리는 한정된 시간 속에서도 무한한 깊이의 경험을 할 수 있다.

오늘, 바로 지금, 몰입할 수 있는 자신만의 현재를 만들어보라. 몰입의 순간들이 모여 하루를, 한 달을, 일 년을, 그리고 결국 한 인생을 만든다. 그 속에서 완전한 자유와 행복을 발견하게 될 것이다.

나를 구하는 유일한 길은 남을 돕는 것이다.

나를 구하는 유일한 길은 남을 구하려고 애쓰는 것이다.
- 니코스 카잔차키스(Nikos Kazantzakis, 작가), 『그리스인 조르바』

삶은 강물과 같다. 오십의 나이는 그 강의 중간 지점이다. 뒤를 돌아보면 지나온 여정이 보이고, 앞을 바라보면 아직 가야 할 길이 놓여 있다.

젊은 시절, 우리는 달렸다. 좋은 대학, 안정된 직장, 행복한 가정… 그 모든 것을 위해 쉼 없이 달렸다. 그리고 어느덧 오십이 되었을 때, 달려온 길 위에 무엇이 남았는지 돌아보게 된다. 직함은 사라지고, 자녀들은 독립했으며, 몸은 예전 같지 않다. 그리고 문득 깨닫는다. 삶의 의미는 그동안 추구해 온 것과는 다른 곳에 있을지도 모른다는 것을.

인생의 전반부가 '얻기 위한' 여정이었다면, 후반부는 '나누기 위한' 여정이어야 한다. 이것은 노년을 위한 미사여구가 아니라, 인간 존재의 본질적 흐름이다. 마치 나무가 자라서 열매를 맺고, 그 열매가 다시 땅에 떨어져 새 생명의 밑거름이 되는 것처럼, 인간의 삶도 궁극적으로는 순환의 원리를 따른다.

나이가 들수록 깨닫게 된다. 진정한 부는 은행 계좌에 있는 것이 아니라, 마음의 풍요로움에 있다는 것을. 그리고 그 풍요로움은 나눔을 통해 가장 크게 자란다. 물질은 나눌수록 줄어들지만, 지혜와 사랑은 나눌수록 커진다. 이것이 인생 후반부의 역설적 진리다.

오십이라는 나이는 위기이자 기회다. 과거의 정체성이 흔들리는 위기이지만, 동시에 더 본질적인 자아를 발견할 기회이기도 하다. 이 시기에 많은 이들이 자원봉사, 멘토링, 사회 공헌 등 다양한 형태의 나눔을 통해 새로운 삶의 의미를 발견한다. 그들은 인생에서 가장 충만한 시간을 경험하게 된다.

나눔은 단순한 미덕이 아니다. 그것은 인간 존재의 완성을 위한 필수 조건이다. 우리는 태어날 때부터 다른 이들의 도움과 사랑 속에서 자라왔다. 부모의 보살핌, 스승의 가르침, 친구의 지지… 그 모든 것이 없었다면 지금의 우리도 없다. 이제 우리가 받은 것을 다시 세상에 돌려줄 차례다. 자신만을 위한 행복 추구는 종종 더 큰 불행으로 이어진다. 진정한 행복은 자신을 넘어서 타인과 연결될 때 찾아온다. 이는 종교나 철학의 가르침이기 이전에 인간 심리의 기본 원리다.

오십의 나이에 찾아오는 여러 상실 — 젊음의 상실, 직업적 정체성의 상실, 부모 역할의 축소 — 은 고통스러운 일이지만, 동시에 더 깊은 성장의 기회이기도 하다. 상실은 우리를 겸손하게 만들고, 진정으로 중요한 것이 무엇인지 다시 생각하게 한다. 그리고 그 과정에서 나를 구하는 유일한 길은 남을 구하는 것이라는 심오한 진리를 발견하게 된다.

나눔에는 여러 형태가 있다. 물질적 나눔, 시간의 나눔, 재능의 나눔, 지식의 나눔, 그리고 가장 중요한 사랑의 나눔. 어떤 형태든, 진정한 나눔의 핵심은 '내가 가진 것'이 아니라 '내가 된 것'을 나누는 데 있다. 삶의 경험을 통해 얻은 지혜, 실패와 성공을 통해 배운 교훈, 기쁨과 슬픔을 통해 깨달은 인생의 진리… 이런 것들을 나눌 때, 가장 깊은 연결이 이루어진다.

인생의 후반부에 들어선 우리에게는 특별한 책임이 있다. 그것은 다음 세대에게 등불이 되어주는 것이다. 물려줄 재산이 없더라도, 물려줄 수 있는 가장 큰 유산은 우리가 살아온 방식과 가치관이다. 아직 길을 찾는 이들에게 손을 내밀고, 희망을 잃은 이들에게 용기를 주며, 방황하는 이들에게 방향을 제시하는 것. 이것이 오십 이후의 삶이 가질 수 있는 가장 큰 의미다.

'나를 구하는 유일한 길은 남을 구하는 것'이라는 명제는 수동적인 체

넘이나 자기 부정을 의미하지 않는다. 오히려 그것은 적극적인 자기실현의 길이다. 자신의 한계를 넘어 타인과 연결될 때, 우리는 역설적으로 더 온전한 자신이 된다. 이는 모든 위대한 영적 전통이 공통으로 가르치는 진리다.

인생의 강물은 흘러 결국 바다에 닿는다. 그 바다는 개인의 작은 자아가 아닌, 모든 것이 하나로 연결된 더 큰 존재다. 오십의 나이는 그 바다를 향해 더 깊이 흘러가는 시간이다. 나눔을 통해 우리는 이미 그 바다의 일부가 된다. 주는 이와 받는 이의 구분이 희미해지고, 모든 것이 하나의 흐름 속에 있음을 깨닫게 된다.

삶의 중간 지점에서 건네는 이 메시지가 누군가에게 작은 위로와 희망이 되길 바란다. 당신이 지금 어떤 상실과 혼란을 경험하고 있더라도, 그것은 끝이 아니라 새로운 시작이 될 수 있다. 자신을 넘어 타인에게 손을 내밀 때, 잃어버린 줄 알았던 의미와 목적을 다시 발견하게 될 것이다.

나를 구하는 유일한 길은 남을 구하는 것이다. 이 단순하지만, 심오한 진리가 인생의 후반부를 시작하는 모든 이들에게 등불이 되길 기대한다.

오십은 인생의 황금기, 지금이 정점이다.

인생에도 계절이 있다. 오십은 인생의 풍요로운 가을이다. 이제 당신은 봄에 심고 여름에 가꾼 것들을 수확할 준비가 되었다.

주역의 건괘에는 이런 구절이 있다. "마땅히 하늘을 날아야 할, 용이 비로소 하늘에 오르는 나이" 그때가 바로 오십이다. 동양의 지혜는 오십을 인생의 황금기로 명확히 지목했다.

우리 사회는 젊음을 숭배하고 나이 듦을 쇠퇴로 규정하며 인식을 왜곡시켜 왔다. TV, 영화, 광고에서 주인공은 항상 젊은이들이다. 하지만 실제 인생에서 주인공은 오십 대에 탄생한다. 이때 비로소 자신의 이야기를 완전히 이해하고 새로운 장을 써나갈 수 있기 때문이다.

오십에 이르면 풍부한 경험을 쌓았으면서도 여전히 활력이 넘친다. 몸은 여전히 건강하고, 마음은 더욱 단단해진다. 젊음의 패기와 중년의 지혜가 절묘하게 균형을 이루는 이 시기야말로 인생의 진정한 황금기다.

오십 대의 상태는 '이제야 제대로 된 맛이 나기 시작한 와인'과 같다. 과하게 날카롭지도, 지나치게 무르지도 않은 완벽한 균형점이다. 젊었을 때는 가족을 돌보며 직장에서 인정받기 위해 정신없이 달렸다. 모든 역할에서 100점을 받아야 한다는 압박감에 늘 지쳐있었다. 하지만 오십이 되면 이런 생각이 든다. "모든 일에 100점을 받을 필요가 있을까? 80점이면 충분하지 않을까?"

이제는 무엇에 시간과 에너지를 쓸지 현명하게 선택할 수 있다. 중요한 일에는 모든 집중력을 발휘하지만, 사소한 갈등에는 더 이상 밤잠을 설치지 않는다. 타인의 평가에 일희일비하지 않고, 자신만의 가치 기준으로 삶을 평가한다. 이것이 바로 오십이 선사하는 균형의 미학이다.

심리학자 칼 융(Carl Jung)은 인생의 전반부는 외부 세계에 적응하는 시간이라면, 후반부는 내면의 세계를 탐구하는 시간이라고 했다. 그리고 오십은 이 두 세계를 모두 조망할 수 있는 완벽한 고지대다. 사회적 책임과 개인적 욕구, 현실과 이상, 안정과 모험 사이의 균형을 찾아가는 시간이다.

역사적으로도 이 시기에 위대한 작품들이, 그리고 놀라운 성취들이 이루어졌다. 56세에「아이다」를 완성한 베르디(Verdi), 60세에『파우스트 2부』를 완성한 괴테(Goethe), 그리고 52세에 맥도날드를 인수해 글로벌 기업으로 키운 레이 크록(Ray Kroc), 65세에 KFC를 창업한 커넬 샌더스(Colonel Sanders)의 업적들이 이를 증명한다.

오십, 본격적인 성취를 이룰 수 있는 이유

오십에 이르러 우리는 '해야만 하는 것'보다 '하고 싶은 것'에 더 집중할 수 있는 여유와 용기를 갖게 된다. 진정한 자유를 얻게 된다. 아이들은 독립했거나 독립을 준비 중이고, 부모의 역할은 한결 가벼워진다. 직장에서는 어느 정도 위치가 확립되었거나, 때로는 과감한 변화를 시도할 용기가 생기기도 한다. 경제적으로도 가장 안정된 시기에 접어들어, 이제는 자신을 위해 투자를 할 여유가 생긴다.

젊은 시절에는 '이 나이에는 이 정도는 해야 한다.'라는 사회적 압박감에 시달리며 살았다. 삼십 대 초반에 집을 사야 하고, 사십 대 중반에는 과장은 되어야 하고… 이런 외부의 잣대에 자신을 맞추느라 정작 자신이 무엇을 원하는지 잊고 살았다.

하지만 오십이 되면 이런 외부의 잣대보다 자기 내면의 목소리에 귀 기울이게 된다. "내가 정말 하고 싶은 일은 무엇인가?" 이 질문에 솔직하게 답할 수 있는 용기가 생긴다. 그리고 그 답을 찾은 후에는, 그에 따라 살 수 있는 자유와 능력도 갖추게 된다. 심리학자 에이브러햄 매슬로우(Abraham Maslow)가 연구한 '자아실현'의 단계에 도달하는 사람들의 평균 나이가 바로 오십 전후라는 사실은 결코 우연이 아니다. 이 나이가 되어야 비로소 가면을 벗고 진정한 자아를 발견하며, 그것을 실현할 용기와 자원을 가지게 된다. 자신의 가장 깊은 가치와 일치하는 삶을 살 때 오는 충만함, 그것이 바로 오십 대가 선사하는 선물이다.

오십 대에는 시행착오를 최소화할 수 있는 경험과 지혜, 그리고 인맥이라는 강력한 자산이 있다. 젊은 시절에는 몰랐던 '지름길'을 알고, 어디에 에너지를 집중해야 할지도 명확히 알게 된다. 불필요한 갈등은 피하고, 핵심에 집중하는 능력이 오십 대의 성취를 더욱 효율적이고 의미 있게 만든다.

오십의 에너지로 이룰 수 있는 놀라운 성과들

오십의 에너지는 격정적인 불꽃이 아니라 꾸준히 타오르는 불이다. 이런 에너지는 장거리 마라톤에 완벽하게 비유될 수 있다. 그리고 인생의 진정한 성취는 대부분 이런 마라톤과 같다. 꾸준함, 인내, 그리고 과정을 즐길 줄 아는 능력이 오십 대에 새롭게 발견하는 자신의 강점이다.

오십에는 또한 놀라운 감정적 안정감이 있다. 젊은 시절과 달리, 오십 대에는 비판과 실패에 대해 더 객관적으로 바라볼 수 있는 여유가 생긴 다. 이런 정서적 균형은 복잡한 문제를 해결하고 장기적인 계획을 세우 는 데 큰 강점이 된다.

역사를 살펴보면 50대 이후에 새로운 도전을 시작해 성공한 사례들이 많다. 레이 크록, 커넬 샌더스 외에도 78세에 본격적으로 그림을 그리기 시작한 그랜마 모제스(Grandma Moses), 66세에 첫 소설을 출간한 프랭 크 맥코트(Frank McCourt), 52세에 첫 소설을 발표한 로라 잉걸스 와일 더(Laura Ingalls Wilder)… 그들은 젊은 시절과는 다른 방식으로, 하지만 더 확실하게 성과를 이루어냈다. 속도는 느릴지 몰라도, 그 성취의 깊이 는 비교할 수 없을 만큼 깊었다.

인생의 전반부가 준비와 투자의 시간이었다면, 이제부터가 진정한 수 확의 시간이다. 쌓아온 경험, 지식, 인맥, 그리고 자기 이해는 이제 가장 큰 자산이 되었다.

아직 오십에 이르지 않았다면 두려움 대신 기대감을 가져야 한다. 인 생에서 가장 풍요롭고 균형 잡힌 시간이 기다리고 있다. 이미 오십을 넘 었다면 지금이 바로 그 황금기의 한가운데임을 기억해야 한다. 지금이 바로 그토록 준비해온 시간이다.

프랑스의 위대한 작가 빅토르 위고(Victor Hugo)는 이렇게 말했다. "사십은 젊음의 노년이고, 오십은 노년의 젊음이다." 오십에서 시작되는, 지혜와 열정이 만나는 이 특별한 시간을 온전히 누리는 것이 중요하다. 황금기는 지금 막 시작되었다. 『주역』의 용이 비로소 하늘에 오르듯, 오십 이제 진정한 비상이 시작된다.

맺으며

당신의 전성기는 지금부터

종로의 대형 서점 한가운데, 나는 한동안 움직이지 못하고 서 있었다.

은행에서 퇴직한 지 일주일째, '오십 이후의 삶'을 어떻게 살아가야 할지 막막한 마음에 책의 도움을 구하러 왔다. 하지만 오십에 관한 책들이 모여 있는 서가 앞에서 나는 깊은 실망감을 느꼈다. 가득 꽂힌 책들이 하나같이 '은퇴 후 생활', '노후 준비', '중년의 위기 극복하기'와 같은 제목들뿐이었기 때문이다. 마치 오십이란 인생의 하강기가 시작되는 출발점이라고 말하는 것만 같았다.

책을 한 권도 사지 않고 서점을 나서며 나는 웃음을 참을 수 없었다. 오십에 대한 세상의 시선이 얼마나 왜곡되어 있는지 새삼 깨달았기 때문이다.

나는 은행을 '퇴직'했을 뿐, '은퇴'는 꿈도 꾸지 않았다. 젊은 시절 대학을 졸업하고 사회로 나올 때의 그 설렘과 두려움, 가능성과 불안이 내 가슴 속에 고스란히 되살아났다.

아침에 일어나 거울을 보며 얼굴의 주름을 발견할 때면 나이 듦을 부정할 수 없지만, 내 영혼의 나이는 전혀 다른 이야기를 한다. 퇴직은 인생의 종착역이 아니라, 새로운 역에서의 출발을 알리는 신호였다. 그리고 내 가슴 속에는 이십 때 품었던, 세상에 의미 있는 이바지를 하고 싶다는 꿈이 더 강렬하게 타오르고 있었다.

당신도 그럴 것이다. 숫자로서의 '오십'과 그 나이를 살아가는 당신의 내면 사이에는 커다란 간극이 있을 것이다. 세상은 오십이라는 나이에 대해 많은 것을 단정 짓지만, 그건 우리의 실제 경험과는 거리가 멀다.

여기, 오래된 오해들이 있다.

"오십은 내리막길의 시작이다."
"이제 새로운 것을 배우기엔 늦었다."
"위험을 감수하기보다 안전한 선택을 해야 할 때다."
"꿈은 젊은이들의 특권이다."

이 모든 것들이 얼마나 큰 거짓말인지….

레이 크록, 마사 스튜어트, 줄리아 차일드와 같은 위대한 인물들의 성공 스토리는 단순한 예외 사례가 아니다. 그들은 우리 모두에게 있는 가능성을 현실로 만든 사람들일 뿐이다. 나이가 아닌 마음가짐이 중요하다는 증거이며, 우리도 당연히 그럴 수 있다는 희망의 메시지다.

오십은 인생의 티핑포인트다. 이 시점에서 당신이 내리는 결정, 당신이 품는 생각, 당신이 쌓는 관계가 남은 인생의 질을 결정한다. 오십의 당신은 지금, 그 어느 때보다 강력한 선택의 힘을 가지고 있다.

어느 날, 난 깨달았다. 내 인생의 최고 순간은 아직 오지 않았다는 것을. 그리고 그 순간을 맞이하기 위해서는 지름길이 아닌 구불구불한 길을 지나야 한다는 것도.

이 책은 오십에 선 당신에게 보내는 진정성 있는 메시지다. 세상의 오해와 편견을 뛰어넘어, 오십의 진정한 가능성을 발견하는 여정에 당신을 초대한다. 당신의 주변을 다시 바라보고, 낡은 고정관념을 태워버리며, 삶에 창조성을 끌어들이고, 이 순간을 온전히 살아내는 법을 함께 찾아보자.

당신의 오십은 자신감으로 빛나는 시간이 될 것이다. 오랜 경험에서 오는 지혜와 아직 꺼지지 않은 열정이 절묘하게 균형을 이루는 나이. 몸은 어제보다 조금 더 아플지 모르지만, 당신의 영혼은 그 어느 때보다 건강하고 단단하다.

이 책이 당신의 새로운 전성기를 여는 작은 열쇠가 되길 바란다. 당신의 가장 빛나는 날들은 아직 오지 않았다. 그리고 그날들은 바로 지금부터 시작된다.

끝으로, 부족한 내용을 책으로 엮어준 작품미디어의 최성훈 사장님께 감사드리며, 이 책을 통해 내 삶의 일부로 당신을 응원할 수 있는 영광을 준 독자들에게 다시 한번 깊은 감사의 말을 전하고 싶다.

꽃은 저마다 다른 계절에 피어난다.
매화는 늦겨울에, 벚꽃은 봄에, 연꽃은 여름에,
국화는 가을에 자신만의 아름다움을 뽐낸다.
그 어떤 꽃도 피는 시기가 늦었다고 한탄하지 않는다.
오십의 우리도 마찬가지다.
지금이 바로 우리가 가장 아름답게 피어날 때다.

시간은 누구에게나 공평하게 흐른다.
하지만 그 시간을 어떻게 채워나갈지는 온전히 우리의 몫이다.
오십이라는 나이는 무한한 가능성의 문을 여는 황금 열쇠다.
그 열쇠로 어떤 문을 열지는 당신이 결정할 수 있다.

내 인생의 빛나는 시간 **오십**,
당신의 전성기는 이제 시작된다

초판 1쇄 발행 • 2025년 8월 22일

지은이 • 최재필

펴낸이 • 최성훈
펴낸곳 • 작품미디어
신고번호 • 제2020-0000047호
주소 • 서울시 동작구 상도로 62가길 15-5(상도동)
메일 • jakpoommedia@gmail.com
블로그 • https://blog.naver.com/cshbulldog
전화 • 010-8991-1060

ISBN • 979-11-991417-3-5 (03190)

ⓒ 최재필, 2025

- 이 책은 저작권법에 따라 보호를 받는 저작물이므로 무단 전재 및 무단 복제를 금합니다.
- 책값은 뒤표지에 표시되어 있습니다.
- 잘못된 책은 구입처에서 교환해 드립니다.